Aristóteles

Poética
Retórica

Colección "Espiritualidad y pensamiento"
Dirigida por Enzo Maqueira

Poética
Retórica
es editado por
EDICIONES LEA S.A.
Av. Dorrego 330 C1414CJQ
Ciudad de Buenos Aires, Argentina.
E-mail: info@edicioneslea.com
Web: www.edicioneslea.com

ISBN 978-987-718-446-4

Primera edición. Impreso en Argentina.
Mayo de 2017. Talleres Gráficos Elías Porter.

Aristóteles
    Poética. retórica : estudios preliminares y edición : Prof. Claudia Gonzales /
Aristóteles. - 1a ed . - Ciudad Autónoma de Buenos Aires : Ediciones Lea, 2016.
    352 p. ; 23 x 15 cm. - (Espiritualidad & pensamiento ; 16)

    ISBN 978-987-718-446-4

    1. Filosofía. 2. Grecia. 3. Aristotelismo. I. Título.
    CDD 185

Aristóteles

Poética
Retórica

Estudios preliminares y edición:
Prof. Claudia González

Sobre Aristóteles

Aristóteles nació en Estagira, Macedonia en 384 a.C. Su padre, Nicómaco era médico de la corte del rey Amintas III de Macedonia, abuelo de Alejandro Magno. Se decía de Nicómaco que pertenecía a la familia de Asclepio, considerado el fundador de la medicina y protector de los que la ejercían.

En su niñez, conoció temas de medicina, biología y procedimientos de investigación científica de la época. Su padre murió cuando él tenía diecisiete años y fue adoptado por Proxeno, que decidió enviarlo a Atenas a estudiar a la Academia de Platón, que por ese entonces tenía un gran renombre.

Rápidamente Aristóteles demostró tener habilidades para la filosofía, pero partiendo de las enseñanzas de Sócrates, llegaba a presentar unas ideas muy diferentes a las de Platón. Si bien las detallaremos más adelante, cabe destacar que desde el punto de vista metafísico, no reconoce la división de ámbitos tal como la presenta Platón, es decir, que presenta la realidad como única y no desarrolla un ámbito de las ideas más perfecto y separado del mundo sensible como sí lo piensa Platón. Pero sus filosofías no fueron diferentes sólo en el área de la metafísica o filosofía primera, sino que también en política, en ética y en estética se separan y diferencian, llegando en algunos casos al antagonismo.

La política presentada en la *República* de Platón propone una "aristocracia del Saber", gobiernan los que tienen el conocimiento, una división por estamentos hace que esa pirámide, que tiene en la punta al Rey Filósofo, sirva para el desarrollo humano sólo para los "elegidos", dejando a la mayoría ignorante y fácil de dominar. Aristóteles, en cambio, propone como ideal de gobierno una democracia en la que todos aquellos que tengan capacidades de deliberación se puedan desarrollar como hombres, en sus palabras, como animales racionales.

La ética aristotélica pertenece al mundo en que vivimos, es decir, no es una forma, no es ideal, se presenta en situaciones concretas y se desarrolla en busca de la felicidad a través de las virtudes. La ética platónica desciende de los cielos ideales para convencernos de cómo debemos actuar conforme a la idea de *bien*, esa idea que es el sol del ámbito inteligible al cual sólo el filósofo debidamente preparado puede ascender.

La valoración de las artes es totalmente diferente en ambos filósofos, mientras Platón quiere echar a los poetas de su ciudad ideal, por contar historias que no educan para la razón, Aristóteles escribe la *Poética* y realza la belleza de la tragedia, de los versos y la música, de la mímesis y la catarsis.

En cuanto a la retórica también la degrada Platón en su diálogo *Gorgias*, oponiendo la figura de los sofistas a su maestro Sócrates. A los primeros los presenta como embaucadores del saber, que pueden defender una cosa y luego la opuesta sin un trasfondo de búsqueda de la verdad, Sócrates en cambio es presentado por Platón como el único y verdadero amante de la sabiduría. Sin dudas, Sócrates fue un filósofo excepcional, sin embargo no podemos descartar la importancia social y cultural de los sofistas durante el período democrático en Atenas. Aristóteles le dará una gran importancia a la retórica, ya que el arte del buen decir permite el diálogo en un gobierno democrático, para poder comunicar de la mejor manera y convencer de aquello que es considerado por el orador el bien común. La *Retórica* de Aristóteles en el siglo

XIX y XX fue retomada por los estudios de semiología y tiene una importancia capital para el análisis del discurso.

Luego de la muerte de Platón, en 347 a.C., Aristóteles ya con treinta y siete años decidió desarrollar sus propias ideas y una filosofía diferente a la que impartía Platón en la Academia, por lo cual se alejó de la misma, luego de participar en ella por veinte años. Desde Atenas supo que Hermias de Atarnea había conquistado Asia Menor y estaba reuniendo interesados para llevar la cultura helénica a aquellas tierras. Aceptó el desafío y se instaló en Axos junto con uno de sus discípulos, Teofrasto, y con otro académico, Xenócrates de Calcedonia.

En Axos, se casó con Pitias, una hija de Hermias, tuvo una hija con ella y enviudó. Se casó nuevamente con Erpilis, que era una esclava, y con ella tuvo un hijo al que llamó como su padre, Nicómaco, y al cual le dedicó unos escritos que conocemos como *Ética a Nicómaco* o *Ética Nicomáquea*.

Durante tres años vivió tranquilamente hasta que los persas mataron a Hermias por ser amigo de Filipo II, rey de Macedonia y padre de Alejandro Magno. Cuando Hermias fue asesinado, Aristóteles viajó a la ciudad de Mitilene, en la isla de Lesbos, donde permaneció por dos años. Allí continuó con sus investigaciones junto a Teofrasto, nativo de Lesbos, enfocándose en zoología y biología marina. Filipo, entonces, lo convocó para que se encargara de la educación de su hijo, lo cual hizo desde que tenía trece años, durante aproximadamente dos años, hasta que comenzó su preparación militar.

En 335 a.C. murió asesinado Filipo, Alejandro ocupó su lugar en el trono y una de sus primeras órdenes fue ejecutar a Calístenes de Olinto, sobrino de Aristóteles, por traición. Ante estos nuevos cambios de viento, volvió a Estagira, hasta que en el 334 a.C. Alejandro le permite ir a Atenas y fundar el Liceo, la escuela en donde se desarrollará el pensamiento aristotélico. Se llamaba "liceo" por encontrarse cerca del templo de Apolo Likeios, protector de las ovejas del ataque de los lobos.

A diferencia de la Academia, el Liceo no era una escuela privada y muchas de las clases eran públicas y gratuitas. A lo largo de su vida, Aristóteles reunió una vasta biblioteca y una gran cantidad de seguidores e investigadores. La mayoría de los trabajos que se conservan son de este período.

Sus discípulos, que participaban de las clases en el Liceo, eran llamados peripatéticos, cuyo significado es "itinerantes", ya que las clases se dictaban en los jardines del liceo mientras caminaban. El estudio en quietud, sentados y en silencio es la herencia de la edad media y de los estudios dentro de la iglesia católica. Para comprender a los filósofos antiguos debemos despojarnos de esas ideas ascéticas, pietistas y estáticas. La filosofía de la antigüedad se daba principalmente en lugares abiertos, al aire libre y hasta en lugares públicos. No debemos olvidar a Sócrates en el ágora de Atenas, a Diógenes también en la plaza, a las representaciones de los diálogos de Platón, así como posteriormente el jardín de Epicuro y la puerta de entrada a la ciudad de los estoicos.

Durante años el Liceo compitió con la escuela platónica dirigida por Xenócrates de Calcedonia. En estos años, Aristóteles se fue convirtiendo en una figura muy respetada por la profundidad y análisis de sus estudios en variadas disciplinas: Metafísica o filosofía primera, Biología, Ética, Política, Estética, Estudio del lenguaje, etc.

En 323 a.C. muere Alejandro Magno y la figura de Aristóteles vuelve a estar en tela de juicio, esta vez por dedicar un himno a Herminas, siendo que éste había sido considerado impío. Se lo acusa por ello de inmoralidad, parecía una recurrencia de lo que le había sucedido a Sócrates, dos filósofos en la misma ciudad acusados de impiedad era mucho, así que decidió alejarse.

Dejó la dirección del Liceo en manos de Teofrasto, aquel que lo acompañó desde un inicio a Axos y se mudó a Calcis, en la isla de Eubea, donde en el 322 a. C. murió a los 62 años, por causas naturales.

Su obra

Aristóteles fue filósofo, lógico y científico; sus ideas han ejercido una gran influencia sobre la historia del pensamiento y de la ciencia en Occidente por más de dos mil trescientos años.

Escribió cerca de 200 tratados, de los cuales nos han llegado solo 31. Estos tratados son sobre una enorme variedad de disciplinas, entre ellas: lógica, metafísica, filosofía de la ciencia, ética, filosofía política, estética, retórica, física, astronomía y biología. Aristóteles transformó muchas, si no todas, las áreas del conocimiento que trató. Es reconocido como el padre fundador de la lógica y de la biología, si bien existen reflexiones y escritos previos sobre ambas materias, el estudio sistemático con rigor científico lo aporta él.

Entre muchas otras contribuciones, formuló la teoría de la generación espontánea, el principio de no contradicción, las nociones de categoría retomadas en la modernidad por Kant, sustancia y accidente, acto y potencia, la clasificación de cuatro causas y el primer motor inmóvil.

Algunas de sus ideas, que fueron novedosas para la filosofía de su tiempo, hoy están naturalizadas en la cultura occidental.

En este libro lo que nos ocupa es la parte estética de su obra.

Estética

Aristóteles dedicó escritos y estudio a la estética, su texto más importante es la *Poética* del cual hablaremos detalladamente. Para todo el que quiera tener un acercamiento al estudio de la estética es necesario leer a Aristóteles. Su pensamiento central se basa en las artes en sí mismas y no en el ideal de belleza o en el ideal de artesano como una abstracción. Como en otras disciplinas, clasifica y desenreda el nudo gordiano que no permite comprender de manera simple cual es el objeto del arte, qué es ser un buen artista, qué importancia tiene el arte para el hombre.

Define como "arte" cualquier actividad humana de producción consciente basada en el conocimiento. El arte produce algo nuevo, una creación y, en ese sentido, los hombres creando se convierten en dioses.

Aristóteles realiza la siguiente clasificación: por un lado las artes imitativas, en las cuales incluye la comedia, la tragedia, la música y la escultura, etc. Imitar es representar lo universal en lo particular, por eso importa más la armonía interna de la obra entre sus partes que el modelo real a imitar, en la imitación importa captar y transmitir un sentir. Por otro lado están las artes no imitativas, que son las que no expresan emociones, e incluyen producciones como tratados científicos y escritos de otra índole, que para nuestra cultura actual no son considerados artísticos.

Transmisión de la obra aristotélica

Aristóteles escribió dos tipos de textos: los destinados a la publicación fuera del Liceo o exotéricos y los utilizados como apuntes de clase o notas de conferencias, denominados esotéricos.

Lamentablemente, solo se conservan estos últimos, que al ser una recopilación de sus apuntes, vuelven un poco complicada su lectura, faltan explicaciones, hay saltos de un tema a otro en forma incomprensible y algunos quedan sin desarrollo o incompletos. Leer a Aristóteles no es una tarea sencilla y eso demuestra la cantidad de comentaristas que ha tenido a lo largo de dos milenios.

Las actuales ediciones en griego siguen la establecida por August Immanuel Bekker en 1831. Hay que decir que apenas conservamos un tercio de lo que Aristóteles escribió. Por ejemplo, escribió o dirigió la redacción de 158 Constituciones, de las que no nos ha llegado ninguna, con excepción de la *Constitución de los atenienses*, cuyo papiro fue encontrado en una excavación en Egipto, en un depósito de basura.

Tras su muerte, sus textos (apenas tuvo una influencia inmediata) desaparecieron durante dos siglos. Luego aparecen en

Atenas y después en Roma, donde el peripatético Andrónico de Rodas (siglo I d.C.) preparó una edición. Lo que nos queda de esos textos, por tanto, está determinado por la mano que preparó esa edición. Más problemática aún es la transmisión de llamado *Corpus Aristotelicum*, que contiene sus obras además de las de otros autores que dicen ser Aristóteles. A lo largo de la Edad Media, su influencia fue mínima, dominando el platonismo hasta alrededor del siglo XII, cuando se hicieron traducciones al latín de obras en árabe y en siríaco, de uno o varios originales en griego, que entrarán en los debates escolásticos de los centros de producción cultural medievales.

¿Cómo establecer, por tanto, en los restos que nos quedan, qué textos son y cuáles no son "originales"? Esto es imposible. En los últimos decenios se ha desarrollado una técnica muy sofisticada, llamada "estilometría" (aplicada a otros autores como Platón), que determina, mediante el cómputo y estudio estadístico de determinados elementos gramaticales, qué textos son escritos por qué mano. Pero esto no asegura que se trate de Aristóteles. La edición de Andrónico de la *Metafísica* por ejemplo, según J. Barnes es seguramente una colección de textos y no una obra unitaria.

Por otra parte las luchas ideológicas dentro del cristianismo durante la Edad Media en torno a la interpretación de *Corpus Aristotelicus*, para conciliarlo con las sagradas escrituras, hacen que haya una gran posibilidad de modificaciones en los manuscritos.

Lo que nos quedó son las notas de un filósofo que se dedicó arduamente a muchos temas, notas que fueron el origen de la reflexión en cada uno de esos campos de conocimiento. Una primera mirada, los borradores de una mente brillante que hizo debatir a los hombres en plena Edad Media, que sentó las bases de un acercamiento a la realidad sensible, al método científico y al estudio de las relaciones humanas.

Corpus Aristotelicum

Las obras de Aristóteles que conocemos y que forman lo que se denominó como el *Corpus aristotelicum,* se editan según la edición prusiana de Immanuel Bekker de 1831-1836, indicando la página, la columna (a o b) y, eventualmente, la línea del texto en esa edición. Tras el trabajo de Bekker se han encontrado sólo unas pocas obras más. Los títulos en latín todavía son utilizados por los estudiosos.

Los trabajos cuya legitimidad está en disputa se marcan con *, y los trabajos que generalmente se consideran espurios se marcan con **.

Lógica

Artículo principal: *Órganon*
(1a) Categorías (*Categoriae*)
(16a) De la interpretación (*De interpretatione*)
(24a) Primeros analíticos (*Analytica priora*)
(71a) Segundos analíticos (*Analyticaposteriora*)
(100a) Tópicos (*Topica*)
(164a) Refutaciones sofísticas (*De sophisticiselenchis*)

Física (el estudio de la naturaleza)

(184a) Física (*Physica*)
(268a) Sobre el cielo (*De caelo*)
(314a) Acerca de la generación y la corrupción (*De generatione et corruptione*)
(338a) Meteorología (*Meteorologica*)
(391a) Del universo** (*De mundo*)
(402a) Del alma (*De anima*)
Pequeños tratados sobre la naturaleza (*Parva naturalia*)
(436a) De los sentidos y de lo sentido (*De sensu et sensibilibus*)

(449b) De la memoria y la reminiscencia (*De memoria et reminiscentia*)

(453b) Del sueño y la vigilia (*De somno et vigilia*)

(458a) Del ensueño (*De insomniis*)

(462b) De la adivinación por el sueño (*De divinatione per somnum*)

(464b) De la longitud y la brevedad de la vida (*De longitu dine et brevitate vitae*)

(467b) De la juventud y la vejez, De la vida y la muerte, y De la respiración (*De juventute et senectute, De vita et morte, De respiratione*)

(481a) De la respiración** (*De spiritu*)

(486a) Historia de los animales (*Historia animalium*)

(639a) Las partes de los animales (*De partibus animalium*)

(698a) El movimiento de los animales (*De mimaliumotu an*)

(704a) Progresión de los animales (*De incessu animalium*)

(715a) Generación de los animales (*De generatione ani malium*)

(791a) De los colores** (*De coloribus*)

(800a) De las cosas de la audición** (*De audibilibus*)

(805a) Fisiognomónica** (*Physiognomonica*)

(815a) De las plantas** (*De plantis*)

(830a) De las maravillas escuchadas** (*De mirabilibu sauscultationibus*)

(847a) Mecánica** (*Mechanica*)

(859a) Problemas* (*Problemata*)

(968a) De las líneas imperceptibles** (*De lineis insecabi libus*)

(973a) Los lugares de los vientos** (*Ventorum situs*)

(974a) Melisos, Jenófanes y Gorgias (abreviado *MXG*)**

Metafísica

(980a) Metafísica (*Metaphysica*)

Ética y política

(1094a) Ética nicomáquea o Ética a Nicómaco (*Ethica Ni comachea*)
(1181a) Gran moral* (*Magna moralia*)
(1214a) Ética eudemia o Ética a Eudemo (*EthicaEudemia*)
(1249a) Librillo sobre las virtudes y los vicios** (*De virtu tibus et vitiis libellus*)
(1252a) Política (*Política*)
(1343a) Económica* (*Oeconomica*)
Constitución de los atenienses (*Athenaionpoliteia*) - Trabajo encontrado en 1890, después de la edición de Bekker.

Retórica y poética

(1354a) Arte retórica (*Ars rhetorica*)
(1420a) Retórica a Alejandro** (Rhetorica ad Alexandrum)
(1447a) Poética (*Ars poetica*)

Bibliografía

Ackrill J., *La filosofía de Aristóteles*, Caracas, Monte Avla, 1984.

Barnes J., *Aristóteles*, Madrid, Cátedra, 1987.

Düring I., *Aristóteles*, México, UNAM, 1987.

Fine G., "Cuestiones platónicas", *Lecturas sobre Platón y Aristóteles IV*, Buenos Aires, OPFyL, p. 5-46.

Fine G., "Conocimiento y opinión en República, V-VII", *Lecturas sobre Platón y Aristóteles IX*, OPFyL, 2009.

Gómez Robledo A., *Platón. Los seis grandes temas de su filosofía*, México, FCE. 1974.

Hernández Guerrero y García Tejera, *Historia breve de la Retórica*, Madrid, Síntesis, 1994.

Lear J., *Aristóteles*, Madrid, Alianza, 1994.

López Eire, A. *Poéticas y Retóricas griegas*, Madrid, Sin tesis, 2002.

Marcos G. y Díaz M., *El surgimiento de la phantasia en la Grecia clásica. Parecer y aparecer en Protágoras, Platón y Aristóteles*, Buenos Aires, Prometeo, 2010.

Moreau J., *Aristóteles y su escuela*, Buenos Aires, Eudeba, 1972.

Murphy J., *Sinopsis histórica de la Retórica clásica*, Madrid, Gredos, 1988.

Nietzsche F. *El nacimiento de la tragedia*, Buenos Aires, Alianza, 1973.

Nussbaum M., *La fragilidad del bien. Fortuna y ética en la tragedia y en la filosofía griega*, Madrid, A. Machado Libros, 2 ed. 2004, 135-175.

Perelman Chaim y Ollbrechats Tytece L., *Tratado de la Argumentación. La Nueva Retórica, 2 vol.*, Madrid, Gredos, 1982.

Reale G., *Introducción a Aristóteles*, Barcelona, Herder, 1985.

Reyes A., *La crítica en la Edad Ateniense. La Antigua Retórica*, en *Obras Completas*, XIII, México, FCE, 1961.

Ricoeur P., *La metáfora viva*, Madrid, Ediciones Cristiandad, 1980.

Ross D., *Teoría de las Ideas de Platón*, Madrid, Cátedra, 1986.

Ross D., *Aristóteles*, Buenos Aires, Charcas, 1981.

Samaranch F., *El saber del deseo. Releer a Aristóteles*, Madrid, Trotta, 1999.

Taylor A., *Platón*, Madrid, Tecnos, 2005.

Sobre la *Poética*

La *Poética* es un escrito acromático que presenta una gran fragmentación. El aparente desorden del texto llevó a varias interpretaciones, una de esas posturas es que al ser notas privadas del autor, el escrito no está armado para presentarse al público y podría ser solo un borrador. Otra interpretación es que el texto fue modificado y que quitando alguna oración puede verse más claro. Otros plantearon que estas frases que generan la confusión podían ser notas al margen y que con el paso del tiempo los copistas las insertaron en el texto principal. La cuestión de qué es del texto central y qué no, no se puede dilucidar tan fácil, y a esto se suman los copistas que bajo un precepto similar al de las frases que oscurecen el texto podían modificarlo, acotarlo o hasta aclararlo agregando algo más.

Entendemos que aquellos que buscan acercarse a los textos aristotélicos quieren interpretar por sí mismos qué es lo que el autor presenta así como lo hicieron los pensadores y letrados de otras épocas.

Historia del texto

La *Poética* fue casi desconocida en la Antigüedad, incluso después de que se hallaron y se publicaron los escritos acromáticos de Aristóteles. Si bien gramáticos de la época parecen basarse en ella, nadie la nombra. Ni siquiera Horacio aunque su *Ars Poética* se inspira en el espíritu de la *Poética* de Aristóteles. En Roma no se generó un ambiente propicio para que resurgiera el análisis de la tragedia.

En el siglo II d.C. Alejandro de Afrodisias comienza una gran actividad sobre el corpus aristotélico, pero la *Poética* no estuvo entre los textos que se comentaron. Parecía que los comentaristas del siglo III al V no la conocen, nadie la nombra, nadie la comenta, el texto no es revisado. En este período parece ser que sufrió la pérdida de una de sus partes. La *Poética* estaba integrada por dos libros, uno dedicado a la epopeya y a la tragedia, y el otro a la comedia.

El texto que se conoce actualmente tiene sólo una introducción general y la parte dedicada a la epopeya y la tragedia. La parte dedicada a la comedia permanece perdida. Ya en el siglo XIV se pensaba que la *Poética* era una obra mutilada. Pero, ¿por qué fue mutilada? Este problema de la pérdida de la parte referida a la comedia fue tratado en la novela de Humberto Eco, *El nombre de la Rosa*, allí el tesoro que se guardaba en la biblioteca del monasterio y por el cual se iban sucediendo las muertes, era un ejemplar de la parte perdida de la *Poética*. Lo nombramos aquí porque es interesante resaltar la sobriedad y seriedad que desde los primeros siglos la Iglesia Católica impuso sobre los temas literarios, así podremos entender que la risa no era considerada un objeto de estudio por parte de la filosofía. Quizás un pensamiento tan extremo como ese lleve a mutilar una parte que se consideraba indigna de un filósofo.

Así mismo la primera parte de la *Poética*, permaneció en una larga espera durante más de mil años. Guillermo de Moerbeke fue su primer traductor del griego al latín en el siglo XIII, sin embargo los intelectuales de la Edad Media estaban más interesados en la disputa de temas universales, problemas metafísicos, teológicos y lógicos. ¿En dónde entraría en esas luchas teóricas el aroma de la tragedia antigua, un análisis de cómo escribir mejor esos relatos? La Edad Media no fue hospitalaria con el arte antiguo y tampoco lo sería con un tratado que analizaba una de las expresiones más bellas de la Antigüedad.

El texto mutilado de la *Poética* se soltó del corpus aristotélico y pasó a formar parte del codex Parisinus 1741, escrito a fines del siglo X, ese codex, recopilación de diferentes tratados de retórica antiguos de varios autores, llego al mediterráneo finalizando el siglo XV y allí comenzó a multiplicarse.

En el Renacimiento italiano se hicieron varias traducciones latinas de la *Poética*, la primera de ellas fue en 1498, una edición de la famosa imprenta Aldina. Solo a partir de entonces se empezó a generar un interés. En cuanto el griego se volvió una lengua leíble para aquellos que estudiaban los escritos antiguos, salió la primera edición en ese idioma, nuevamente fue en la imprenta Aldina en 1508. En 1536 se realizó la primera edición bilingüe, el texto griego acompañado por la traducción latina. Esta edición tenía dos ventajas, una era que el texto estaba separado del corpus y la otra es que era en formato pequeño, por lo cual era trasladable y más cómoda que las ediciones anteriores.

El movimiento comenzado en Italia se expandió a toda Europa haciéndose ediciones en Francia y en España entre el siglo XVI y XVIII. Todas quedaron opacadas cuando apareció la edición de *Obras* de Aristóteles de Immanuel Bekker, comenzada en 1831 y patrocinada por la Real Academia de Prusia. Terminarla llevó casi cuarenta años.

Las obras de Aristóteles se citan según la costumbre internacional, haciendo referencia a las páginas, columnas y líneas de la edición de Bekker. En la presente edición se pondrá entre corchetes la numeración correspondiente.

¿Por qué la tragedia?

Es importante preguntarse por qué un filósofo de la Antigüedad que escribió sobre metafísica y lógica, biología y política, dedicó un tratado al análisis de la poética enalteciendo a la tragedia. La respuesta facilista es que Aristóteles ha escrito de todos los ámbitos conocidos en su época en el cual se desarrollaba algún aspecto del conocimiento humano. Sin embargo esta respuesta nos resulta demasiado amplia, y si fuera su inquietud el abarcarlo todo, sería interesante interpretar qué veía un griego en la tragedia, qué sentía ante la suerte de los personajes y qué le dejaba a él como aprendizaje. Si bien se perdió una parte de la *Poética*, queda claro por la introducción y el libro I que Aristóteles considera a la tragedia como la mejor expresión artística.

Nietzsche, en *El nacimiento de la tragedia*, nos aclara que nada tiene que ver nuestra forma de ver el mundo como lo percibía un griego de hace dos mil quinientos años. La tragedia nace del culto dionisíaco, se desarrolla en un mundo inimaginable para la razón y se despliega por los bordes de la locura, brotando de los más profundos instintos para enaltecer las más bellas fragancias de la vida. "Mientras no tengamos una respuesta a la pregunta '¿Qué es lo dionisíaco?', los griegos continúan siendo completamente desconocidos e inimaginables…"[1].

En la tragedia se unen lo apolíneo y lo dionisíaco, las formas bellas y el contenido profundo que emerge del fondo del abismo, contiene en sí todo lo que es y de la forma más armónica entre sus partes, generando un todo único que se presenta como una imitación. No es una copia tal como la entenderíamos hoy, sino que es representar lo universal en lo particular, darle expresión individualizada a algo, que como una corriente subterránea, como la vida y la muerte, como el frenesí y el desconsuelo,

---

1   Nietzsche F. *El nacimiento de la tragedia*, cap. 1, Alianza, 1973.

es difícil de captar, porque no tiene una forma establecida. Para los griegos es el espíritu dionisíaco lo que se hace presente en las tragedias, con su dualidad, con su éxtasis, con el frenesí de las bacantes que aman y matan, con lo salvaje de lo real que nos impregna y nos lleva hacía donde el dios embriagador quiere.

La realidad para los griegos no tiene solo una parte linda y alegre, la cruda verdad se presenta en la vida de una cultura sensible. La tragedia va teniendo, entonces, un papel primordial en la vida del griego, porque en ella descubre las dos caras de la moneda, en ella se reconoce y se siente, en ella todos son uno en el personaje principal; todos son el coro que unifica las indivi-dualidades volviendo a lo universal. Expresar lo universal en lo particular, y unirlos con una belleza única es el gran secreto de la tragedia que atrae a esos hombres más cerca de lo palpable y más alejados de la razón.

La filosofía también tiene un doble nacimiento, por un lado en la figura de Sócrates inmortalizada por Platón, allí esa realidad cruda que presenta la tragedia es cortada a la mitad. Platón echa a los poetas de su república ideal, porque le recuer-dan una realidad completa, contradictoria a los ojos de la razón, palpable para los sentidos denigrados por ser inferiores. Pero en uno de sus diálogos nos da una definición de filosofía que que-dará, quizás para algunos, un poco teórica, para otros como algo esencial. En *El Banquete*, presenta a la filosofía como el amor a la sabiduría. Amor, ¿a qué? ¿A la sabiduría que viene de la abstracción total de la realidad, del ideal que nada llena, al que sólo se llega con la razón?

Aristóteles no coincide con ese ideal, es quizás el mayor analista de la Antigüedad, pero su amor a la sabiduría difiere enormemente al de Platón. Él busca en la realidad sensible, en los hechos, en la naturaleza. Con un pie en la nueva forma de pensar, aplicando a todo la razón, forma que hemos heredado, pero el otro pie lo tiene aún en su tradición helénica, en la sen-sibilidad que le permite conocer en la contradicción misma de la existencia, es la tragedia, la bella expresión de la realidad de ser en su totalidad, con lo dulce y lo amargo. Es en ella en donde brotan los más preciosos sentimientos, es de la aflicción que surge con fuerza superadora el ansia de vivir.

En lugar de preguntamos por qué Aristóteles escribió sobre la tragedia, deberíamos preguntarnos ¿por qué no escribió más?

Poética

Capítulo I

1. Sobre el objeto de la poética

Trataremos de la Poética y de sus especies, según es cada una; y del modo de construir las fábulas, para que la poesía salga perfecta. Asimismo de la cantidad y calidad de sus partes, como también de las demás cosas concernientes a este arte; empezando primero como orden natural lo indica, de las primeras.

Considerado de forma genérica, la épica y la tragedia, igualmente que la comedia y la ditirámbica, y la mayor parte de la música de instrumentos , todas vienen a ser imitaciones. Pero se diferencias entre sí en tres cosas: en cuanto imitan por medios diversos, o imitan cosas diversas, o los imitan diversamente y no de la misma manera.

Porque así como algunos imitan muchas cosas reproduciéndolas con colores y figuras, unos por arte, otros por uso, otros por genio y otros por la voz. Así, de la misma forma en dichas artes, todas hacen su imitación con ritmo, dicción y armonía. Pero estos instrumentos se usan con variedad, juntos o combinados; por ejemplo de armonía y ritmo combinan la música fláutica y citarística, y otras semejantes en cuanto a su potencia, como el arte de la siringa. Con sólo el ritmo sin armonía es la imitación de los bailarines que con compases figurados imitan las costumbres, pasiones y acciones.

Pero el arte que hace su imitación sólo con las palabras sueltas o ligadas a la métrica, usando el lenguaje en prosa o en verso, combinándolos entre sí o con sólo un género, carece de nombre hasta ahora.

No podríamos aplicar la misma palabra para señalar los mimos de Sofrón y de Jenarco[2], ni los diálogos de Sócrates; ni es del caso el que uno haga la imitación en trímetros, o en elegía, o en otros versos de esta clase. La gente comúnmente, asocia el nombre de poeta a los versos, a unos los llaman elegíacos, a otros épicos; nombrando los poetas no por la imitación, sino por la razón común del verso; tanto que suelen dar el nombre de los que escriben algo de medicina o de física en verso. Mas, en realidad, Homero no tiene que ver con Empédocles, sino en la métrica, por eso aquél merece el nombre de poeta y éste el de físico más que de poeta. Asimismo, si hicieran una imitación mezclando toda clase de versos al modo del Centauro de Queremón[3], que es

---

2   Sofrón fue contemporáneo de Eurípides y uno de los principales escritores del mimo siracusano. Los "mimos" representaban escenas de la vida cotidiana. Estaban escritos en prosa y gozaba de gran prestigio. Jenarco fue hijo de Sofrón, amigo de Dionisio I de Siracusa, conocido también como el tirano de Siracusa que sin embargo dio lugar en su corte a la filosofía y al arte. Jenarco también fue autor de mimos.

3   Queremón fue un poeta dramático fines del V a.C. y principios del IV a.C, su obra fue escrita más para ser leída que representada. Su obra *Centauro*, calificada como drama de muchos versos, no fue conservada, sólo quedaron dos fragmentos que no permiten un análisis como obra que une diversos tipos de versos.

un fárrago mal tejido de todo linaje de versos, no precisamente por eso se ha de llamar poeta.

Acerca, pues, de estas cosas, quede sentado lo dicho. Hay también algunas imitaciones que usan de todos los instrumentos referidos; es a saber, de ritmo, armonía y verso; como la ditirámbica y gnómica, y también la tragedia y comedia. Pero se diferencian en que las primeras los emplean todos a la vez; mientras las últimas por partes. Éstas son las diferencias que establezco entre las artes en orden a los medios con que hacen la imitación.

2. Diferencias de las artes según el objeto imitado

Además de esto, los imitadores imitan a hombres que actúan, y éstos necesariamente han de ser buenos o malos, siendo así que cada cual se distingue en las característica por la virtud y por el vicio; es, sin duda, necesario imitar, o a los mejores que nosotros, o a los peores, o a los que son similares, a igual manera que los pintores. Así, Polígnoto por ejemplo pintaba a los más galanes, Pausón a los más feos, y Dionisio[4] a los semejantes. Y es claro que cada una de las dichas imitaciones ha de tener estas diferencias, y ser diversa por imitar diversas cosas como se ha detallado.

---

4   Polígnoto artista 490 a.C. al 425 a.C., se lo consideró el mejor pintor griego de su generación, recibió la ciudadanía ateniense por la decoración de edificios y monumentos, destacándose por los dibujos y el colorido. Fue el primero en darle mayor expresión a los rostros, abriendo la boca y mostrando los dientes de sus figuras, sus temas en general fueron basados en la épica de Homero. Pausón, es un artista de fines del siglo V a.C. y principio del VI, poco recomendado por Aristóteles porque no sigue las pautas de una buena imitación. Dionisio de Colofón fue un artista contemporáneo de Polígnoto, en comparación con éste, en sus obras falta expresión de carácter y pasión.

También en la danza y en la música de la flauta y de la cítara se hallan esta variedad y semejanza; así como en los discursos, y en la sola rima de los versos; por ejemplo: Homero describe hombres mejores, Cleofonte a los semejantes, y Hegemón de Taso compositor de las Parodias y Nicócares[5] autor de la Deliada, describen a los peores. Eso mismo puede verse en los ditirambos y en los nomos, según lo hicieron en sus composiciones de los persas y de los cíclopes Timoteo y Filoxeno[6]. Tal es también la misma diferencia que separa a la tragedia y a la comedia; por cuanto ésta procura imitar los peores, y aquélla hombres mejores que los reales.

3. Diferencias en el modo de imitar

Falta aún una tercera diferencia, que es cómo se ha de imitar cada una de estas cosas. Porque con los mismos medios se pueden imitar las mismas cosas de diverso modo; ya sea convirtiéndose en otro, como Homero lo hace; ya hablando el mismo poeta sin mudar de persona; ya fingiendo a los representantes, como que todos andan ocupados en sus acciones. Por consiguiente la imitación consiste, como ya dijimos, en estas tres diferencias: con qué medios, qué cosas y cómo. De esta forma en un sentido, Sófocles será imitador como Homero, en cuanto que

---

5   Establece un paralelismo entre poetas y pintores: Homero es similar a Polígnoto, Cleofonte a Dionisio y Hegemón y Nicócares a Pausón. Cleofonte fue un poeta trágico ateniense, Hegemón de Tarso es llamado "el inventor de la parodia" y Nicócares es autor de parodias de mitos.

6   Timoteo fue un poeta y músico de Mileto, autor de nomos y ditirambos. Filóxeno de Citera escribió veinticuatro ditirambos, el más conocido es Cíclope y se dice que en él ridiculizaba a Dionisio I de Siracusa.

ambos imitan a los hombres de virtud. Y según otra forma será como Aristófanes, porque ambos representan a los hombres en acción; de donde dicen que viene el nombre de actos, porque representan a los actores. Por eso los dorios reivindican la tragedia y la comedia. De la comedia se aprecian los megarenses, así los de acá, alegando haber dado ocasión a ella el tiempo de su democracia; así también los de Sicilia se jactan de que de ellos surge la comedia, porque de ella fue natural el poeta cómico Epicarmo, mucho más antiguo que Quiónides y Magnete[7]. De la tragedia se dan por inventores algunos del Peloponeso, fundados en la significación de los nombres. En efecto, éstos dicen que a las aldeas las llaman comarca, como los atenienses, pueblos. Así que los comediantes no tomaron el nombre de hacer comilonas, sino de la dispersión por la comarca, andaban errantes habiendo sido excluidos con deshonor de la ciudad. Además, al obrar que ellos llaman "hacer", emplean la palabra *drän* y los atenienses practicar. En fin, de las diferencias de la imitación y de cuántas y cuáles sean, baste lo dicho.

---

7   Epicarmo nació en Cos en 550 a.C. y murió en el 460. Vivió muchos años en Siracusa donde escribió comedias, anteriormente se había dedicado a la filosofía. La comedia griega primitiva surge de los mimos en Sicilia y Epicarmo es su punto más alto. Quiónides y Magnete son dos autores de comedia ática, comedias que fueron incluidas en las grandes fiestas Dionisias.

Capítulo II

4. Origen y desarrollo de la poética

Parece cierto que dos causas, y ambas naturales, han dado origen a la poética. La primera es el imitar, que es connatural al hombre desde niño y en esto lo diferencia de los demás animales, ya que es muy inclinado a la imitación y por ella adquiere los primeros conocimientos.

Lo segundo es que todos se complacen con las imitaciones, las disfrutan. Prueba de ello es lo que pasa en la práctica; porque hay cosas que por su aspecto real nos molestan y nos horrorizan, pero a su imagen la contemplamos con placer, como las figuras de animales feroces y de cadáveres. El motivo de esto es que el aprender es cosa muy deleitable, no sólo a los filósofos, sino también para los demás, aunque éstos por breve tiempo lo comparten. Por eso disfrutan en mirar las imágenes, porque al contemplarlas, aprenden y argumentan qué es cada cosa, como por ejemplo que "Éste es aquél"; por que quien no hubiese visto antes el original, no percibiría el deleite por razón de la imitación, sino por sólo por la ejecución, o por el color, o por alguna otra causa de esta especie.

Siéndonos, pues, tan connatural la imitación como la armonía y el ritmo (es claro que los versos son parte de las rimas), desde el principio los más ingeniosos y de mejor talento para estas cosas, se adelantan en ellas poco a poco y vinieron a formar la poesía originadas en las improvisaciones.

La poesía se dividió luego según las características particulares, porque los más graves imitaron las acciones nobles y las aventuras de sus semejantes, y los más vulgares las de los hombres inferiores, comenzaron componiendo invectivas y apodos, así como los primeros compusieron himnos y encomios.

Verdad es que antes de Homero no podemos citar ningún poema de esta clase, siendo verosímil que hubiese muchos. Pero si podemos empezar por Homero, bien podemos, por su Margites[8] y otros semejantes; en los que ha nacido el verso yámbico, y que aun por eso se llama yámbico ahora el verso burlesco; porque en estos versos se yambizaban mutuamente y así, entre los antiguos, salieron rimadores, algunos de versos heroicos y otros de yambos. Mas como en asuntos graves Homero fue el poeta máximo (antes el único, no sólo por ser sus obras hermosas, sino también porque hace imitaciones dramáticas), igualmente ha sido el primero en dar una muestra de las gracias de la comedia, usando en la representación no una invectiva, sino lo risible. El Margites tiene mucha analogía con las comedias, al paso que *la Ilíada* y *la Odisea* la tienen con las tragedias.

Una vez aparecidas la comedia y la tragedia, de allí adelante los aficionados a ambas poesías, la seria y la jocosa, según su natural inclinación, unos, en lugar de hacer yambos, se hicieron autores de comedias; otros, en lugar de versos heroicos compusieron tragedias, por ser más sublimes y más nobles estos asuntos que aquellos.

---

8   *Margites* es un poema burlesco atribuido a Homero. Presenta la figura de un tonto y la relaciona con los héroes de la epopeya, se la considera un antecedente de la novela jónica en prosa

En cuanto examinar empero si la tragedia tiene ya o no lo que basta para su perfección, sea considerada en sí misma o respecto del teatro, es otra cuestión.

Por lo demás, la tragedia haciéndose al principio sin arte, como improvisación, así como la comedia (la tragedia por los corifeos de la actuación ditirámbica, la comedia por los cantos fálicos del coro, que duran todavía hoy en muchas ciudades recibidas por ley), fue tomando cuerpo, promoviéndolas sus cultivadores y después de sufrir muchos cambios, alcanzó su propia naturaleza.

Entonces Esquilo dividió la compañía de los actores en dos, disminuyó el coro y dispuso el papel del primer actor, dándole el primer puesto al diálogo. Pero Sófocles introdujo tres personas y la variación de la escenografía. Además de esto, aunque tarde, al fin dejadas las fábulas ruines y la dicción burlesca [20], dando de mano al estilo satírico, la grandeza de las acciones se representó dignamente. Al mismo tiempo se mudó el verso de tetrámetro en yámbico; bien que al principio usaban el metro de ocho, por ser la poesía de sátiros y más acomodada para la danza; pero desarrollándose el diálogo, la misma naturaleza dictó el metro propio, porque de todos los metros el yambo es el mejor en la conversación, y así es que proferimos muchísimos yambos en nuestras conversaciones, pero hexámetros pocas veces y saliéndonos del tono de conversación.

Por último, se dice haberse añadido muchos episodios y embellecidas cada una de las partes; sobre las cuales ya no hablaremos más, pues sería tal vez obra larga exponerlas todas detalladas.

5. La comedia y su desarrollo. Semejanzas y diferencias entre epopeya y tragedia

La comedia es, como se dijo, imitación de los hombres inferiores, mas no según todos los aspectos del vicio, sino que lo risible es parte de lo vergonzoso. Por cuanto lo risible, la máscara cómica de cierto defecto y mengua sin pesar ni daño ajeno, como a primera ojeada es risible una cosa fea y deforme sin darnos pena. En orden a las transformaciones de la tragedia y por quién se hicieron, ya se sabe; pero de la comedia, por haber sido tomada en serio al principio, se ignora su desarrollo. Sólo tardíamente fue cuando el príncipe dio al público coro de comediantes, que en un primer momento representaban los aficionados. Mas formada ya tal cual la comedia, se hace mención de algunos poetas cómicos, dado que no se sabe quién introdujo las máscaras, los prólogos, la pluralidad de personas y otras cosas semejantes. Pero Epicarmo y Formis compusieron las primeras fábulas cómicas, así que la invención vino de Sicilia. Pero entre los atenienses Crates fue el primero que, abandonando la forma yámbica, compuso en general los papeles de los comediantes y argumentos de fábulas.

En cuanto a la épica, ha ido a un paso con la tragedia, hasta en lo de ser una imitación razonada de hombres virtuosos; pero se aleja de ella por tener versos uniformes y en ser narrativa, así como también por la extensión. La tragedia procura, sobre todo, reducir su acción al espacio de sol a sol o excederla un poco, mientras la epopeya es ilimitada en cuanto al tiempo, y en esto se diferencian las tragedias de los poemas épicos, si bien antiguamente estilaban en las tragedias lo mismo que en la épica.

En cuanto a sus partes, unas son las comunes, otras propias de la tragedia. Por eso, quien supiere juzgar de la buena y mala tragedia también sabrá de la epopeya, porque los elementos de ésta convienen a aquélla, pero que los de la tragedia, no todos se hallan en la epopeya. Del arte de imitar en hexámetros y de la comedia hablaremos después.

Capítulo III

6. Definición de tragedia y explicación de sus partes y elementos

Hablemos ahora de la tragedia, resumiendo la definición de su esencia, según que resulta de las cosas dichas. Es, pues, la tragedia representación de una acción memorable y completa, de cierta magnitud, recitando cada una de las partes por sí separadamente, y que no por modo de narración, sino moviendo a compasión y terror, dispone a la moderación de estas pasiones. Llamo estilo deleitoso al que se compone de ritmo, armonía y melodía. Lo que añado de las partes que obran separadamente, es porque algunas cosas sólo se representan en verso, en vez que otras van acompañadas de melodía mediante el canto. Y puesto que se hace la representación diciendo y haciendo, ante todas cosas el adorno de la perspectiva necesariamente habrá de ser una parte de la tragedia, así como la melodía y la elocución, siendo que con estas cosas representan. Por "elocución" entiendo la composición misma de los versos y por "melodía" o "melopeya" lo que a todos es claro. Y como sea que la representación es de acción, y se hace por ciertos actores, los cuales han de tener por fuerza algunas calidades según sean sus costumbres y manera de pensar. Por éstas calificamos también las acciones, dos son naturalmente las causas de las acciones: el pensamiento y el carácter. Y por éstas son todos venturosos y desventurados.

La fábula es una imitación de la acción, porque doy este nombre de fábula a la ordenación de los hechos; y de caracteres a las modales, en donde calificamos a los empeñados en la acción; y de pensamientos a todo lo que al hablar, manifiestan los interlocutores, dan a entender algo, o bien declaran su pensamiento.

Se sigue con necesidad, pues, que las partes de toda tragedia vienen a ser seis, a saber: fábula, carácter, elocución, pensamiento, espectáculo y melodía; siendo así que dos son las partes con que imitan, una cómo se imita y las cosas que imitan tres; y fuera de éstas no hay otra. Por tanto, no pocos poetas se han ejercitado en estos, para decirlo así, elementos de tragedias; por ver que todo en ellas se reduce a espectáculo, carácter, fábula, elocución, pensamiento y melodía.

Pero lo más importante de estos elementos, es la ordenación de los sucesos. Porque la tragedia es imitación, no tanto de los hombres cuanto de los hechos y de la vida, y de la ventura y desventura; tanto la felicidad y la infelicidad están en la acción, así como el fin es una especie de acción y no una cualidad. Y el carácter califica a los hombres, ya que por las acciones son dichosos o desdichados. Por tanto, no hacen la representación para imitar el carácter, sino que vélense de los caracteres para el retrato de las acciones. De suerte que los hechos y la fábula son el fin de la tragedia, y no hay duda que el fin es lo más principal en todas las cosas, pues ciertamente sin acción no puede haber tragedia. Pero sin pintar los caracteres puede muy bien haberla, dado que las tragedias de la mayor parte de los modernos no las expresan. Ya que a muchos poetas les ha sucedido lo mismo que entre los pintores a Zeuxis respecto de Polígnoto[9]: que éste bien copia los caracteres, mientras que las pinturas de aquél no expresan ninguno.

Además aunque alguno acomode discursos morales, expresiones e ideas bien torneadas, no por eso habrá satisfecho a lo que exige de suyo la tragedia; pero mucho mejor tragedia será la que usa menos de estas cosas y se atiene a la fábula y ordenación de los hechos. Las principales cosas con que la tragedia seduce al alma son partes de la fábula, me refiero a las peripecias y agniciones. Prueba de ello es que los principiantes en poesía, antes bien aciertan a perfeccionar el estilo y los caracteres, que a ordenar bien los hechos, como se ve en los poetas antiguos casi todos.

Es, pues, la fábula lo primordial y casi el alma de la tragedia, y en segundo lugar lo son los caracteres. Eso mismo sucede en la pintura; porque si uno pintase con bellísimos colores aplicados confusamente, no agradaría tanto como el que hiciese un buen retrato solo con blanco; y ya se dijo que la tragedia es imitación de la acción, y causa sobre todo de los agentes.

En tercer lugar se encuentra el pensamiento, esto es, el saber decir lo que hay, la acción y lo que hace al asunto; lo cual en materia de discursos es propio de la política y retórica. Los antiguos por eso pintaban a las personas razonando en tono político, y los modernos en estilo retórico. El carácter es aquello que manifiesta cuál sea la intención, qué cosa, en situaciones que no son claras, quiere o no prefiere evitar. Por falta de esto algunas de los diálogos no guardan el carácter. Pero el pensamiento es sobre cuestiones en que uno decide cómo es, o

---

9   Es conocida la competencia entre ambos pintores por Cicerón, en *De inventione* II 2. Zeuxis pintó unas uvas tan perfectas que los pájaros ibas a comerlas, Parrasio pintó entonces una cortina y convenció a su oponente a querer correrla diciendo que atrás de dicha cortina se encontraba su obra.

cómo no es, lo que demuestra que algo es o no es, o lo confirma en general.

La cuarta es la elocución. Repito, conforme a lo ya insinuado, que la elocución es la expresión del pensamiento por medio de las palabras, y esto vale lo mismo para el verso y la prosa.

Por lo demás, la quinta, que es la melodía, es el más importante de los aderezos. El espectáculo es, sin duda, de gran recreo a la vista, pero es la parte menos propia de la poética, puesto que la tragedia tiene su mérito aun fuera de la representación y de los actores. Además que cuanto al montaje de la escena es obra más bien del arte del que fabrica los trastos, que de los poetas.

7. Sobre la fábula o la estructuración de los hechos

Luego de hechas estas distinciones, digamos ahora cuál debe ser la ordenación de los hechos, ya que esto es lo primero y principal de la tragedia. Admitimos antes que la tragedia es una imitación de una acción completa y total, de cierta magnitud; pues una cosa puede ser entera pero no tener magnitud. Llamaremos entero a todo lo que tiene principio, medio y fin. Principio es lo que no sigue necesariamente de otro; antes bien, después de sí exige naturalmente que otro exista o sea factible. Fin es, al contrario, lo que por naturaleza sigue después de otro, por necesidad o la mayoría de las veces; y después de sí no admite ningún otro. Medio, lo que de suyo se sigue a otro y tras de sí aguarda otro.

Deben, por tanto, los que han de ordenar bien las fábulas, no comenzar y terminar en cualquier punto, sino que estructurarlas al modo dicho.

Puesto que lo bello, tanto en animal como en cualquier cosa que se compone de partes, no sólo debe tener sus partes bien colocadas, sino también el tamaño correspondiente, porque la hermosura consiste en magnitud y orden; es por ello que ni podrá ser hermoso un animal muy pequeño, que se confunde a la vista y es casi imperceptible; ni tampoco si es de grandeza descomunal, porque la visión no se produce simultáneamente, sino que la unidad y totalidad se escapan a la percepción del espectador, por ejemplo si hubiese un animal de legua y media. Así que como los cuerpos y los animales han de tener una magnitud más proporcionada a la vista, así conviene dar a las fábulas tal extensión que pueda la memoria retenerlas fácilmente. El límite de esta extensión respecto de los espectáculos y del auditorio no es de nuestro arte, puesto que si se hubiesen de recitar cien tragedias en público certamen, la representación de cada una se regularía por reloj de agua, según dicen que se hizo alguna vez en otro tiempo.

Pero si se atiende a la naturaleza misma de la acción, el término en la extensión será tanto más agradable cuanto fuere más largo, mientras pueda verse el conjunto, es lo más bello en cuanto a magnitud. Y para definirlo, estableciendo una regla general, la duración que verosímil o necesariamente se requiere según la serie continua de aventuras, para que la fortuna se trueque de feliz en desgraciada, o de infeliz en dichosa, ésa es la medida justa de la extensión de la fábula.

8. Sobre la unidad de la fábula

Dícese que la fábula es una; no como algunos piensan, porque se refieren a uno solo, ya que muchísimas cosas suceden a uno en la vida, algunas de las cuales de ningún modo constituyen una unidad. Y así también hay muchas acciones de uno solo, de las cuales no resulta ninguna acción. Por tanto, yerran al parecer todos cuantos poetas han compuesto la Heracleida y Teseida, y semejantes poemas;

pues figurándose que Hércules por ser uno, también resultará ser una la fábula.

Pero Homero, como en todo lo demás es excelente, también parece haber penetrado en esto, fuese por arte o por ingenio natural; pues componiendo la *Odisea*, no incluyó todo lo que aconteció a Ulises, por ejemplo haber sido herido en el Parnaso y haber fingido estar loco en la revista del ejército. De ambas cosas decimos que habiendo sucedido una no era necesario o verosímil que sucediese la otra. Sino que compuso la obra en relación a una la acción única, de la cual decimos ser la *Odisea*, y de forma semejante la *Ilíada*. Es necesario afirmar, pues, que como en las otras artes imitativas es la imitación de un solo objeto, así también la fábula, siendo una imagen de acción, lo sea de una sola y entera; colocando las partes de los hechos de modo que, trastrocada o removida cualquiera de sus partes, se transforme y altere el todo; pues aquello que cuya presencia o ausencia no se hace notable, no significa nada ni es parte del todo.

9. Diferencias entre la poesía y la historia

Es manifiesto asimismo de lo dicho que no es oficio del poeta el contar las cosas como sucedieron, sino como debieran o pudieran haber sucedido, probable o necesariamente. Porque el historiador y el poeta no son diferentes por hablar en verso o en prosa, pues se podrían poner en verso las cosas referidas por Herodoto, y no menos sería la verdadera historia en verso que sin verso. Sin embargo la diversidad consiste en que aquél cuenta las cosas tal cual sucedieron, y éste como era natural que sucediesen. Que por eso la poesía es más filosófica y elevada que la historia; por cuanto considera principalmente las cosas en general; la segunda en cambio se refiere a lo particular. Considerar en general las cosas es presentar a qué tipo de hombres les ocurre decir o hacer cosas verosímiles o necesarias, qué cosa conviene a un tal decir o hacer, conforme a las circunstancias o a la urgencia presente; es a lo cual aspira la poesía, poniéndole luego nombre a los personajes que trazan las acciones, refiriendo a las cosas en particular, es decir, qué cosa hizo o padeció Alcibíades.

En orden a la comedia, esto resulta bien claro; porque compuesta la fábula de sucesos verosímiles, según ésos, ponen a las personas cualquier nombre; no como los coplistas burlescos, tildando por sus nombres a hombres particulares. Pero en la tragedia se atienden nombres conocidos, porque lo factible es convincente; pero lo que nunca ha sucedido, no creemos que sea posible. Al contrario lo sucedido, es evidente que es posible; porque no hubieran sido hechos si no fuesen factibles.

Sin embargo, en algunas tragedias uno o dos nombres son los conocidos, los demás supuestos; en otras, ninguno es verdadero, como por ejemplo en la Flor de Agatón[10], donde las aventuras son hechos ficticios como los nombres y no por eso deleita menos.

Por lo cual no siempre se ha de pedir al poeta el que trabaje sobre las fábulas tradicionales, que sería demanda ridícula; ya que los hechos conocidos de pocos son sabidos y no obstante, a todos deleitan.

De aquí es claro que el poeta debe mostrar su talento tanto más en la composición de las fábulas que de los versos, en cuanto es cierto que el poeta lo es por la imitación y lo que imita son las acciones. Y aunque haya de imitar cosas sucedidas, no será menos poeta por ello; pues no hay inconveniente en que varias cosas de las sucedidas sean tal cual concebimos que debieran y pudieran ser, y que ese sea el sentido en que las trata el poeta.

---

10   Agatón nació en Atenas es protagonista en el *Protágoras* de Platón y en el *Banquete* se celebra el primer triunfo trágico de Agatón en las Leneas del 416. Aristófanes se burla de él en las *Tesmoforiantes*. Aristóteles lo presenta como el iniciador de hacer cantar en las tragedias, canciones intercaladas ajenas a la historia.

De las fábulas y acciones simples, se nota que las episó-
dicas son de malísimo gusto. Llamo fábula episódica aquella
en que se entremeten cosas que no es probable ni forzoso que
acompañen a la acción. Éstas, los malos poetas las hacen espontáneamente y los buenos, por gracia de los actores, porque
haciéndolas para competencia de representaciones, las alargan
hasta más no poder y muchas veces se ven precisados a pertur-
bar el orden de las cosas.

Y puesto que la imitación es no sólo una acción completa, sino también situaciones terribles y que inspiran compasión.
Éstas, cuando son maravillosas y con mayor intensidad, y aún
más si acontecen contra todo lo esperado por el enlace de unas
con otras, porque así el suceso causa mayor maravilla que si pro-
cediesen por azar y por fortuna, ya que aun de las cosas prove-
nientes de la fortuna son más estupendas aquellas que parecen
hechas con intención; por ejemplo, la estatua de Mitis en Argos,
que mató al culpable de Mitis cayendo sobre su cabeza en el
teatro, pues parece que semejantes cosas no suceden al azar; es
consiguiente que tales fábulas sean necesariamente las más hermosas.

10. Fábulas simples y complejas

De las fábulas, unas son simples y otras complejas; la razón es
porque las acciones de las cuales son imitación son también de esta
manera. Llamo acción simple a aquella que continuada sin perder
la unidad, como queda definido, produce el cambio de fortuna sin
peripecia ni agnición; y compleja, la que tiene su fin con reconocimiento o cambio de fortuna, o entrambas cosas acompañada de
agnición, lo cual debe nacer de la misma estructura de la fábula; de
suerte que se da por los hechos anteriores por necesidad o verosí-
milmente. Pues hay mucha diferencia en que unas cosas sucedan a
causa de otras o que sucedan después de estas aventuras.

11. Sobre la peripecia, la agnición y el lance patético

Peripecia es según se ha indicado, la conversión de los sucesos en contrario. Y eso, como decimos, que sea verosímil o necesario; así en el Edipo, el que vino a darle buenas nuevas, con intención de quitarle el miedo de casarse con su madre, manifestándole quién era, produjo contrario efecto[11]; y en el Linceo, éste es conducido a la muerte y Dánao tras él para matarlo, pero sucedió por los acontecimientos el que Dánao muriese y se salvase Linceo.

La agnición o reconocimiento, según lo declara el nombre, es conversión de persona desconocida en conocida, que remata en amistad o enemistad entre los que se ven destinados a dicha o desdicha. El reconocimiento más perfecto es cuando con él se juntan las peripecias, como acontece en Edipo[12]. Hay también otras suertes de agniciones, pues en las cosas inanimadas y hechos casuales ocurre a la manera que se ha dicho, y puede reconocerse si uno ha actuado o no.

Dado que la más propia de la fábula y de la acción es sobredicha; porque semejante revolución y reconocimiento causará lástima y espanto, cuales son las acciones, de que se supone ser la tragedia ser una imitación. Fuera de que por tales medios se forjará la buena y la mala fortuna. Mas por cuanto el reconocimiento de algunos ha de ser reconocimiento, síguese

---

11   En *Edipo Rey* de Sófocles, llega de Corinto un mensajero con la noticia de la muerte de Polibio, por lo que el trono de aquella ciudad le correspondía a Edipo. El mensajero cree sacarle el temor de la profecía que cae sobre el de matar a su padre y casarse con su madre, pero el efecto es el contrario, le abre los ojos a la terrible realidad de que ha matado a su verdadero padre, Layo y se había casado con su madre, Yocasta.

12   Reconociéndose Yocasta y Edipo como madre e hijo, ella se quita la vida ahorcándose y él se saca los ojos se destierra de la ciudad

que se den reconocimientos de dos géneros: algunos de una persona sola respecto de la otra, cuando ésta ya es conocida de la primera, y a veces es necesario que se reconozcan entrambas. Por ejemplo: Ifigenia fue reconocida por Orestes a causa del despacho de la carta, pero Orestes necesitaba otra agnición por parte de Ifigenia[13].

Según esto, dos son en orden a lo dicho las partes de la fábula: peripecia y agnición. La tercera es la pasión o lance patético. Pasión es una pena destructiva y dolorosa, como las muertes a la vista, las angustias mortales, las heridas y cosas semejantes.

12. Partes cuantitativas de la tragedia

Quedan dichas ya las partes de la tragedia esenciales que se deben usar. Pero desde el punto de vista cuantitativo, en que como miembros separados se divide, son las siguientes: prólogo, episodio, éxodo y coro, y este se subdivide en párodo y estásimo. Estas partes son comunes a todas las tragedias: propias son de algunas los cantos desde la escena y las lamentaciones.

El prólogo es una parte entera y precede a la entrada o párodo del coro. El episodio es una parte de por sí, y el intermedio entre cantos corales completos. Finalmente, el éxodo es una parte entera de la tragedia, después de la cual cesa totalmente la música del coro.

De la parte coral, el párodo es la primera representación de todo el coro, y el estásimo, el recitado del coro, que no admite anapesto ni troqueo, una lamentación común del coro en vista de la escena lamentable.

---

13   Al darle Ifigenia una carta a Pílades para que se la hiciera llegar a Orestes, éste que estaba presente reconoció a su hermana. Oreste fue reconocido por ella solo cuando él mismo lo dijo posteriormente.

Cuáles sean, repito, las partes esenciales de la tragedia que se han de poner en obra, consta de lo referido. Desde el punto de vista cuantitativo y en las que se dividen, son las que acabo de apuntar.

13. Qué se debe buscar y qué evitar al construir una fábula

Ahora conviene añadir consiguientemente a lo dicho qué cosas han de proponerse y cuáles evitar los que componen las fábulas, de donde resultará la perfección de la tragedia.

Primeramente, supuesto que la composición de la tragedia más perfecta no debe ser sencilla, sino compleja, y ésta imitadora de acontecimientos que inspiren temor y compasión (como es propio de semejante imitación), es manifiesto que no se han de introducir ni personas muy virtuosas que caigan de buena en mala fortuna, pues eso no causa temor ni compasión, sino antes indignación; ni tampoco malvados, que de mala fortuna pasen a buena, pues ésta entre todas las cosas es la más alejada de la tragedia, y nada tiene de lo que se pide, porque ni inspira simpatía, ni compasión, ni temor; ni tampoco el muy perverso, debe caer de dichoso a desdichado; porque tal estructuración puede inspirar simpatía, pero no producirá compasión ni miedo; porque la compasión se tiene del que padece no mereciéndolo; el miedo es de ver el infortunio en un semejante nuestro. Así que tal estructura no inspira compasión ni temor.

Resta, pues, el personaje intermedio entre los dichos, y éste será el que no es aventajado en virtud y justicia, ni derrocado de la fortuna por malicia y maldad suya, sino por yerro disculpable, habiendo antes vivido en gran gloria y prosperidad, cuales fueron Edipo, Tiestes y otros ilustres varones de antigua estirpe.

En conformidad de esto, es preciso que la fábula sea más bien de un éxito sencillo que doble, como algunos pretenden; y por cambios no ha de pasar de la desdicha a la dicha, sino al contrario, de próspera en adversa; no por delitos, sino por algún gran error de un hombre, que sea como se ha dicho, o en todo caso antes mejor que peor.

Lo que se confirma por la experiencia, porque antiguamente los poetas ponían en rima sin distinción a cualquier fábula ocurrente; pero ya las fábulas más celebradas están reducidas a pocas familias, por ejemplo, las de Alcmeón, Edipo, Orestes, Meleagro, Tiestes y Télefo, y a cuantos otros aconteció padecer o hacer cosas terribles.

Por lo cual, la tragedia según arte más perfecta es de esta forma y así yerran los que por esto culpan en Eurípides, de que tal hace en las tragedias, muchas de las cuales terminan en desdichas; siendo eso, como queda declarado, lo que hace al caso, de lo cual es argumento grandísimo que así en los teatros como en los certámenes, las fábulas son celebradas por ser más trágicas y por acabar en infortunios. Y cierto es que Eurípides, si bien no acierta en los demás recursos, a lo menos es tenido por el más trágico de todos los poetas.

La segunda forma de tragedia, que algunos llaman la primera, es la que tiene doble destino, como la *Odisea*, que termina en modo contrario para los buenos y para los malos. Y parece ser la primera por la decadencia de los espectadores, dejándose llevar los poetas por el antojo del público.

Pero no es de tal casta el deleite que se percibe de la tragedia; sino que será más propio de la comedia, pues en ella, bien que sean entre sí enemigos tan mortales como Egisto y Orestes, al fin se tornan amigos y parten sin que ninguno muera a manos del otro.

14. La compasión y el temor deben nacer de la estructura de la fábula

Cabe, sin duda, que el temor y la compasión pueden nacer del espectáculo, pero también de la estructuración bien ordenada de las aventuras, lo que tiene el primer lugar y es de poeta más avezado. Porque la fábula se debe tramar de modo que, aun sin representarla, con sólo oír el desarrollo de los hechos, cualquiera se horrorice y compadezca de las desventuras; lo que sucederá ciertamente al que oyere leer la tragedia de Edipo. Pero el representar esto por medio del espectáculo es menos artístico y exige gastos.

Pues ya los que representan a la vista, no un objeto terrible, sino precisamente monstruoso, no tienen que ver con la tragedia. Porque de ésta no se ha de pretender todo linaje de recreación, sino la que lleva de suyo; y como la que resulta de la compasión y del temor la debe preparar el poeta mediante la imitación, es claro que se ha de sacar de los hechos mismos.

Veamos ahora cuáles acontecimientos son temibles y cuáles dignos de compasión. Es desde luego necesario que las acciones recíprocas de los hombres sean o entre amigos o entre enemigos, o entre quienes no son ni amigos ni enemigos. Si el enemigo matara al enemigo, no causa lástima, ni haciéndolo ni estando a punto de hacerlo, sino en cuanto al natural sentimiento; ni tampoco si se matan los neutrales. Pero lo que se ha de mirar es cuando las atrocidades se cometen entre personas amigas, como si el hermano mata o quiere matar al hermano, o el hijo al padre o a la madre, u otras situaciones semejantes.

No es lícito alterar las fábulas recibidas: como el que Clitemnestra murió a manos de Orestes, y Erífile a las de Alcmeón; bien que deba el poeta inventar por sí mismo fábulas nuevas o hacer buen uso de las ya recibidas. Expliquemos más qué quiere decir hacer buen uso.

En primer lugar, puede cometerse la acción, como la representaban los poetas antiguos, con el conocimiento pleno de los personajes, así como también Eurípides representó a Medea matando a sus hijos.

En segundo lugar, se puede cometer una atrocidad ignorando que lo sea al tiempo de cometerla, y después reconocer a la persona amada, como el Edipo de Sófocles, donde se pone cometido el error antes del día de la representación. Pero otras veces en la tragedia misma se da acto trágico como el Alcmeón de Astidamante[14], y el *Telémaco* del Odiseo herido[15].

Lo tercero, en fin, cuando está uno por cometer alguna de las cosas irremediables por ignorancia y la reconoce antes de hacerla, y no hay otra manera fuera de éstas; siendo, como es necesario, el hacer o no hacer, y a sabiendas o sin saberlo. De todas estas situaciones la peor es el intentar hacer una acción a sabiendas y al final no ejecutarla; porque siendo perversa y repulsiva, es la menos trágica, ya que falta el padecimiento. De aquí es que ninguno se vale de ella sino raras veces, como en la *Antígona*, Hemón contra Creonte. Lo menos malo es si se intenta y se hace. Pero lo mejor es cuando se hace sin conocerlo y hecho el mal se reconoce, pues en tal caso no está intención perversa y el reconocimiento llena de estupor.

La mejor situación es la última, así, por ejemplo, en el Cresfontes, Mérope intenta matar a su hijo y no lo mata, sino que vino a reconocerlo, y en la Ifigenia sucede lo mismo a la hermana con el hermano, y en la Hele, estando el hijo para entregar su

---

14   Astidamante modificó la leyenda de Alcmeón, cambiando la muerte de Clitemnestra, haciendo que Alcmeón matase a su madre sin conocerla. La innovación se debió a que el matricidio deliberado era demasiado horroroso incluso para una tragedia.

15   Telégono, hijo de Odiseo y de Circe, llega a Ítaca en busca de su padre, su medio hermano Telémaco no lo conoce y su padre tampoco, ambos atacan a Telégono y Odiseo es herido mortalmente.

madre al verdugo, la reconoció. Por esta causa es dicho antiguo que las tragedias se reducen a pocos linajes, porque buscando los poetas asuntos, no de inventiva, sino de fortuna, hallaron este modo de adornarlos en los cuentos sabidos. Así que se ven obligados a recurrir a las familias en que acontecieron semejantes desventuras. En suma, acerca de la ordenación de los sucesos, y de cómo y cuáles han de ser las fábulas, se ha dicho lo bastante.

15. La cuatro cualidades de los caracteres

Acerca de los caracteres se han de considerar cuatro cosas: la primera y principal, que sean buenos. Habrá carácter si, como se dijo, las palabras o las acciones son expresiones de una decisión, según queda notado, dando a entender la intención con que obra: siendo malas, si ella es mala, y buenas, si fuese buena. Y cada género de persona y estado social tiene las suyas. Porque hay mujer buena y buen esclavo, aunque respecto del hombre, la mujer es quizá de peor condición y la condición del esclavo es absolutamente baja.

La segunda cosa es que sea apropiado, pues el ser varonil a la verdad es bueno, pero en una mujer no lo es el ser varonil y temible.

Lo tercero es la semejanza, porque ya está indicado que se ha de mirar a esto, y es cosa distinta que hacer el carácter bueno y apropiado.

Lo cuarto, la consecuencia; y dado que uno sea desigual en el genio, el que imita y la persona imitada, ha de mostrarse siempre igualmente desigual. Hay un ejemplo de modales depravados sin causa en el Menelao[16] del Orestes, y otro contra

---

16   En ésta tragedia Electra y Orestes esperan que Menelao al regreso de su viaje los defienda, pero a su llegada Tindáreo, padre de Clitemnestra víctima del asesinato, lo convence para que abandone a sus sobrinos.

el decoro y congruencia en el llanto de Ulises[17] en la *Escila*, no menos que la relación de Menalipa; y de inconstancia, la Ifigenia en Aulide, que en nada se parece después a la que pedía merced poco antes. Por esta razón es menester, así en la descripción del carácter como de las acciones, tener siempre presente o lo natural o lo verosímil; que tal persona haga o diga las tales cosas, y que sea probable o necesario que una cosa suceda tras otra.

De donde consta también que el desenlace de las dificultades ha de seguirse de la estructura de la misma fábula, y no como en la *Medea* por una máquina, o en la *Ilíada* lo relativo al regreso de las naves; sí se podrá usar de arbitrios sobrehumanos en cosas que no entran en el drama, o para lo que sucedió antes de él, sin que un hombre las sepa; o en las venideras que piden predicción o anuncio. Porque si bien atribuimos a los dioses el saber todas las cosas, no se halla ninguna extrañeza en los hechos, y si la hay está fuera de la tragedia, como las del *Edipo* de Sófocles.

Y como sea la tragedia imitación de las personas mejores que nosotros, se debe imitar a los buenos pintores de retratos, que, dándoles la forma propia y haciéndolos parecidos al original, los pintan más hermosos. De la misma manera, el poeta representando a los coléricos e irascibles, y a los de otras semejantes condiciones, ha de formar de ellos un ejemplar de dureza o entereza, como a Aquiles lo presentaron Homero y Agatón.

Estas cosas sin falta se han de observar, y además de eso las que por necesidad acompañan a la poesía para uso de los sentidos, que también es fácil errar en ellas muchas veces. Pero de éstas se ha dicho suficiente en los escritos publicados.

---

17   Las lamentaciones de Ulises en la Escila, poema satírico, se han considerado indignas del héroe.

16. De las varias especies de agnición

Qué es la agnición, ya se ha dicho antes, pero ella es de varias maneras. De las especies de agnición, la primera y menos artística, de que muchísimos usan por salir del apuro, es la que se produce por las señales. Y de éstas, unas son naturales, como la lanza con que nacen los Terrígenas, o estrellas, cuales son los de Carcino en el *Tiestes*[18]; otras son adquiridas; y de éstas unas impresas en el cuerpo, como las cicatrices; y otras fuera del cuerpo como los collares, o como en la *Tiro*[19] mediante una cestilla.

Estas señales se pueden usar mejor o peor. Así, Ulises por la cicatriz, de una manera fue reconocido por su nodriza, y de otra por los porqueros; siendo, como son, más lejanas al arte las agniciones usadas como garantía y todas las demás de esta clase, que las descubiertas impensadamente cual fue la de Ulises en el lavatorio.

La segunda manera es la inventada por el poeta, y por tanto no carece de artificio; como en la *Ifigenia*, Orestes reconoce a su hermana, siendo después reconocido por ella: ella por la carta escrita; él por las señas que dio, éste dice aquí lo que quiere el poeta, y no en necesidad de la fábula; y por lo mismo está cerca de incurrir en el error mencionado de falta de artificio, pues igualmente él habría podido llevar algunas señales. De esa manera es el ruido de la lanzadera en el *Tereo* de Sófocles.

La tercera es por la memoria de lo pasado, sintiéndose al ver u oír algún objeto, como en las *Victorias de Venus* por Diceógenes; pues, viendo una pintura, dio un suspiro, y en la conversa-

---

18   Se está refiriendo a unas señales brillantes que podían verse en el hombre de los descendientes de Pélope, en recuerdo del hombro de marfil que los dioses pusieron en su padre.

19   *Tiro* es una tragedia de Sófocles, de la cual hoy solo se conservan algunos fragmentos. Tiro puso a los mellizos que tuvo con Poseidón en una canasta, tiempo después los reconoció por esa cestilla.

ción de Alcinoo, Ulises oyendo al citarista y acordándose de sus hazañas, prorrumpió en lágrimas, por donde fue conocido.

La cuarta por vía de silogismo, como en las *Coéforas*[20], alguien parecido a mí ha venido aquí; pero ninguno es mi semejante sino Orestes; luego él ha venido. De esta manera se vale Polides el sofista en la *Ifigenia*, poniendo en boca de Orestes una argumentación verosímil; que habiendo sido sacrificada su hermana, también él habría de tener la misma suerte. Tal es también la de Teodectes en el *Tideo*, quien dice ser nieto del que yendo con esperanza de hallar a su hijo, pereció en el camino; y la de las hijas de Fileno, las cuales, mirando el lugar fatal, arguyeron ser inevitable la parca; que su destino era morir allí, pues allí mismo habían sido expuestas a la muerte recién nacidas.

Hay también cierto argumento aparente por la falsa conclusión de los espectadores, como el falso nuncio de Ulises, el cual dijo en prueba que conocería cuál era su arco y no le había visto; y el teatro, como le viese acertar, infirió falsamente que conocía a su dueño. El reconocimiento empero más brillante de todos es el que resulta de los mismos hechos, causando admiración las causalidades verosímiles, como son los del *Edipo* de Sófocles y de la *Ifigenia*, en donde se hace verosímil que quisiera escribir; siendo así que las agniciones brillan por sí solas, sin necesitar de señales artificiosas ni collares. En segundo lugar se encuentran los que se hacen por argumento o silogismo.

17. Consejos a los poetas

Mas quien trata de componer fábulas y darles realce con la elocuencia, se las ha de poner ante los ojos lo más vivamente

---

20   En esta tragedia de Esquilo, Electra allá junto a la tumba del padre cabellos iguales a los suyos, de ahí infiere que su hermano ha regresado, porque el cabello solo puede ser de Orestes.

que pueda. Porque mirándolas así con tanta claridad como si se hallase presente a los mismos hechos, encontrará sin duda lo que hace al caso y no se le pasarán por alto las incongruencias. Buen ejemplo tenemos en *Carcino*, en quien pareció mal que hiciese resucitar a su Anfiarao, en efecto salía del templo, lo cual si no lo veían pasaba inadvertido a los espectadores, pero en la escena fracasó la obra; por lo que fue silbado en el teatro, ofendiendo por aquello a todos los espectadores.

Además de esto se ha de revestir cuanto sea posible de los afectos propios, porque ninguno persuade tanto como los verdaderamente apasionados; de aquí es que perturba el perturbado y el irritado se irrita de verdad. Por eso la poesía es obra de hombres de talento o de exaltados; porque los primeros a todo se acomodan, y los segundos se salen de sí fácilmente.

Las fábulas antiguas o nuevas, el mismo que las pone en verso, debe antes esbozarlas en general, y sólo después conformemente introducir los episodios y entreverar las particularidades desarrollando el argumento. En la fábula de la *Ifigenia*, por ejemplo, se puede considerar de manera general de esta forma: estando cierta doncella a punto de ser sacrificada y desaparecida invisiblemente de entre las manos de los sacrificantes, y trasplantada a otra región, donde por ley los extranjeros eran sacrificados a cierta diosa, fue investida de este sacerdocio. Tiempo después sucedió que llegó allí el hermano de la sacerdotisa. El porqué fue allá (a saber, porque un dios se lo aconsejó por cierto motivo), eso no es del asunto considerado en general, ni tampoco con qué fin vino. Como quiera, ya que vino y fue preso, estando para ser sacrificado, reconoció y fue reconocido o del modo imaginado por Eurípides, o del que discurrió Polides, haciéndole decir, según era verosímil, ser disposición del cielo que no sólo su hermana, sino también él mismo fuese sacrificado y de ahí provino su libertad.

Hecho esto, determinando las personas, se forman los episodios, los cuales se han de procurar que sean a propósito, como en el *Orestes* la locura por la cual fue preso y la libertad mediante la purificación.

En la representación, los episodios son cortos; la epopeya los alarga más. Por cierto que el argumento de *La Odisea* no es largo: se reduce a que andando perdido por el mundo un hombre muchos años y siendo perseguido por Poseidón hasta quedar solo; y estando por otra parte las cosas de su casa de tal modo que sus bienes son consumidos por los pretendientes y que acechaban a su hijo. Ese hombre vuelve a su patria después de haber naufragado y dándose a conocer a ciertas personas, echándose al ataque sobre sus enemigos, él se salva y destruye a sus enemigos. Éste es el asunto; los demás son episodios.

18. Nudo y desenlace de la tragedia. Unidad de la acción. El coro

En toda tragedia debe haber nudo y desenlace. Las cosas precedentes y muchas veces algunas de las que acompañan la acción, tejen el nudo; las restantes sirven al desenlace. Quiero decir que el nudo dura desde el principio hasta la parte última de donde comienza el cambio de buena en mala fortuna, o al contrario; y el desenlace desde el principio de tal cambio hasta el fin. Como en el *Linceo* de Teodectes constituyen el nudo las cosas pasadas y el rapto del niño; el desenlace dura desde la imputación de la muerte hasta el final.

Hay sin embargo, cuatro especies de tragedias (y otras tantas, dijimos, ser sus partes): Una es la compleja, que es toda ésta entretejida de peripecia y agnición. Otra es la patética, como los *Ayaces* y los *Ixiones*; la tercera es la de carácter, como las *Ftiótides* y el *Peleo*; y la cuarta es la simple, como *las hijas de Forcio*, el *Prometeo* y cualesquiera se desarrollen en el Hades.

A la verdad, un poeta debe hacer todo lo que pueda por adquirir cuantas más y mayores perfecciones le sean posibles, atento a que vivimos en un tiempo en que no perdonan nada a los poetas; porque habiendo florecido poetas excelentes en cada una de estas partes, pretenden que uno solo se haya de aventajar a todos en la excelencia propia de cada uno. Lo que sí es demasiado justo es que no se diga ser otra la tragedia, siendo la misma ni más ni menos que si fuese la misma fábula. Y esto se verifica en las que tienen el mismo nudo y desenlace. También hay muchos que hacen bien el nudo y mal el desenlace; pero es preciso que ambas cosas merezcan siempre aplauso y que no se haga de la tragedia un poema épico.

Llamo aquí poema épico a un compuesto de muchos cuentos, como si uno quisiese meter toda la *Ilíada* en sola una tragedia; pues en ella, por ser tan dilatada, las partes guardan la magnitud correspondiente, pero en los actos dramáticos lo prolijo es contra la opinión recibida. En prueba de esto, cuantos han tomado por asunto la conquista entera de Troya y no por partes, como Eurípides en la *Niobe* y la *Medea* (al revés de lo que hizo Esquilo), fracasan o salen mal en el certamen, y así es que Agatón fracasó por esto sólo. En las peripecias y en las acciones simples se logra lo que se desea por admirable, por ser esto de suyo trágico y agradable. Lo cual sucede cuando un hombre sagaz pero malo, es engañado, como Sísifo, y algún valiente pero injusto, es vencido; y a eso se opone la verosimilitud, antes, como dice bien Agatón, es verosímil que sucedan muchas cosas contra lo que parece verosímil.

En la representación es menester que hable el coro considerado como uno y que sea parte del todo, favoreciendo a la acción, no al uso de Eurípides, sino al de Sófocles. Pero lo que otros poetas permiten al coro no parece que sea más de la fábula o tragedia que se representa que de otra, y así cantan ahora de forma intercalada, y fue Agatón que dio principio a esta forma. Pero, ¿qué diferencia hay en entonar canciones intercaladas o insertar relaciones de un episodio en otro, y aún cantar el episodio entero de una obra a otra?

19. Sobre el pensamiento y la elocución

Ya se ha tratado de las demás cosas; réstanos hablar de la elocución y del pensamiento, si bien lo concerniente al pensamiento, está en los libros de la Retórica, como más propio de aquel arte, queda declarado que el pensamiento contiene todas cuantas cosas se deben adornar con el estilo, cuales son el demostrar, el desarrollar los argumentos y el conmover los afectos; a saber: la compasión, el temor o la ira y otros semejantes; también el amplificar y el disminuir.

Por otra parte, es evidente que también es preciso valerse de los mismos arbitrios en las representaciones, siempre que sea necesario ponderar lances, o lastimosos, o atroces, o grandiosos, o verosímiles. La diferencia está en que unas cosas se han de representar sin discursos; otras, por necesidad, debe mostrarlas el que habla razonando, y darles eficacia en virtud del razonamiento; donde no, ¿de qué serviría la persona que habla si las cosas por sí solas agradasen y no por sus palabras? En orden al modo de decir hay cierta especie de doctrina, la cual regula los gestos de la pronunciación, y se ha de aprender de la actuación y del que sabe dirigir las representaciones dramáticas. Por ejemplo, qué significa mandato, qué súplica, qué narración, qué amenaza, qué pregunta, qué respuesta y demás cosas similares. Pues por conocimiento o ignorancia de estas cosas, ninguna crítica resulta en la poética, a lo menos que sea digna de aprecio. Porque ¿cómo puede considerarse error lo que Protágoras censura cuando alega que, creyendo suplicar, ordena al decir "Canta, diosa, la cólera", por cuanto nota éste que el mandar hacer o no tal cosa ¿Es una orden? Así déjese esto a un lado, como materia de otra facultad y no de la poética.

20. Las partes de la elocución

Las partes de toda suerte de habla son éstas: elemento, sílaba, conjunción, nombre, verbo, artículo, caso y enunciación.

Elemento es una voz indivisible, no como quiera, sino aquella de que se puede formar pronunciación articulada, ya que también las voces de las bestias son indivisibles, ninguna de las cuales llamo elemento. Éste se divide en vocal, semivocal y voz muda. Vocal es la que sin percusión alguna tiene sonido audible, cuales son el "A" y la "O". Semivocal, la que impelida de otra se pronuncia con percusión, cuales son la "R" y la "S". Muda es la que con impulso ningún sonido hace por sí, pero unida con la que lo tiene, se hace inteligible, tales son la "G" y la "D".

Éstas difieren en la pronunciación por los gestos y situaciones de la boca, por la blandura y aspereza, por ser largas y breves; y también por el acento agudo, grave y circunflejo. De cada una de éstas conviene instruirse por medio del arte métrica. Sílaba es una voz no significativa, vocal o compuesta de semivocal, o muda unida con la vocal. Así, "gr" sin vocal no es sílaba, y con la vocal a, por ejemplo "gra" viene a serlo. Pero el enseñar estas diferencias también pertenece al arte métrica.

Conjunción es una voz no significativa, que ni estorba ni hace que una voz significativa se pueda componer de muchas voces, ya en el extremo, ya en medio de la cláusula, si no fuese más a propósito por su calidad ponerla al principio, por ejemplo "A la verdad", "Por cierto", "Sin duda" será una voz no significativa compuesta de muchas voces, capaz de unirse a las voces significativas.

Artículo es una voz no significativa, la cual muestra el principio o el fin, o la distinción de la palabra; por ejemplo "Lo dicho", "Acerca de esto", etc., o sea una voz no significativa, que ni quita ni pone, una voz significativa puede componerse de muchas voces, tanto en el extremo como en el medio.

Nombre, es una voz compuesta significativa sin tiempo, de la cual ninguna parte significa por sí, pues aún en los nombres formados de dos dicciones no se usa el que una parte signifique separada de la otra; por ejemplo en "Teodoro", el "doro" no tiene significado.

Verbo, es una voz compuesta significativa con idea de tiempo, de la cual ninguna parte significa separadamente, como se dijo del nombre. Así es que "hombre" o "blanco", no significa el cuándo; pero "camina" o "ha caminado", lo significan temporalmente; en la primera, el tiempo es presente, y en la segunda es el pasado.

El caso es propio del nombre y del verbo: uno es oblicuo, como "Según esto" o "Para esto", y los semejantes; otro recto, en singular o plural, como "los Hombres", "el Hombre". El del verbo es, según las personas y modos de interrogar o mandar, pues "Andaba él" y "Anda tú", casos son del verbo a la manera dicha.

La enunciación es una voz compuesta significativa, de cuyas partes algunas significan por sí, pero no siempre con tiempo. Porque no toda palabra se compone de nombres y verbos, como se ve en la definición del nombre, sino que puede haber palabra sin verbo; lo que sí tendrá siempre es alguna parte significativa, por ejemplo: "Cleonte" o "Cleonte camina".

La palabra o enunciación es una unidad de dos maneras: o porque significa una cosa sola o un complejo de muchas cosas. Así, la Ilíada es una por el complejo, pero la definición del nombre significa una sola cosa.

21. Sobre las especies del nombre

Las especies del nombre son varias: una simple (yo llamo simple la que no se compone de partes significativas); otra es doble, y de esta cual se compone de parte significativas y no significativas, o bien de partes todas significativas. Podría también haber nombres triples y cuádruples, como son muchos de los masaliotas, por ejemplo: "Hermocaicojanto"[21].

Verdad es que todo nombre o es propio, o forastero, o metáfora, o adorno, o inventado, o alargado, o abreviado, o alterado.

Llamo propio a aquel al que todos usan en un lugar determinado, y forastero, al que se usa en otro lado. De donde consta que un mismo nombre puede ser propio y forastero, mas no para los mismos hombres. Porque "Siguyno" para los chipriotas es propio, y para nosotros palabra extraña.

Metáfora es la traslación de nombre ajeno, ya del género a la especie, ya de la especie al género, o de una a otra especie, o bien por analogía. Pongo por ejemplo, del género a la especie: "mi nave está detenida", siendo así que tomar puerto es una especie de detenerse. De la especie al género: "Más de diez mil hazañas hizo Ulises", donde diez mil significa un número grande, de que usa Homero aquí en vez de muchas. De una especie a otra especie: "El alma le sacó con el acero"; "Con duro acero cortó la vida"; usó "sacar" y "cortar" recíprocamente, porque ambos verbos significan quitar algo. Traslación por analogía es cuando entre cuatro cosas así sea la segunda con la primera como la cuarta con la tercera: con que se podrá poner la cuarta por la segunda y la segunda por la cuarta; y a veces, por lo que se quiere dar a entender, lo que dice respecto a diversas cosas. Por ejemplo, "Lo que la copa es para Baco, eso es el escudo para Marte"; pues: "el escudo, copa de Marte", y "la copa, escudo de Baco"; como también, "lo que es el ocaso respecto del día, eso es la vejez respecto de la vida", se podrá decir: "la vejez del día" y "la tarde de la vida"; o como dijo Empédocles: "El ocaso de la vida".

Y aunque hay cosas que no tienen fijo nombre de proporción, todavía se les puede aplicar por semejanza, por ejemplo, "el

---

21   Palabra que se compone del nombre de tres ríos de Asía Menor, cuyo recuerdo sería claro para los habitantes de Marsella.

arrojar la simiente se dice sembrar", y "el rayar de la luz del sol carece de nombre"; pero lo mismo es esto respecto del sol que la simiente respecto del sembrador. Por eso se dijo: "Sembrando la luz divinamente hecha". De otra manera se puede usar de esta especie de metáfora, tomando lo ajeno y añadiendo algo de lo propio, como si uno llamase al escudo copa de Marte, sí, pero sin vino. Formado nuevamente será el nombre que nadie ha usado jamás y lo establece como suyo el poeta; que varios, al parecer, son tales, como el llamar "ramas" a los cuernos del ciervo y "suplicador" al sacerdote.

El alargado es cuando la vocal breve se hace larga, o una sílaba intercalada. El abreviado, cuando se le ha quitado algo de lo suyo o de lo interpuesto. Ejemplo del primero es de "la cidá", por de "la ciudad"; y "Pelideano, hijo de Peleo", por "Pelides". Del segundo, dicen que "casdé", por en "casa de"; y lo del otro: Una es de "ambos la miran", por "mirada"; como también si de dos vocales se hace una; por ejemplo "ves" por "vees".

Extendido es cuando parte se deja y parte se añade; por ejemplo "contra el pecho derechísimo", por "derecho". Los nombres se dividen en masculinos, femeninos y medios o neutros. Los masculinos acaban todos en "N", en "R" o en una de estas dos letras dobles: "Ps", "Cs" mudas. Los femeninos, que también son de tres maneras, acaban siempre en vocales largas, a saber, en "E" y "O", o vocal que se pueda alargar, como la "A", de suerte que tantas terminaciones vienen a tener los masculinos como los femeninos. Porque las terminaciones en "Ps" y "Cs" ambas acaban en "S". Pues no hay siquiera un solo nombre cuya terminación sea en consonante ni en vocal breve. Los acabados en "I" son tan solamente tres, es a saber éstos: "Meli", "Commi", "Peperi"; los en "Y" estos cinco: "poy", "napy", "gony", "dory", "asty". Los neutros o medios ya se sabe que han de acabar en "I" y en "V", como también en "N" y "S".

22. La excelencia de la elocución

La perfección del estilo es que sea claro y sin ser bajo. El que se compone de palabras comunes es sin duda clarísimo, pero bajo. Buen ejemplo pueden ser las poesías de Cleofonte y Esténelo[22]. Será noble y superior al vulgar el que usa de palabras extrañas. Por extrañas entiendo el dialecto, la metáfora, el alargamiento y cualquiera que no sea ordinaria. Pero si uno pone juntas todas estas cosas, saldrá un enigma o un barbarismo. Si todas son metáforas, será enigma; si todas palabras extrañas, barbarismo. Puesto que la formación del enigma consiste en unir hablando cosas existentes, al parecer incompatibles; por la junta de nombres es imposible hacer esto, mas con metáforas es bien fácil; como aquel que dijo: "He visto un hombre que había soldado con fuego bronce sobre otro", y semejantes acertijos. De la confusión de palabras extrañas procede el barbarismo. Por lo cual se han de usar con discreción en el discurso. Así que la variedad del dialecto, la metáfora y el adorno y las demás figuras referidas harán que el estilo no sea plebeyo ni bajo, y la palabra usual dará claridad.

Ni es poco lo que contribuyen a que sea claro y no vulgar el estilo las prolongaciones y abreviaciones, y las extensiones de los nombres; pues en cuanto tienen diversa forma de la común, por ser fuera de lo usado, harán que no parezca vulgar, y en cuanto guardan parte de lo usado, conservarán la claridad. Por donde sin razón se burlan los que censuran esta manera de estilo y hacen mofa del poeta; de los cuales uno es Euclides el viejo. Como si fuese cosa muy fácil el versificar, una vez que se permita el alargar las sílabas a capricho, haciendo sátiras, conforme lo pide el verso, y traen, por ejemplo, éste: "A Heticaris he visto a Ma-

---

22   Esténelo fue un poeta trágico contemporáneo a Aristófanes, quien lo ridiculiza en *Avispas*, diciendo que por su fracaso había tenido que vender su vestimenta. Platón lo acusa de plagio.

ratona yendo", y también "y si aún su heléboro no ha nacido". Entonces el uso excesivo de esta licencia ha de tener un efecto ridículo. La moderación es necesaria igualmente en todas las figuras por igual; pues quien quiera que use las metáforas, y los dialectos, y los demás adornos sin juicio y con afectación, caerá, efectivamente, del mismo modo en varias ridiculeces.

Ahora bien, el verdadero valor de un decente atavío en los versos se puede reconocer por esto: Cámbiese un verso épico hecho de nombres figurados moderadamente por razón del dialecto, de las metáforas y de las demás bellezas, en palabras normales, y se comprobará lo que estamos diciendo. Por ejemplo: haciendo un mismo verso yámbico Esquilo y Eurípides, cambiando éste una sola palabra por la común usada, en frase nueva ya su verso es elegante; y el de aquél frío, porque dijo Esquilo en el Filoctetes: "Gangrena de mi pie come la carne", y Eurípides, en lugar de "Come" puso "Se sacia". Y si por el verso de Homero, "¡Un pícaro despreciable, repulsivo e insignificante!", sustituyéramos otro con frases comunes: ¡Un pícaro débil, vil y feo!" O la frase: "El viejo asiento y parca mesa", en esta otra: "el viejo banco y pequeña mesa"; y en lugar de: "Las riberas vocean", diga: "Las riberas claman". Asimismo Arifrades ridiculizaba a los poetas trágicos, porque usan modos de hablar que ninguno usaría en la conversación; como "De las casas fuera", y no, "Fuera de las casas"; "Detigo", por "De ti"; "Aquese", por "ese", y "De Aquiles respecto", y no "Respecto de Aquiles"; y tantos otros términos semejantes. Pero no tiene razón, porque todas estas cosas, por no usarse comúnmente, hacen que el estilo no sea vulgar, y Arifrades no logró entenderlo. Por tanto, resulta digno de mérito usar cualquiera de estas cosas oportunamente; pero mucho más admirable es aquel que es hábil en las metáforas, porque sólo esto es lo que se puede practicar sin tomarlo de otro, y es indicio de buen ingenio; pues aplicar bien las metáforas es indagar qué cosas son entre sí semejantes.

De los nombres, los compuestos se adecuan mejor a las canciones, así como los varios dialectos a los poemas heroicos, y las metáforas a los yámbicos; y si bien todas las cosas dichas son de apreciar en los versos heroicos. Para los yámbicos, por cuanto imitan todo lo posible el estilo familiar, son más convincentes aquellos nombres empleados en las conversaciones. Tales son los que se acompañan con la metáfora y ornato.

En fin, acerca de la tragedia, y lo que también conviene a la comedia, bástenos lo dicho.

Capítulo IV

23. Unidad de acción en la epopeya

Por lo tocante a la facultad narratoria, y que hace su imitación sólo en palabras, es cosa manifiesta que se han de componer las fábulas como las representaciones dramáticas en las tragedias, dirigiéndose a una acción total y perfecta que tenga principio, medio y fin, para que, al modo de un viviente sin que nada le sobre o falte, la obra deleite con su natural belleza, y no sea semejante a las historias ordinarias, donde necesariamente se da cuenta, no de un hecho, sino de un tiempo determinado, refiriéndose a él cuantas cosas entonces sucedieron a uno o a muchos hombres, sin otra conexión entre sí más que la que les deparó la fortuna. Pues como al mismo tiempo se dio la batalla naval delante de Salamina, que la pelea de los cartagineses en Sicilia, sin tener relación con un mismo fin. Así también, en tiempos diversos, a veces una cosa se hace tras otra, sin que de las dos, el fin sea el mismo.

Mas casi todos los poetas imitan en esto a los historiadores, al contrario de Homero, que como hemos dicho, es de maravilloso talento en comparación de los demás, al no haber pretendido abarcar toda la guerra de Troya, aunque tuviese principio y fin, considerando que sería excesivamente grande y menos comprensible; o si no excedía en la grandeza, saldría muy enmarañada con tanto cúmulo de hechos. Así que tomando por asunto una parte, incorpora muchas de las restantes aventuras en los episodios; como el catálogo de las naves y otras digresiones con que variamente teje su poema. En cambio, los demás poetas forman sus poemas sobre una persona, sobre un tiempo o sobre una acción de muchas facetas. Por ejemplo: *Los cantos cípricos*[23], la *Pequeña Ilíada*[24]. De ahí es que *La Ilíada* y *La Odisea*, cada una de por sí, da material para una tragedia sola, o a lo más para dos; mas de Las Victorias de Venus se han compuesto muchas y de la *Pequeña Ilíada* más de ocho, como *La sentencia de las armas, Filoctetes, Neoptolemo, Euripilo, El Medicante, la Helena, El Incendio de Troya, El Retorno de las Naves, el Sinón* y *Las Troyanas*.

24. Especies y partes de la epopeya

Además de esto, la epopeya debe tener las mismas calidades que la tragedia: debiendo ser simple o compleja, moral o lastimosa. Y también las mismas partes constitutivas, fuera de la melodía y del espectáculo; puesto que ha de haber en ella peripecias, reconocimientos y perturbaciones; y así mismo los pensamientos y el estilo han de ser brillantes. Todo lo cual ha observado primero Homero convenientemente; porque de tal

---

23   Los *Cantos Cípricos*, forman parte del ciclo épico y cuentan el origen de la guerra de Troya.

24   La *Pequeña Ilíada*, al igual que los *Cantos Cípricos* forman parte del ciclo épico.

arte compuso cada uno de sus poemas, *La Ilíada* es simple y lastimosa; *La Odisea*, compleja y moral, reinando en toda ella el reconocimiento y la distinción de los caracteres. Pues ya en el estilo y en el modo de pensar es infinitamente superior a todos.

Sin embargo, la epopeya es diferente por la longitud de la composición y por la palabra. El término conveniente de la longitud ya está insinuado; de suerte que pueda uno hacerse cargo al mismo tiempo del principio y del fin; y esto se logrará si las composiciones fueren menos prolijas que las de los antiguos, y equivalentes a muchas tragedias propuestas a la censura de un auditorio crítico. Es así que la epopeya tiene mucho a su favor, para poder alargarse más; por cuanto en la tragedia no es posible imitar muchas cosas hechas a un tiempo, sino solamente aquella parte que requieren la escena y los representantes. Pero en la epopeya, por ser solo narración, puede el poeta muy bien el unir en verso muchas partes realizándose simultáneamente, gracias a las cuales, si son apropiadas, crecerá la estructura del poema. De manera que tiene esta ventaja para ser más grandiosa y divertir al oyente, y para tener variedad en los episodios; puesto que la uniformidad, saciando pronto, es causa de que las tragedias desagraden.

En cuanto al metro, el heroico es el mejor por la experiencia. Pues si uno quisiese hacer la imitación narratoria en cualquier otro verso o en varios, parecería, sin duda, disonante; cuando, al contrario, el heroico es el más pausado y amplio de los metros; y aun por eso recibe mejor que ninguno palabras extrañas y metáforas; al paso que la ligereza de los otros es impropia para la narrativa, siendo así que el yámbico y el tetrámetro son naturalmente ligeros; apto este para la danza y aquél para la acción. Y todavía estaría aún más fuera de lugar mezclarlos todos a ejemplo de Queremón. Por tanto, nadie ha hecho composición larga en otro metro fuera del heroico, y es que la naturaleza misma enseña a discernir lo conveniente.

Homero, de entre todos, merece ser alabado por otras muchas razones, pero principalmente porque sólo él sabe lo que corresponde a su oficio. Pues el poeta debe hablar lo menos que pueda en persona propia, no siendo en eso imitador. Al revés, los demás se empeñan continuamente en decir sus razones, imitando pocas cosas y raras veces. Él, en cambio, haciendo en pocas palabras un breve preámbulo, introduce inmediatamente a un hombre o a una mujer, o a otro personaje, y ninguno sin carácter, sino caracterizado.

A decir verdad, en las tragedias es preciso emplear lo maravilloso; pero lo irracional en mucha mayor proporción se da en la epopeya; la causa es porque no se ve con los ojos la persona que actúa. Por cierto, si se representara en el teatro la carrera de Aquiles persiguiendo a Héctor, parecería bien ridícula, mirando a tantos soldados quietos sin moverse, y a él haciéndoles señas para que nadie lo siga; pero en los versos se disimula más fácilmente, y lo maravilloso deleita; de lo cual es buen indicio que los que se ponen a contar cuentos prometen esto a fin de ganar las voluntades.

Homero es también el que con arte ha enseñado a los demás a contar fábulas como es debido, lo que viene a ser paralogismo, creyendo vulgarmente los hombres que, dada o hecha esta cosa, resulta ordinariamente esa otra; y si la última existe, también debió existir o hacerse la primera. Y esto engaña, por cuanto cabe que la primera sea falsa, ni es tampoco absolutamente necesario que por existir ésta se haga o se siga la otra, o al revés: dado que nuestra mente, conociendo o creyendo conocer ciertas cosas, infiere falsamente que también existe la primera. Y un ejemplo puede verse en el *Lavatorio*[25].

---

25   Libro XIX de *La Odisea*, Aristóteles se refiere aquí a los palabras de Odiseo a Penélope haciéndose pasar aquel por un cretense, la convence a Penélope diciendo lo que vestía Odiseo, a Penélope no se le ocurre pensar que otras personas pueden saber de su ropa, incluyendo al mismo Odiseo.

En todo caso, más vale elegir cosas naturalmente imposibles, con tal que parezcan verosímiles, antes que las posibles que parecen increíbles. Y los argumentos no deben componerse de partes chocantes a la razón; antes se ha de poner grandísimo cuidado en que ninguna sea tal; y a no poder más, supóngase fuera de la representación, como el no haber sabido Edipo de qué manera fue la muerte de Layo[26], y nunca dentro del acto; como en *Electra* los que relatan los Juegos Piticos[27], o en los Misios el personaje mudo que llega de Tegea a Misia[28]. Por lo demás, el decir que de otra suerte no tendría lugar la fábula, es cosa de risa, porque primeramente no hay necesidad de valerse de tales fábulas, y cuando sean admitidas, se ha de disimular el absurdo del modo más razonable, ya que las cosas inverosímiles, como aun en la *Odisea* el desembarco, claramente no sería tolerable, si un mal poeta las refiriese. Mas en nuestro caso, el poeta, sazonando la narración con otros primores, logra encubrir el absurdo.

Finalmente se ha de atender a la variedad de la elocución en los lugares estériles carentes de acción y no en los patéticos y sentenciosos; puesto que la elocución demasiado brillante oscurece los afectos y los pensamientos.

---

26   No parece razonable que habiendo vivido veinte años Edipo en Tebas no se haya enterado de cómo murió Layo.

27   Los juegos píticos no existían en el momento histórico en el que está contextualizada la obra *Electra*. Se produce el anacronismo cuando un mensajero llega de Delfos anunciando a Clitemnestra que Orestes murió en la carrera de los Juegos Píticos arrastrado por sus caballos.

28   *Los Misios*, es una obra perdido de Esquilo, en la que el personaje Télefo llega de Tegea a Misia sin decir ninguna palabra.

Capítulo V

25. Problemas críticos y soluciones

Viniendo a las objeciones que se hacen y a las soluciones que se dan, se verá claramente de cuántas y cuáles especies sean, por las reflexiones siguientes: siendo el poeta imitador a manera o de pintor o de cualquier otro autor de retratos, ha de imitar por precisión una de estas tres cosas, a saber: o bien representa cosas como fueron o como son; o bien como se dice y se piensa que hayan sido, o bien como deben ser. Y estas cosas las expresa con su elocución que incluye también dialectos, metáforas y muchas alteraciones del lenguaje. En el mismo modo de hablar las diferencias son muchas, ya que a los poetas concedemos esta licencia.

Es de advertir también que no es una misma la norma de la poética que la de la política ni la de otro arte cualquiera que sea. En la poética, considerada por sí sola, se puede errar de dos maneras: una en la sustancia, otra en algún accidente. Si eligiese imitar lo que no es imitable, erraría en la sustancia; pero si eligió bien su objeto, será error accidental, como pintar un caballo que mueve a un tiempo las dos patas derechas. Asimismo es accidental el yerro cometido contra cualquier arte, por ejemplo la medicina, u otra, o también si se han incorporado cosas imposibles. Estos defectos, pues, cualesquiera que sean, no son de la sustancia.

Por consiguientes, en los problemas, las objeciones deben resolverse a base de estas consideraciones. Porque primeramente, si se han fingido cosas imposibles para imitarlas según arte, se habrá errado; pero será con acierto, si el arte hubiese logrado su fin, cuál es el fin ya está dicho, puesto que así haga más impresionante el asunto en todo o en parte. Por ejemplo, la carrera tras Héctor, que si el fin se pudiese conseguir poco más o menos sin eso conforme a las reglas del arte, el error no es aceptable, porque se debe, si cabe, de todos modos evitar el yerro en absoluto.

Por otra parte, ¿De cuál de las dos clases es el error, de lo relativo al arte o de lo relativo a otra cosa accidental? Pues, se equivoca menos el pintor que ignora que la cierva no tiene cuernos que quien hace la pintura sin ningún parecido.

Fuera de esto, si es censurado el poeta acusándolo de que no es así lo que cuenta, responderá: mas así debe ser. Un ejemplo de ello es Sófocles, que decía él representar a los hombres tal como deben ser, y Eurípides, tal cual son. Y si eso no alcanza, responder que así se dice; por ejemplo de las cuestiones de los dioses. Tal vez no bastará decir: "Así está mejor", ni "Es cierto", ni tampoco, "Así lo dicen", sino "La fortuna lo quiso así", como solía hacer Jenófanes, confesando no ser lo mejor, pero que así era, por ejemplo en lo relativo a las armas: "Y las lanzas plantadas en el suelo, porque así lo estilaban entonces, como hasta el día de hoy los ilirios". Ahora, para saber si lo que uno dijo o hizo está bien o mal dicho, o hecho, no basta mirar sólo al dicho o al hecho, si es bueno o es malo; sino que también se ha de considerar quién lo dice o lo hace, y a quién y cuándo, y en qué forma, y por qué causa. Por ejemplo si es por amor de mayor bien el hacerlo o por temor de mayor mal el no hacerlo.

Lo que se opone contra las palabras se debe resolver atendiendo a la elocución, se ha de refutar distinguiendo el uso de palabras extrañas, por ejemplo "a los mulos primero"; pues quizá no quiere decir los mulos, sino los que hacen guardia; y cuando habla Dolón, "que era de mal aspecto" no significa de cuerpo deformado, sino el rostro feo, porque los cretenses llaman de buen parecer al de rostro hermoso; otro ejemplo es "Echa del más fino", no entiende vino puro y sin mezcla, sino "Más rápidamente".

A veces se habla por metáfora, como "Toda la noche en sueño sepultados los otros dioses y hombres estuvieron", y si la comparamos con "Mirando en el ejército troyano; a la voz del clarín y de las flautas y el tumulto de los hombre", el término "toda" se usa en lugar de "gran parte", siendo el todo una especie de mucho.

Varían también las palabras por la distinción del acento. De este modo, Hipias el Tasio interpretaba lo del sueño como "nosotros le concedemos", es decir como "dámosle", en vez de "darle"; y lo del palo seco: El cual no está podrido por la lluvia; en lugar de la significación contraria: está podrido por la lluvia. También por la diversa puntuación, como en aquellos versos de Empédocles:

Rápidamente devenían mortales
Las cosas antes eran inmortales;
Mezcladas antes, luego separadas
Mudaron de moradas.

Hay también palabras ambiguas, por ejemplo: "Ya lo más de la noche era pasado"; el "más" es ambiguo, y entiéndase "lo más" de dos partes, y no "más" de las dos partes. Igualmente se ha de atender al uso de las palabras. Así dicen "mezclar el vino" por echarlo, aunque sea puro. De aquí es también el decir: "Botín de estaño", arnés flamante y nuevo, y "broncistas" a los que trabajaban el hierro. De donde se dijo también Ganimedes a Zeus servir copa de vino; no bebiendo vino los dioses, sino néctar, si bien esto se puede explicar por metáfora.

Pero cuando el nombre, al parecer, significa alguna contrariedad, es menester examinar cuantos significados admite lo que se dice, como "Allí el dardo acerado se detuvo", por haber dado en el escudo. Esto que decimos de los muchos significados debe ser considerado en todos los casos; mayormente contra los que se figuran las cosas al revés de lo que significan, porque hay algunos, como dice Glaucón, preocupados sin razón, que, después de haber condenado al poeta, se ponen a discurrir y tachar, y como si hubiese dicho lo que le adjudican, le dan por culpable, cuando su afirmación es contraria a las conclusiones de sus oponentes. Esta suerte han padecido las cosas atribuidas a Icario; por cuanto los críticos haciéndole lacedemonio, sin más ni más deciden ser un despropósito que Telémaco no se encontrase con él viniendo a Lacedemonia. Pero quizá es más cierto lo que dicen los cefalenos que Ulises se casó en su tierra. Pues la objeción de que su nombre es Icadio, y no Icario, lejos de ser una crítica fundada, a mi ver, es error manifiesto de los críticos.

En suma, lo que se dice imposible se debe explicar conforme a poesía, o mejor, o según el sentido común. Y cierto que por respeto a la poesía es preferible lo imposible convincente a lo posible increíble.

Quizás es imposible que los hombres sean tal cual han de ser los retratos que pintaba Zeuxis[29], siempre atento a lo más perfecto, pues lo que se pone por ejemplo es preciso que sea excelentísimo en su línea. Si se dice que son cosas contra razón,

---

29   Zeuxis pintó a Helena más bella de lo que puede ser una mujer utilizando de modelo a cinco de las más bellas mujeres de la ciudad y tomando de cada una lo más hermoso.

responder del mismo modo, y aun tal vez negarlo absolutamente; porque también es verosímil que sucedan cosas contra toda verosimilitud. Las que se arguyen de contradicción se han de evaluar a la luz de la lógica; por ejemplo si es lo mismo, según lo mismo, y del mismo modo; o si es una misma persona, si hace relación a las cosas que dice ella misma, o a las que un hombre cuerdo supone por ciertas. Entonces sí que será justa la censura, cuando sin necesidad alguna el poeta fingiere irracionalmente cosas mal parecidas o mal hechas, como Eurípides con Egeo en la *Medea*, y Menelao en *Orestes*.

En fin, las objeciones que se hacen a los poetas son de cinco especies: que dicen cosas imposibles, o irracionales, o ajenas del asunto, o contradictorias, o no conformes al arte. Las soluciones se han de buscar de acuerdo a la enumeración citada, que son doce.

Capítulo VI

26. ¿Es superior la epopeya o la tragedia?

Ahora se podría con razón dudar cuál es mejor: la imitación de la epopeya o la que hace la tragedia. Porque si la menos vulgar es la mejor, y por lo mismo pide espectadores más inteligentes, claro está que la que imita todas las cosas es vulgar. Por eso los representantes, como que nada entienden los espectadores si no se lo hacen palpable, se mueven de mil maneras como los malos flautistas, que cuando tocan la tonada del disco, se bambolean, y cuando la de la Escila, se agarran del corifeo.

Por cierto, la tragedia es tal, y es así que aun los actores antiguos han hecho este juicio de los nuevos; pues Menisco[30] llamaba mono a Calípedes, viéndole tan exagerado en los gestos y movimientos; igual concepto se tenía de Píndaro, y como éstos son mirados respecto de los otros, así es reputada la tra-

---

30   Minisco era un actor trágico de Cálcide, contemporáneo de Esquilo quien lo utilizó como protagonista de sus obras.

gedia respecto de la epopeya. Ésta, por el contrario, dicen, se hizo para espectadores razonables, por lo cual no echan mano de figuras extrañas. Mas la tragedia es para gente insensata. Por consiguiente, la vulgar ha de ser inferior.

A esto, sin embargo, se responde primero que la acusación no afecta al arte de la poética, sino al arte del actor; ya que aun en la epopeya se puede abusar de las gesticulaciones, recitando los versos como lo hacía Sosístrato, y cantándolos como Mnasiteo el Opunteño.

En segundo lugar, no todo movimiento se ha de reprobar, pues tampoco la danza se reprueba, sino el de los malos actores; de lo cual se culpaba en Calipedes, y hoy en día a otros, que parecen imitar a mujeres vulgares.

Lo tercero es que la tragedia sin movimiento chico ni grande puede hacer también su oficio como la epopeya, siendo así que con sola la lectura puede verse su calidad; si en lo demás es superior, por esto que no ha menester ciertamente, no pierde nada.

Fuera de que tiene todo lo que la epopeya no, pues admite igualmente el verso y además de eso tiene una parte propia suya bien considerable: la música y el espectáculo, medios muy eficientes para los sentidos, que los perciben con deleite. Añádase que pone las cosas delante de los ojos no sólo por la lectura, sino también por la representación de los hechos.

Sobre todo, el fin de la imitación se logra en ella con más presto; porque reducido a tiempo más corto, deleita mucho más que si se dilata largamente. Supongamos por ejemplo si uno extendiese el *Edipo* de Sófocles en tantos versos como contiene *La Ilíada*.

Además, la imitación de las epopeyas tiene menos unidad. La prueba es que de cualquier poema épico se hacen muchas tragedias. Lo cual es tanta verdad, que si tratan de componer una sola fábula, por necesidad, o queriendo abreviarla, la sacan manca; o, dejándose llevar de la copia de versos, queda lánguida; que si amontonan muchas, es decir, una compuesta de muchas acciones, ya no es una. Como sea, que *La Ilíada* y *La Odisea* tienen muchas partes de este género, que por sí solas tienen suficiente grandeza; no obstante que los dichos poemas están compuestos, cuanto cabe, perfectísimamente, y son sin comparación, más que otro ninguno, imitación de una acción sola.

Por lo tanto, si la tragedia se aventaja en todas estas cosas y todavía más en el efecto propio del arte, puesto que se ordenan ambas a causar no una recreación caprichosa, sino la que se ha dicho, está claro que habrá de ser mejor que la epopeya, como quien toca su fin más pronta y correctamente.

En conclusión, acerca de la tragedia y de la epopeya, tanto de ellas como de sus especies y de sus partes, cuántas son y en qué se diferencian, cuáles son las causas de lo bien o mal hecho, asimismo de las objeciones y soluciones, baste lo dicho.

Introducción a la Retórica

"La retórica es sin duda tan antigua como la filosofía [...]
A este respecto, es su más antigua enemiga y su más antigua
aliada... la técnica basada en el conocimiento de las causas que
engendran los efectos de la persuasión da un poder temible al
que la domina perfectamente: el poder de disponer de las palabras sin las cosas y de disponer de los hombres disponiendo de
las palabras."

P.Ricoeur, 1980, p.19

Cuando nos acercarnos a algún escrito aristotélico, siempre surgen muchos inconvenientes acerca de su origen, de si son
escritos diferentes unidos por el estagirita o si fueron reunidos
posteriormente por alumnos del Liceo, si eran apuntes para dar
clases o está armado para presentarlo al público, si se le agregaron partes o sus idas y venidas son la forma de escritura de
Aristóteles. La *Retórica* no será la excepción frente a estos primeros desafíos. Podemos distinguir dos etapas, el libro I y II se
escribieron juntos, el III es anterior y solo más tarde se integró
a la obra.

Sabemos que Aristóteles estando en la academia de Platón, publicó un diálogo llamado *Grilo* y subtitulado *Sobre la Retórica* del cual solo se conservan algunos fragmentos en dónde presenta una retórica cercana a como la presenta Platón en el diálogo *Gorgias* y contraria a la escuela de retórica de Isócrates. Sin embargo, se aleja de las afirmaciones de Platón de que el objeto de la retórica son las opiniones[31], y que nada tiene que ver con la verdad, presentada sólo como una técnica que aporta los recursos de *ethos* y *pathos* para conquistar al público. Menospreciada por Platón y recuperada por Aristóteles, la retórica se impregna no de lo verdadero pero si de lo verosímil, de lo probable, y es acercada por el estagirita a la forma de razonamiento dialéctico, utilizada desde el ámbito de la filosofía.

La filosofía práctica necesita de esta disciplina, por eso encontraremos en diferentes partes de la *Retórica* aspectos que están también desarrollados desde la ética, la política, la justicia y, también, en el teatro. Si bien este último tiene un desarrollo diferente y un estudio más desarrollado en la *Poética*, la retórica no deja de ser una actuación, en donde la intención es que el discurso tenga implicancia en el pensamiento y en la acción de otras personas.

Para comprender la importancia que tiene esta disciplina para Aristóteles, debemos entender primero aquello que nos presenta en su ética eudemónica, es decir, que las acciones que hacen los hombres siempre son en busca de ser felices, que todos quieren la felicidad. Esta tendencia a ser feliz se puede desarrollar de variadas formas, pero al estagirita le interesa cuál es la más apta para el hombre, por las cualidades que lo diferencian del resto de la naturaleza.

El hombre es un animal racional, pero esa racionalidad también tiene grados y, en el mayor, es deliberativa. En esa ra-

---

31   Esta idea es desarrollada por Platón en *Fedro*, y *Gorgias*.

cionalidad deliberativa, se une la definición de hombre como animal racional y como animal político, porque es en la polis en donde se puede desenvolver con mejor desempeño la deliberación.

En contraposición a su maestro, Aristóteles prefiere el gobierno democrático, aunque lejos de las ideas de igualdad que hoy se presentan, afirma que esta forma de gobierno es la mejor, porque permite a un mayor número de hombres desarrollarse en el máximo de su racionalidad. Logra una felicidad más extendida que si fuera una monarquía en la cual solo uno o un grupo muy selecto, podría desarrollarse plenamente.

En este punto es dónde debemos ubicar a la retórica. Si la deliberación es fundamental en el desarrollo del hombre en tanto tal y para ser pleno y feliz, la retórica brinda las herramientas para que ese despliegue pueda llevarse a cabo.

La *Retórica* y sus tres libros

La *Retórica* está dividida en tres libros: el primero, sobre los conocimientos y técnicas que debe tener el orador; el segundo, sobre las pasiones y sentimientos y cómo se generan en el oyente; y el tercero, sobre las características propias del discurso.

Aristóteles es el primero en caracterizar, analizar y definir la retórica y su tratado es base para los posteriores estudios no solo en la retórica, sino también en el análisis del lenguaje durante el siglo XX y en el análisis de los discursos políticos y de grandes líderes.

Según el estagirita, la retórica es una *téchne*, un arte, que permite el desarrollo de una actividad creativa. Si bien Aristóteles establece ciertos límites, el objeto de estudio es todo asunto humano, se presenta como una disciplina que en forma transversal colabora con el resto de las actividades humanas, dándole la posibilidad de mejorar la comunicación y facilitando los medios de persuasión adecuándolos a cualquier argumento.

Aportes de la *Retórica*

Uno de los aportes más importantes es la valoración que le da a los argumentos basados en la probabilidad. Lo que llamamos "conocimiento", en especial de las relaciones humanas, se basa la mayoría de las veces en opiniones más que en verdades fundadas. Darle cierto grado de certeza a lo probable es muy importante, recordemos que Platón lo había desechado y todo aquello que no entrara dentro del ámbito de la verdad, quedaría desacreditado.

Las verdades universales son difíciles de aplicar a asuntos humanos, las verdades probables o verosímiles son las utilizadas en el ámbito de la dialéctica y de la retórica. La dialéctica dirige a la razón estudiando los argumentos en sí mismos, de manera aislada; la retórica, en cambio, dirige el estudio de la razón en tanto influenciable por las pasiones, tratando los argumentos en relación con el *ethos* del orador y el *pathos* del auditorio.

La retórica tiene en su interior un conflicto, la tensión entre la razón y la violencia; entre lo razonable y la pasión. En este dinamismo se desenvuelve un arte que en su movimiento la mantiene viva en la expresión discursiva de quienes la aplican. Sin esta tensión queda solo una clasificación de palabras, una forma rígida que se vuelve superflua y que se aleja de lo que Aristóteles entendía como retórica. Éste retoma la clasificación de géneros retóricos de Anaxímenes de Lámpsaco, que aportó la base, también, de la retórica sofística. Estos géneros son tres: deliberativo, judicial y epidíctico. Y son determinados por cuatro criterios: contenidos específicos, el tiempo al que se refiere, el lugar en que se lleva a cabo y el tipo de auditorio al que es dirigido el discurso.

El género deliberativo es el que se da en el ámbito de la *polis*, siendo el más necesario y el más importante para el hombre. Los temas que trata son la guerra y la paz, la protección del territorio, las relaciones comerciales con el exterior y la legislación. Este género es el que está más relacionado con el desarrollo social, el ciudadano que, como "animal social", delibera dirigiendo hacia el bien común a toda la polis.

El género epidíctico está más relacionado a valores morales y modelos, con los que los oyentes se puedan identificar fácilmente, para que actúe o esté bien dispuesto a actuar en cuanto sea necesario. A través de este género se busca mostrar la importancia de ciertos valores morales que se consideran permanentes. Aristóteles hace una enumeración de virtudes inclinadas a la utilidad retórica, así nos propone tres tipos de discursos epidícticos: en primer lugar el elogio, refiriéndose a una virtud y su gradación; en segundo lugar el panegírico, refiriéndose a una acción virtuosa; y en tercer lugar, la felicitación que engloba a los dos anteriores.

El tercer género es el judicial, y da las herramientas al discurso que se debe hacer en un juicio: qué elementos son los más importantes para dilucidar la justicia o injusticia en los hechos. En este punto se estudia qué derecho fue afectado, cuál era la situación del agente y de la víctima, cuáles las circunstancias y qué tan grave fue. En esta parte se estudia el placer y el dolor, la imaginación y la memoria, características psicológicas que pueden describir la fisonomía moral de una persona con tendencias delictivas.

En el segundo libro de la *Retórica*, Aristóteles desarrolla elementos de psicología que se han mantenido vigentes en estudios discursivos: el *ethos* o carácter del orador, que le da credibilidad a su palabra; y el *phatos* o conjunto de pasiones que se pueden despertar en el público.

El libro tercero trata ya del discurso en sí mismo, de la *léxis* o elocución. Allí se estudiarán las expresiones lingüísticas, el estilo y la organización del discurso.

Un estudio sobre la metáfora lo acerca a la *Poética*, completando lo que allí se decía, pero aquí la metáfora debe tornarse clara y sencilla, para que el público la pueda comprender; esta característica no era necesaria en la poética, en la cual el ingenio suele usar palabras más extrañas. La habilidad de crear metáforas es propia de cada quien y no es recomendable, según el estagirita utilizar metáforas de otros, ya que las metáforas caracterizan al orador o al poeta. La diferencia es el objetivo, el de la retórica es la persuasión, mientras que la poética produce la purificación de las pasiones del miedo y de la compasión. Son ámbitos discursivos diferentes en los que la metáfora se desenvuelve.

Termina Aristóteles con la organización del discurso y cuáles deben ser sus partes, que son fundamentales: la exposición y la demostración. Presenta en su análisis cuatro partes: el exordio, la exposición, la prueba o demostración, y el epílogo. Dando así la estructura básica para el discurso.

Si bien la retórica ya tenía sus especialistas y algunos tratados, este libro se considera el primero sistemático y completo que se hizo. Aristóteles es retomado en el siglo XX cuando el problema del lenguaje vuelve a estar presente en las reflexiones de los grandes pensadores, su actualidad en el estudio de los discursos es llamativa, así como las herramientas de análisis que nos ha legado. No debemos olvidar que la importancia de la *Retórica* no es menor en la obra aristotélica, sino que por el contrario, es un arte que atraviesa las actividades humanas, dándoles forma, dándoles una estética acorde a la situación, que permitía a quien sabía utilizarla, tener poder de decisión y criterio de definición en temas de complejidad social.

Retórica

Libro I
Capítulo I
La vieja y nueva retórica

La retórica es una antístrofa de la dialéctica, ya que ambas se refieren a cuestiones que permiten tener conocimientos comunes a todos y no pertenece junto con la dialéctica a ninguna ciencia determinada. Por ello, todos participan en cierto modo de ambas, puesto que, hasta un cierto límite, todos se esfuerzan en descubrir y sostener un argumento, poner a prueba e igualmente defenderse y acusar. Ahora bien, la mayoría de los hombres hace esto, sea al azar, sea por un hábito de su carácter. Y como de ambas maneras es posible, resulta evidente que también en estas materias cabe señalar un camino que lo estudie sistemáticamente. Por tal razón, la causa por la que logran su objetivo tanto los que obran por hábito como los que lo hacen espontáneamente puede teorizarse; y todos convendrán entonces que tal tarea es propia de un arte.

Sin embargo, los que han compuesto acerca de los discursos[32], ni siquiera, por así decirlo, han proporcionado una parte de tal pues las son propias del arte y todo lo demás sobra y, por otro lado, nada dicen de lo que son el cuerpo de la persuasión, en general se ocupan, la mayoría de las veces, de cuestiones ajenas al asunto.

Porque, en efecto: el mover a sospecha, a compasión, a ira y a otras pasiones semejantes del alma no son propias del asunto, sino con el juez. Si ocurriera en todos los juicios como ya acontece en algunas ciudades, y principalmente en las que tienen buenas leyes, nada tendrían esos autores que decir. Ya que todos, ciertamente, o bien juzgan que conviene que las leyes proclamen este principio, o bien lo practican y prohíben hablar fuera de lo que toca al asunto, como se hace en el Areópago[33], procediendo en esto adecuadamente

No es conveniente inducir al juez a la ira o a la envidia o a la compasión, dado que ello equivaldría a torcer la propia regla de que uno se ha de servir. Aparte de que es evidente que nada le corresponde al litigante además de mostrar que el hecho es o no es así y si aconteció o no aconteció. En cambio, el que sea grande o pequeño, justo o injusto, y todo lo que el legislador ha dejado sin explicitar, eso conviene que lo determine el mismo juez y no que tenga que aprenderlo de las partes.

Por lo tanto, es sumamente importante que las leyes que están bien establecidas determinen, hasta donde sea posible, por sí mismas todo, y que dejen cuanto menos mejor al arbitrio de los que juzgan. Ante todo, porque es más fácil encontrar uno o

---

32   Eran conocidos por Aristóteles los tratados de retórica de su época, pero él se aleja de la postura de Isócrates y de otros tratadistas, ya que ellos veían a la retórica solo como el arte de convencer.

33   Tribunal antiguo que toma su nombre de la colina de Ares, *Areios pagosa*. Sus funciones eran principalmente en juicios por homicidio o lesiones.

unos pocos, antes que a muchos, que tengan sentido común y sean capaces de legislar y juzgar. Luego, ya que las leyes tienen lugar después de haber deliberado mucho tiempo, mientras que los juicios surgen de un modo imprevisto, de manera que es difícil que quienes han de juzgar, comprendan lo que es justo y conveniente.

Y muy importante es diferenciar, porque el juicio del legislador no versa sobre lo particular, sino que trata sobre lo futuro y universal, mientras que el miembro de una Asamblea[34] y el juez tienen que juzgar inmediatamente sobre el caso presente y determinados, a lo que muchas veces les viene ya unida la simpatía, el odio y la conveniencia propia, por esto es que no resulta posible establecer suficientemente la verdad y más bien oscurecen el juicio el placer o el pesar.

Por consiguiente, en relación a lo demás, conviene, como decimos, dar autoridad al que juzga sobre las menos cosas posibles; pero sobre si sucedió o no sucedió, o si acontecerá o no acontecerá, o si existe o no existe, de esto es preciso que se hagan cargo los que juzgan, pues no es posible que lo prevea el legislador. Y si esto es así, es claro que colocan en el arte en cuestión elementos ajenos al mismo y todos aquellos que prescriben reglas, como por ejemplo qué debe contener el exordio o la narración y cada una de las otras partes, puesto que en todo esto no tratan de ninguna otra cosa sino de cómo se dispondrán el que juzga en un sentido determinado, sin que presenten nada acerca de las pruebas por persuasión propias del arte de la retórica, que es con lo que uno puede llegar a ser hábil en entimemas.

Por todo esto, pues, aun siendo el método el mismo en los discursos políticos y en los judiciales y aun siendo más bella y más propia del ciudadano la actividad que se refiere a los discursos ante el pueblo que la que trata de las transacciones, con

---

34   La Asamblea ateniense es aquella que se constituía por los ciudadanos libres.

todo, los autores no hablan para nada de aquellos y más bien se esfuerzan todos por establecer el arte de discutir, dado que en los discursos ante el pueblo aprovecha menos hablar de lo que es ajeno al asunto y, además, la oratoria política es menos engañosa que la judicial, por ser más de la comunidad. En la primera, en efecto el que juzga discierne sobre cosas propias, de modo que ninguna otra cosa se precisa fuera de demostrar que es real como lo dice el que le aconseja. Por el contrario, en los discursos judiciales esto no es bastante, sino que interesa atraerse al oyente, puesto que el juicio trata sobre cosas ajenas, de modo que los jueces, como velan por su propio interés y escuchan con miras a su favor, en realidad se la otorgan a los litigantes, pero no juzgan. Por eso, dijimos anteriormente que en muchas partes la ley prohíbe hablar de lo que es ajeno al asunto, mientras que en los discursos políticos los mismos que juzgan vigilan esto suficientemente.

Ahora bien, claramente el método propio del arte es el que se refiere a las pruebas por persuasión, ya que la persuasión es una especie de demostración puesto que nos persuadimos sobre todo cuando pensamos que algo está demostrado. Por otra parte, la demostración retórica es el entimema[35] y éste es, hablando en absoluto, es la más firme de las pruebas por persuasión; y como el entimema, en fin, es un silogismo y sobre el silogismo en todas sus variantes corresponde tratar a la dialéctica ya sea en su totalidad, ya sea en algunas partes, es evidente que el que mejor pueda teorizarla debe partir de qué es y cómo se produce el silogismo. Y ése será también el más experto en entimemas si comprende sobre qué materias versa el entimema y qué diferencias tiene respecto de los silogismos lógicos.

Porque corresponde a una misma facultad reconocer lo verdadero y lo verosímil y, por lo demás, los hombres tienden por

---

35   Aquí se hace referencia al entimema como silogismo retórica, es decir, un razonamiento con premisas probables.

naturaleza de un modo suficiente a la verdad y la mayor parte de las veces la alcanzan. De modo que estar en disposición de discernir sobre lo plausible es propio de quien está en la misma disposición con respecto a la verdad.

Queda aclarado ahora porque los demás autores estudian como propio del arte lo que es ajeno al asunto y, asimismo, queda aclarado por qué causa se han inclinado más a tratar de la oratoria judicial.

Ahora bien, la retórica es útil porque por naturaleza la verdad y la justicia son más fuertes que sus contrarios, de modo que si los juicios no se establecen como se debe, será forzoso que sean vencidos por dichos contrarios, lo cual es digno de recriminación[36]; además de que, en lo que toca a algunas gentes, ni aun si dispusiéramos de la ciencia más exacta, resultaría fácil, argumentando sólo con ella, lograr persuadirlos, pues el discurso científico es propio de la docencia, lo que es imposible en nuestro caso y más bien se necesita que las pruebas por persuasión y los razonamientos se compongan por medio de nociones comunes, como señalábamos ya en los Tópicos en relación de la controversia ante el pueblo. Por lo tanto, conviene ser capaz de persuadir sobre cosas contrarias, como también sucede en los silogismos, no para hacerlas ambas pues no se debe persuadir de lo malo sino para que no se nos oculte, cómo se hace y para que, si alguien utiliza injustamente esos argumentos, nos sea posible refutarlos con sus mismos términos. De las otras artes, en efecto, ninguna obtiene conclusiones sobre contrarios por medio de silogismos, sino que sólo hacen esto la dialéctica y la retórica, puesto que ambas se aplican por igual en casos contrarios. Pero los asuntos pertinentes no se presentan de la misma manera, sino que siempre, hablando en absoluto, lo verdadero y lo me-

---

36   Aristóteles se defiende de la postura platónica, contraria al estudio de la Retórica, sosteniendo que ésta, debe estar al servicio de causas justas y que es necesaria por la deficiencia de quienes juzgan y deciden.

jor por naturaleza son más aptos para los silogismos y para las pruebas por persuasión. Aparte de que si es vergonzoso que uno mismo no pueda ayudarse con su propio cuerpo, sería absurdo el que no lo fuera también en lo que se refiere a la palabra, ya que ésta es más específica del hombre que el uso del cuerpo.

Y si alguien sostiene que el que usa injustamente esta facultad de la palabra puede cometer grandes perjuicios, se contestaría que la excepción hecha de la virtud es común a todos los bienes y principalmente a los más útiles, como lo son la fuerza, la salud, la riqueza y el talento estratégico; pues con tales bienes puede uno llegar a ser de gran provecho, si es que los usa con justicia, y causar mucho daño, si lo hace con injusticia.

Así, pues, es evidente que la retórica no pertenece a ningún género definido, sino que le sucede como a la dialéctica; y, asimismo, que es útil y que su tarea no consiste en persuadir, sino en reconocer los medios de convicción más pertinentes para cada caso, tal como también ocurre con todas las otras artes, pues no es propio del médico el hacerle a uno sano, sino dirigirse hacia ese fin hasta donde sea posible; porque igualmente cabe atender con todo cuidado a los que son incapaces de recuperar la salud. Además de esto, es igual de claro que lo propio de este arte es reconocer lo convincente y lo que parece ser convincente, del mismo modo que corresponde a la dialéctica reconocer el silogismo y el silogismo aparente. Sin embargo, la sofística no está en la facultad, sino en la intención. Y, por lo tanto, en nuestro tema, uno será retórico por ciencia y otro por intención, mientras que, en el otro caso, uno será sofista por intención y otro dialéctico por facultad[37].

---

37   El sofista utiliza el arte del buen decir con un propósito que se inclina hacia una moral desviada. Aristóteles, hace la distinción entre el dialéctico y el sofista, el primero es orador por ciencia, mientras que el segundo por propósito.

Y ya tratemos de hablar del método mismo: de cómo y a partir de qué nos será dado alcanzar lo que nos hemos propuesto. Luego de definir nuevamente, como al principio, qué es la retórica, pasaremos a exponer lo que resta.

Entendemos entonces por retórica la facultad de teorizar lo que es adecuado en cada caso para convencer.

Capítulo II
Definición y estructura lógica de la retórica

Esta no es ciertamente tarea de ningún otro arte, puesto que cada uno de aquellos es sobre la enseñanza y persuasión concernientes a su materia propia; como, por ejemplo, la medicina sobre la salud y lo que causa enfermedad, la geometría sobre las alteraciones de las magnitudes, la aritmética sobre los números y lo mismo las demás artes y ciencias. La retórica, sin embargo, parece que puede establecer teóricamente lo que es convincente en, por así decirlo, cualquier caso que se proponga, razón por la cual afirmamos que lo que a ella concierne como arte no se aplica sobre ningún género de conocimiento específico.

En cuanto a las pruebas por persuasión unas son ajenas al arte y otras son propias del arte. Llamo ajenas al arte a cuantas no se obtienen por nosotros, sino que existían de antemano, como los testigos, las confesiones por sufrimiento, los documentos y otras semejantes; y propias del arte, las que pueden prepararse con método y por nosotros mismos, de modo de que las primeras hay que utilizarlas y las segundas inventarlas.

Las pruebas por persuasión pueden obtenerse mediante el discurso y son de tres especies: unas residen en el talento del orador, otras en predisponer al oyente de alguna manera y, las últimas, en el discurso mismo, qué es lo que éste demuestra o parece demostrar[38].

Pues bien, se persuade por el talento, cuando el discurso es dicho de forma tal que hace al orador digno de credibilidad. Porque a las personas honradas les creemos más y con mayor rapidez, en general en todas las cosas, pero, desde luego, completamente en aquéllas en que no cabe la exactitud, sino que se prestan a duda; si bien es preciso que esto suceda también por obra del discurso y no por tener prejuzgado cómo es el que habla. Por lo tanto, no es cierto que en el arte, como afirman algunos tratadistas, la honradez del que habla no incorpore nada en orden de lo convincente, sino que, por así decirlo, casi es el talante personal quien constituye la más sólida forma de persuasión.

Por otra parte, se persuade también por la disposición de los oyentes, cuando éstos son movidos a sentir una pasión por medio del discurso. Pues no hacemos los mismos juicios estando tristes que estando alegres, o bien cuando amamos que cuando odiamos. De esto es de lo que decíamos que únicamente buscan ocuparse los actuales tratadistas. Y de ello trataremos en particular cuando hablemos de las pasiones.

Por último, los hombres se persuaden por el discurso, cuando les mostramos la verdad, o lo que parece serlo, a partir de lo que es convincente en cada caso.

---

38   Aristóteles anticipa el estudio semiótico moderno: el emisor, llamado en retórica *auctoritas*, el receptor y el mensaje.

Ahora bien, puesto que las pruebas por persuasión se hacen posibles mediante estos procedimientos, resulta evidente que obtener estas tres clases de pruebas es propio de quien tiene la capacidad de razonar mediante silogismos y de poseer un conocimiento teórico sobre los caracteres, sobre las virtudes y sobre las pasiones, o sea, sobre cuáles son cada una de tales pasiones, qué cualidad tienen y a partir de qué y cómo se producen, de manera que acontece a la retórica ser como una rama de la dialéctica y de aquel saber práctico sobre los caracteres al que es justo denominar política[39].

Por esta razón, la retórica se reviste también con la forma de la política y lo mismo sucede con los que sobre ella debaten en parte por falta de educación, en parte por presumir, en parte, en fin, por otros motivos humanos. Pero sin duda, es una parte de la dialéctica y su semejante, como hemos dicho al principio, ya que ni una ni otra constituyen ciencias acerca de cómo es algo determinado, sino simples facultades de proporcionar razones.

Así, pues, poco más o menos queda ya tratado suficientemente sobre lo que concierne a la potencialidad de estas artes y a cómo se relacionan entre sí.

Por otra parte, en relación a la demostración y a la demostración aparente, de igual manera que en la dialéctica se dan la inducción, el silogismo y el silogismo aparente, aquí acontece en la retórica de modo similar.

Pues, en efecto: por una parte, el ejemplo es una inducción; por otra parte, el entimema es un silogismo; y por último, el entimema aparente es un silogismo aparente.

Llamo, pues, "entimema" al silogismo retórico y "ejemplo" a la inducción retórica.

---

39   Referencia similar en *Ética Nicomáquea:* "la política es la que regula qué ciencias son necesarias en las ciudades y cuáles han de aprender y en qué grado. De ellas, las facultades más estimadas le están subordinadas, como la estrategia, la economía y la retórica".

Y, ciertamente, en orden a demostrar, todos proporcionan pruebas por persuasión aduciendo ejemplos o entimemas, de modo que fuera de éstos no hay ninguna otra. Por lo cual, si realmente es preciso en términos generales que toda cuestión sobre una cosa cualquiera o sobre una persona se demuestre o bien aportando un silogismo o bien por medio de ejemplos y esto es claro para nosotros desde los *Analíticos*[40], también será forzoso que cada uno de estos procedimientos sea lo mismo que cada uno de aquellos.

En cuanto a cuál es la diferencia entre el ejemplo y el entimema, está claro por los *Tópicos*[41] pues allí se ha tratado ya del silogismo y de la inducción que demuestra a base de muchos casos semejantes es, allí, una inducción y, aquí, un ejemplo; mientras que obtener, algo diferente de las premisas, por ser tales premisas universalmente la mayor parte de las veces, eso se llama, allí, silogismo y, aquí, entimema.

Es también claro que cada una de estas especies de retórica escolar es igualmente buena, pues, como también se ha tratado en la *Metódica*, con ambos se obtienen resultados semejantes. Hay, en efecto, discursos escolares, que se basan en ejemplos y otros en entimemas; y, lo mismo, maestros que son hábiles en poner ejemplos o en presentar entimemas. No son, por lo tanto, menos convincentes los discursos basados en ejemplos, si bien logran mayor aplauso los que se basan en entimemas. Pero de la causa de ello y de cómo debe usarse cada uno, hablaremos más tarde. Ahora debemos definirlos con más precisión.

Puesto que lo convincente lo es en relación con alguien y, o bien es convincente y persuasivo inmediatamente y por sí, o

---

40   *Primeros Analíticos*: "pues damos crédito a las cosas, o bien como fruto de un razonamiento o bien por inducción".

41   *Tópicos*, diferenciación entre razonamiento deductivo e inductivo. En la retórica, el entimema se corresponde con el razonamiento deductivo, mientras que el ejemplo al inductivo.

bien parece serlo porque puede ser demostrado mediante argumentos de esta naturaleza, y además ningún arte se ocupa de lo singular, la medicina, por ejemplo, no estudia qué es saludable para Sócrates o Calias, sino qué lo es para tal o tales clases de hombres, pues esto es lo propio del arte, mientras que lo singular es ilimitado y no objeto de ciencia, de igual manera tampoco la retórica aporta un conocimiento teórico sobre lo que es plausible de un modo singular, por ejemplo respecto de Sócrates o Hipias, sino sobre lo que lo es respecto de una clase, como también hace la dialéctica. Pues ésta no concluye silogismos a partir de premisas tomadas al azar, sino a partir de lo que requiere razonamiento y la retórica a partir de lo que ya se tiene costumbre de deliberar.

La tarea de esta última estriba, por lo tanto, en aquellas materias sobre las que deliberamos y para las que no disponemos de artes específicas y en relación con oyentes de tal clase que ni pueden comprender sintéticamente en presencia de muchos elementos ni razonar mucho rato seguido. De cualquier forma, deliberamos sobre lo que parece que puede resolverse de dos modos, ya que nadie da consejos sobre lo que él mismo considera que es imposible, que haya sido o vaya a ser o sea de un modo diferente, pues nada cabe hacer en esos casos.

Por lo demás, es desde luego posible concluir silogismos y proceder por deducción en aquellas cuestiones que, o bien han sido ya antes establecidas a partir de silogismos, o bien no proceden de silogismos pero requieren de ellos por no ser de opinión común. Y a propósito de estos razonamientos, resulta forzoso que alguno no pueda seguirse bien a causa de su longitud, pues se supone que el que juzga es un hombre sencillo[42], y además no sea convincente por no proceder de premisas ya reconocidas

---

42   En Atenas el juez era un ciudadano común, que ejercía esa función de manera ocasional, la paga era poca y en general eran ciudadanos pobres y desocupados los que se postulaban.

o plausibles, de modo que es necesario que el entimema y el ejemplo versen sobre aquellas cosas que a menudo pueden ser de otra manera y que, por su parte, el ejemplo sea una inducción y el entimema un silogismo, y a partir de pocas premisas, incluso menos de las que consta el silogismo de la primera figura[43]. Porque si alguna de estas premisas es bien conocida, no hace falta enunciarla: el propio oyente la suple, como cuando se sobreentiende que Dorieo[44] ha ganado en los juegos una corona. Ciertamente, basta decir que ha ganado en Olimpia, sin que sea preciso añadir a la mención de Olimpia la de la corona, pues eso todo el mundo lo sabe.

Ahora bien como son pocas las proposiciones necesarias a partir de las cuales se componen los silogismos retóricos en efecto, la mayor parte de los asuntos sobre los que se requieren juicios y especulaciones podrían también ser de otra manera, ya que, por una parte, damos consejo y especulamos sobre lo que implica acción y las acciones son todas de este género, de modo que ninguna de ellas procede, por así decirlo, de algo necesario y como, por otra parte, es forzoso que lo que acontece frecuentemente y es sólo posible sea concluido mediante silogismos a partir de premisas semejantes, igual que lo necesario se concluye de premisas necesarias, cosa ésta que ya sabemos desde los *Analíticos*[45], resulta así manifiesto que, de las proposiciones de que hablan los entimemas, algunas son necesarias, pero la mayor parte sólo frecuentes; y, asimismo, que los entimemas se dicen

---

43   *Primeros Analíticos:* Combinación de tres términos de los cuales uno será el sujeto de la conclusión, otro el predicado, y el tercer término hace un enlace entre los dos anteriores en las premisas. Aristóteles propone cuatro figuras de las cuales la primera es: M es P, S es M, por conclusión S es P.

44   Dorieo es un prototipo de campeón, ganó en el Pancracio (lucha libre) tres Olimpiadas seguidas: 432, 428 y 424 a.C.

45   *Primeros Analíticos, Segundos Analíticos.*

de probabilidades y de signos, de modo que es necesario que cada una de estas dos clases de cosas se corresponda con un tipo de entimema.

Porque lo probable es lo que sucede la mayoría de las veces, pero no absolutamente, como algunos afirman; sino lo que, tratando de cosas que también pueden ser de otra manera, guarda con aquello respecto de lo cual es probable la misma relación que lo universal respecto de lo particular. Y en cuanto a los signos, unos guardan una relación como la de lo individual a lo universal y otros como la de lo universal a lo particular. De los signos, los necesarios se denominan argumento concluyente y los no necesarios carecen de denominación que nombre esta diferencia. Por su parte, llamo necesarios a aquellos signos a partir de los cuales se construye el silogismo, y por ello, el argumento concluyente es el que consta de signos de esta clase.

Porque cuando se cree que ya no es posible refutar una tesis, se piensa entonces que se aduce un argumento concluyente en la medida en que se aduce algo demostrado y terminado; pues "conclusión" y "término" son lo mismo en la lengua antigua. Entre los signos, los que guardan una relación como la de lo individual a lo universal son del tipo, por ejemplo de cuando se afirma que es un signo de que los sabios son justos, el que Sócrates era efectivamente sabio y justo. Esto es, obviamente un signo, pero refutable, aunque fuera verdad lo que afirma pues no es de un razonamiento por silogismo, mientras que si alguno dijese que es un signo de que alguien está enfermo el que tiene fiebre, o de que una mujer ha dado a luz el que tiene leche, esa clase de signos sí es necesaria. Y éste es el único signo que es un argumento concluyente, pues si es verdadero, entonces es irrefutable. En cuanto a los signos que guardan una relación como de lo universal a lo particular, son del tipo, por ejemplo, de si alguien dice que es un signo de que alguien tiene fiebre, el hecho de que respira agitadamente.

Pero esto es también refutable aunque fuera verdadero, pues también es posible que respire con agitación el que no tiene fiebre. Con esto queda dicho qué es lo probable, el signo y el argumento concluyente, así como cuáles son sus diferencias y, por lo demás, en los *Analíticos* se ha tratado con mayor claridad de todos ellos y de cuál es la causa de que unos no sirvan para formar silogismos y otros sí sean adecuados.

Por lo que se refiere al ejemplo, también se ha dicho ya qué es una inducción y de qué elementos versa esta inducción. Pero no hay aquí una relación de la parte con el todo, ni del todo con la parte, ni del todo con el todo, sino de la parte con la parte y de lo semejante con lo semejante. Cuando se dan dos proposiciones del mismo género, pero una es más conocida que la otra, entonces hay un ejemplo, como cuando se afirma que Dionisio[46], si pide una guardia, es que pretende la tiranía. Porque, en efecto, como con anterioridad también Pisístrato[47] solicitó una guardia cuando tramaba esto mismo y, después de que la obtuvo, se convirtió en tirano e igual hicieron Teágenes[48] en Mégara y otros que se conocen, todos estos casos sirven de ejemplo en relación con Dionisio, del que todavía no se sabe si la pide por eso. En conclusión, todos estos casos quedan bajo la misma proposición universal de que quien pretende la tiranía, pide una guardia.

Así queda señalado de qué elementos cabe afirmar que constan las pruebas por persuasión que parecen ser demostrativas pero no lo son.

---

46   Dionisio "el viejo", tirano de Siracusa, 405 a.C.

47   "Pisístrato, que pasaba por ser el más popular y que se había ganado de gran estima en la campaña contra los megarenses, se infirió heridas a sí mismo, como si se la hubieran hecho sus adversarios políticos y convenció al pueblo de que le dieran una guardia de corps… Obtuvo así a los llamados maceros y con ellos se alzó contra el pueblo y tomó la Acrópolis." En *Constitución Ateniense*.

48   Teágenes de Mégara, tirano entre 40 y 620 a.C. Ejemplo de tirano que se apoyó en el pueblo contra los ricos.

En cuanto a los entimemas, la mayor diferencia que existe y también la que más inadvertida ha pasado para casi todos, es la misma que existe entre los silogismo dentro del método dialéctico. Pues algunos de ellos se remiten tanto a la retórica como al método dialéctico de los silogismos, mientras que otros son conformes a otras artes y facultades, algunas ya existentes y otras no descubiertas todavía. Por esta razón, los entimemas son ignorados por los oyentes y por los que los tratan en un sentido particularizado, apartándose también así de nuestro tema de estudio. Pero lo que decimos se hará más claro si lo exponemos más ampliamente.

Digo pues, que los silogismos dialécticos y retóricos son aquellos de los cuales decimos que se refieren en común a cuestiones de justicia que de física, de política o de otras muchas materias que difieren por la especie, como ocurre, por ejemplo, con el lugar común del "más" y el "menos". Pues de este lugar común no será más posible concluir un silogismo que enunciar un entimema sobre cuestiones que tocan a la justicia, la física o cualquier otra disciplina, pese a que todas ellas difieren por la especie.

En cambio, son las conclusiones derivadas de enunciados que se refieren a cada una de las especies y géneros, como son por ejemplo los enunciados sobre cuestiones físicas, de las que no es posible concluir ni un entimema ni un silogismo sobre cuestiones morales, igual que de los que tratan de estas últimas no se deriva nada acerca de las cuestiones de la física. Y lo mismo ocurre con todas las demás disciplinas. Por lo tanto, los lugares comunes no hacen a nadie especialista en ningún género, porque no tratan de materia determinada. Pero en lo que se refiere a las conclusiones propias, cuanto mejor escoja uno los enunciados, tanto más estará construyendo, sin advertirlo, una ciencia distinta de la dialéctica y de la retórica. Y si vuelve casualmente a sus principios, no tendrá ya dialéctica ni retórica, sino la ciencia de que ha tomado esos principios.

Además, la mayor parte de los entimemas se dicen de estas especies particulares y propias y son pocas las que se dicen de los lugares comunes. Por eso mismo, como en los *Tópicos*, hay también que distinguir aquí, a propósito de los entimemas, entre las especies y los lugares comunes de donde ellos se toman. Llamo especies a los enunciados propios que se refieren a cada uno de los géneros, y lugares comunes a los que se refieren en común a todos por igual. Hablaremos en primer lugar de las especies, pero para ello trataremos antes de los géneros de la retórica, de cómo se dividen y de cuántos son, estableciendo por separado sus elementos y enunciados.

Capítulo III
División de la retórica
Clasificación de los discursos

Tres son en número las especies de la retórica dado que otras tantas son las clases de oyentes de discursos que existen. Porque el discurso consta de tres componentes: el que habla, aquello de lo que habla y aquél a quien habla; pero el fin se refiere a este último, quiero decir, al oyente. Ahora bien, el oyente es, por fuerza, o un espectador o uno que juzga; y, en este último caso, o uno que juzga sobre cosas pasadas o sobre cosas futuras. Hay, en efecto, quien juzga sobre lo futuro, como, por ejemplo, un miembro de una asamblea, y quien juzga sobre sucesos pasados, como hace el juez; el espectador, por su parte, juzga sobre la capacidad del orador.

Es preciso entonces que existan tres géneros de discursos retóricos: el deliberativo, el judicial y el epidíctico. Lo propio de la deliberación es el consejo y la disuasión; pues una de estas dos cosas es lo que hacen siempre, tanto los que aconsejan en asuntos privados, como los que hablan ante el pueblo a propósito del interés común. Lo propio del proceso judicial es la acusación o la defensa, dado que el pleito es forzosamente sobre una de estas cosas. Y lo propio, en fin, del discurso epidíctico es el elogio y la censura. Por otro lado, los tiempos de cada uno de estos géneros son: para la deliberación el futuro, ya que se delibera sobre lo que sucederá, sea aconsejando o sea disuadiendo de ello; para la acción judicial el pasado ya que siempre se hacen acusaciones o defensas en relación con acontecimientos ya sucedidos; y para el discurso epidíctico, el tiempo principal es el presente, puesto que todos alaban o censuran conforme a lo que es pertinente al caso, aunque muchas veces puede actualizarse lo pasado por medio de la memoria y lo futuro usando de conjeturas.

Cada uno de estos géneros tiene además un fin que son tres, que se corresponden con los géneros detallados. Para el que delibera, el fin es lo conveniente y lo perjudicial, pues en efecto: el que aconseja recomienda lo que le parece lo mejor, mientras que el que disuade aparta de esto mismo tomándolo por lo peor, y todo lo demás -como lo justo o lo injusto, lo bello o lo vergon-zoso- lo añaden como complemento. Para los que litigan en un juicio, el fin es lo justo y lo injusto, y las demás cosas también éstos las añaden como complemento. Por último, para los que elogian o censuran, el fin es lo bello y lo vergonzoso y éstos igualmente superponen otros razonamientos accesorios.

Existe un signo de que lo dicho constituye la finalidad de cada género y es que algunas veces no llega a discutirse sobre esas otras cosas complementarias. Por ejemplo: el que litiga en un juicio a veces no sostiene que el hecho no sucedió o que él no hizo daño, pero que cometió injusticia eso lo niega, porque para nada haría falta sino un juicio. De un modo semejante, también los que dan consejos prescinden a menudo de todo lo demás, pero jamás confesarán que están recomendando cosas perjudiciales o que están disuadiendo de algo que es provecho-so e incluso, por ejemplo, muchas veces no toman para nada en cuenta que es injusto esclavizar a los pueblos vecinos, aun cuando no hayan cometido ninguna injusticia. Igualmente, en fin, los que elogian y los que censuran no ven si se ha realizado algo conveniente o perjudicial, sino que con frecuencia llenan de alabanzas al que, incluso desafiando su propia utilidad, ha hecho algo bello, del mismo modo como elogian a Aquiles porque socorrió a su amigo Patroclo, aun sabiendo que él mismo, que podía seguir con vida, iba a morir por ello; pues para él resultaba esta muerte más bella que conveniente la vida[49].

De lo dicho se sigue que, en relación a estas cuestiones, es necesario disponer ante todo de los correspondientes enunciados. Y que, en efecto, las pruebas concluyentes, las probabilidades y los signos son los enunciados propios de la retórica. Porque, en general, todo silogismo se construye a partir de enunciados y el entimema no es más que un silogismo que se compone de dichos enunciados.

Y puesto que no cabe hacer o que se haga en el futuro lo que es imposible, sino sólo lo que es posible, y como tampoco cabe que lo que no ha sucedido o lo que ya no podrá ser se haya realizado o vaya a realizarse, resulta necesario que tanto el que da consejos como el habla de una acción judicial y el que desarrolla un discurso epidíctico adopten enunciados concernientes a lo posible y a lo imposible, así sucedió o no sucedió y así tenga o no lugar. Y además todos sin excepción, los que elogian y censuran, los que aconsejan y disuaden, y los que acusan y defienden, no sólo tratan de mostrar cuanto se ha dicho, sino también que es grande o pequeño ya sea el bien o el mal, ya sea lo bello o lo vergonzoso, ya sea lo justo o lo injusto; y todo ello considerándolo en sí mismo o bien comparándolo con otras cosas, se hace entonces evidente que sería preciso disponer de enunciados acerca de lo grande y lo pequeño y de lo mayor y lo menor, tanto en general como en particular. Sea por ejemplo: qué bien es mayor o menor, o qué delito o qué acción justa. Y lo mismo

---

49   Palabras de Aquiles a su madre. Homero, *La Odisea.*

ocurre con todo lo demás. Con lo cual queda ya expuesto lo que se refiere a los enunciados que necesariamente han de adoptarse. Ahora debemos distinguir en particular lo que corresponde a cada uno de estos enunciados, es decir aquellos que pertenecen a la deliberación, a los discursos epidícticos y, en tercer lugar, a las acciones judiciales.

Capítulo IV
Concepto y temas de la deliberación

Ante todo, se ha de establecer sobre qué bienes o males delibera el que hace un discurso deliberativo, puesto que no cabe deliberar sobre cualquier cosa, sino sólo sobre lo que puede suceder o no, habida cuenta que no es posible ninguna deliberación sobre lo que necesariamente es o será o sobre lo que es imposible que exista o llegue a acontecer. Incluso no cabe deliberar acerca de todos los posibles. Porque, de entre los bienes que pueden suceder o no, hay algunos que acaecen o por naturaleza o por suerte, respecto de los cuales en nada aprovecha la deliberación.

Resulta evidente, en cambio, sobre qué cosas es posible deliberar, éstas son las que se relacionan propiamente con nosotros y cuyo principio de producción está en nuestras mano. Y, por eso, especulamos con cierta reserva hasta el instante en que descubrimos si tales cosas son posibles o imposibles de hacer por nosotros. Ahora bien, respecto de aquellas cosas que solemos someter a debate, ni es preciso en la ocasión presente enumerarlas con exactitud una por una, ni tampoco dividirlas en especies, ni, menos aún, delimitarlas entre sí, en cuanto fuere posible, conforme a la verdad, puesto que todo esto no es propio del arte retórico, sino de otro arte de más discernimiento y veracidad y puesto que, por otro lado, actualmente se han introducido en la retórica muchas más materias de las que corresponden a sus reflexiones propias. Porque es cierto lo que ya antes hemos tenido ocasión de decir sobre que la retórica se compone, por un lado, de la ciencia analítica y, por otro lado de la ciencia política que se refiere a los caracteres; y sobre que es además análoga de una parte a la dialéctica y de otra parte a los razonamientos sofísticos.

Pero cuanto más se trate de equiparar a la dialéctica o a la propia retórica, no con facultades, sino con ciencias, tanto más se estará desfigurando inconscientemente su naturaleza, al pasar con ello a construir ciencias concernientes a determinadas materias establecidas y no sólo a discursos. No obstante y a propósito de todo esto, pasaremos a establecer ahora cuantas precisiones son apropiadas a nuestra tarea y aún dejan hueco a la consideración de la ciencia política.

Los principales temas sobre los que todo el mundo delibera y sobre los que hablan en público aquellos que dan consejos son más o menos cinco, a saber: los que se refieren a la adquisición de recursos, a la guerra y a la paz, y además a la defensa del territorio, de las importaciones y exportaciones, y a la legislación.

De este modo, el que piense dar consejos sobre la adquisición de recursos convendrá que conozca cuáles y cuántas son las ganancias de la ciudad, a fin de si alguna ha sido omitida, reponerla y si alguna es escasa, aumentarla; y lo mismo la totalidad de los gastos, para eliminar el que sea superfluo y reducir el que resulte excesivo. Porque no sólo se hacen más ricos los que acrecientan los bienes que ya poseen, sino también los que reducen los gastos. Y esto no cabe sólo verlo remitiéndose a la experiencia propia, sino que es necesario además hacer la historia de lo que, para la deliberación de este asunto, han discurrido los extranjeros.

En lo que respecta a la guerra y la paz, es preciso conocer la potencia de la ciudad: cuántas fuerzas posee actualmente y en cuánto puede acrecentarlas, así como de qué clase son las que tiene a su disposición y las que puede añadir, además de cómo fueron las guerras que sostuvo y el modo como guerreó.

Tampoco basta aquí el conocimiento de la propia ciudad, sino que se hace necesario el de los pueblos vecinos, tanto en lo que se refiere a contra qué ciudades es verosímil que haya guerra, a fin de mantener la paz con las más fuertes y en cambio procurar la guerra contra las más débiles, como también en lo que se refiere a si las potencias están equilibradas o son desiguales, pues en ello estriba para la ciudad el ser superior o inferior. Por lo demás, también para esto es necesario no sólo haber estudiado las guerras propias sino igualmente ver cómo se resolvieron las de los otros, pues acontece que de causas análogas se producen resultados semejantes.

En cuanto a la defensa del territorio, no puede desconocerse cómo está custodiado, sino que, al contrario, se ha de saber la cantidad y la forma de la defensa existente, así como los lugares en que están las fortalezas lo que por cierto es imposible para el que no tiene experiencia del territorio, a fin de que, si la defensa es pequeña, sea reforzada, si resulta superflua, se la retire y se protejan, en todo caso, los lugares más adecuados.

Por lo que toca a las provisiones, se debe conocer cuántos y cuáles gastos son suficientes para la ciudad, qué es lo que ella produce por sí misma y lo que importa y qué artículos de exportación e importación precisan otros pueblos, a fin de suscribir con ellos acuerdos y pactos. En este sentido, es menester vigilar con cuidado que estén libres de queja los ciudadanos correspondientes a dos clases de pueblos: los más fuertes y los que son útiles para el comercio.

En orden, pues, a la seguridad, es necesario poder establecer teóricamente todas estas cosas; pero no es menos necesario tener conocimiento de la legislación, ya que en las leyes estriba la salvaguardia de la ciudad.

Por lo tanto, se hace imprescindible saber cuántas son las formas de gobierno y qué conviene a cada una de ellas y bajo qué condiciones, sean propias de la forma misma de gobierno, sean contrarias a ellas, resulta natural que se corrompan. Y digo condiciones propias, porque exceptuando la forma mejor de gobierno, todas las demás si se relajan o si se ponen demasiado en tensión, terminan por corromperse, como, por ejemplo, ocurre con la democracia, que no sólo si se relaja, llega a hacerse tan débil que al fin se transforma en oligarquía, sino igualmente si se la presiona excesivamente: es lo mismo que la forma aguileña o achatada de la nariz, que no sólo si se la atempera llega a un justo medio, sino que al revés también, si se la encorva o se la achata excesivamente termina en tal estado que ya ni parece ser una nariz. Con todo, en lo que atañe a la legislación, no es solo útil considerar cuál es la forma de gobierno que más conviene, estableciendo esto teóricamente a partir de las del pasado, sino que también es útil conocer las de los demás pueblos y cuáles de aquellas formas de gobierno se ajustan a la naturaleza de éstos. De manera que se hace evidente lo útiles que, en orden a la legislación, resultan los viajes por el mundo puesto que en ellos se pueden aprender las leyes de los pueblos así como lo resultan en orden a las deliberaciones políticas, los escritos históricos de aquellos que escriben sobre las acciones de los hombres. Pero todo esto es ya tarea de la política y no de la retórica.

Estas son, pues, las materias principales a propósito de las cuales debe obtener sus enunciados el que pretenda deliberar. Digamos ahora a partir de qué elementos nos es posible aconsejar o disuadir, sea sobre estas materias o sobre cualesquiera otras.

Capítulo V
La felicidad como
finalidad de la deliberación

Existe un objetivo, más o menos el mismo para cada hombre en particular y para todos en común, mirando al cual se elige y se desecha. Y tal objetivo es, para decirlo en resumen, la felicidad. Por consiguiente, valiéndonos de un ejemplo consideremos qué es en absoluto felicidad y de qué constan sus partes, dado que es sobre ella misma y sobre lo que a ella tiende o le es contradictorio sobre lo que versan todos los consejos y disuasiones. Porque en efecto, aquellas cosas que procuran sea la felicidad, sea alguna de sus partes o también aquéllas que la acrecientan en lugar de disminuirla, esas cosas son las que conviene hacer y, en cambio, evitar las que la destruyen o la dificultan o proporcionan lo que es opuesto a ella[50].

Así, pues, entendamos por felicidad o el éxito acompañado de virtud, o la independencia económica, o la vida placentera unida a la seguridad, o la pujanza de bienes materiales y de

---

50   Sobre la Felicidad, *Ética Nicomáquea*, libro I y *Política*, libro VII.

cuerpo juntamente con la facultad de conservarlos y usar de ellos. Pues todos los hombres están sobre poco más o menos de acuerdo en que en una de estas cosas, o en la mayoría, reside la felicidad.

Ahora bien, si esto es la felicidad, hay que convenir entonces que sus partes son la nobleza, *los muchos y fieles amigos, la riqueza, la bondad y abundancia de hijos y la buena vejez;* además, las excelencias propias del cuerpo como son l*a salud, la belleza, la fuerza, el porte y la capacidad para la competición*; y asimismo *la fama, el honor, la buena suerte y la virtud o también sus partes: la sensatez, la valentía, la justicia y la moderación*. Porque, desde luego, sería mejor quien poseyera los bienes que están en uno mismo y los que vienen del exterior, pues otros no hay fuera de éstos. Los bienes que están en uno mismo son los que se refieren al alma y al cuerpo, y los que vienen de fuera: la nobleza, los amigos, el dinero y el honor; pero además pensamos que para alcanzar estos bienes es adecuado disponer de poder y de suerte, pues así la vida resulta más segura. Hagamos pues, ahora algunas consideraciones sobre estos bienes por igual y sobre qué es cada uno de ellos.

Un pueblo o una ciudad tienen *nobleza* cuando sus habitantes son de origen autóctono o antiguo y cuando sus primeros caudillos han sido ilustres y han engendrado muchos descendientes asimismo ilustres en aquello que es digno de emulación. Por su parte, un particular tiene *nobleza*, ya sea por línea masculina o femenina, cuando es de origen legítimo por ambas líneas y cuando, tal como acontece con la ciudad, sus primeros ancestros han sido famosos sea por su virtud o por sus riquezas o por cualesquiera otras razones honorables e igualmente han sido ilustres muchos miembros de su linaje, hombres, mujeres, niños y ancianos.

La *bondad* y *abundancia de hijos* no es tema que ofrezca dudas. Una comunidad posee una buena prole si dispone de una juventud numerosa y buena, buena en lo que se refiere a las excelencias del cuerpo como son el porte, la belleza, la fuerza y la capacidad para la competición. En lo que toca al alma, las virtudes del joven son la moderación y el *valor*. Por su parte, para un particular la *bondad* y *abundancia de hijos* consiste en tener muchos hijos propios y las cualidades señaladas son tanto mujeres, como varones. La virtud de las mujeres reside, por lo que se refiere al cuerpo, en la belleza y el porte, y por lo que se refiere al alma, en la moderación y en que sean hacendosas sin mezquindad.

Y por lo demás, tanto los particulares como la comunidad y lo mismo entre los hombres que entre las mujeres, conviene que todos y cada uno procuren por igual hacerse con estas cualidades. Porque en aquellos pueblos en que hay inmoralidad en las mujeres, como acontece entre los lacedemonios, cabe decir que no son más que a medias felices.

Las partes de la *riqueza* son la abundancia de dinero y tierra, la posesión de haciendas territoriales que sobresalgan por su cantidad, extensión y belleza; además, la posesión de bienes muebles, esclavos y ganado, asimismo sobresalientes por su cantidad y belleza; y también el que todas estas cosas sean propias, seguras, dignas de un hombre libre y útiles.

Los bienes útiles son principalmente los productivos y, los dignos de un hombre libre, aquellos que sirven para su disfrute pues llamo a los bienes de los que se extraen ganancias y, a aquellos de los que nada se obtiene digno de mención fuera de su propio uso.

La definición de *seguridad* se cifra en poseer algo en tal punto y hora y de tal manera que pueda hacerse uso de ello a discreción y la de *propiedad*, en que esté en nuestra mano enajenarlo o no. Por su parte, llamo enajenación a la donación y a la venta. Pero, en términos generales, ser rico consiste más en usar los bienes que en poseerlos, pues lo propio de los bienes es que se pongan en acto y su uso es la riqueza.

La *buena fama* estriba en ser considerado por todos como virtuoso o bien en poseer algo de tal naturaleza que aspiren a ello o todos o la mayor parte o los buenos o los sensatos.

El *honor* es el signo de tener la buena fama de ser capaz de obrar el bien pues con toda justicia reciben honores principalmente los que obran el bien, pero no sólo ellos, sino que también reciben honores los que tienen la facultad de hacerlo. El obrar bien se dice de salvar la vida, o a cuanto es causa de la existencia, o a la riqueza, o a cualquiera de los otros bienes cuya posesión no es fácil, sea en general, sea en un lugar o en un tiempo determinados; porque muchos ganan honores, en efecto, por cosas que parecen pequeñas, pero cuya causa está en los lugares o en la oportunidad. Las partes del honor son: los sacrificios, las conmemoraciones en verso y prosa, los privilegios, los recintos consagrados, los sitios de preferencia, las tumbas, las estatuas, la concesión de alimentos a cargo del Estado, prácticas bárbaras al modo de la reverencia o la adoración y cuantos dones son estimados en los diferentes pueblos. Porque toda merced significa la donación de un bien material y el signo de un honor; y por eso los desean, tanto los que ambicionan riqueza, como los que persiguen honores, pues ambos obtienen con ellos lo que buscan, dado que los bienes materiales es aquello que apetecen los que ambicionan riquezas y el honor, los que persiguen honores.

La excelencia del cuerpo reside en la *salud*, y ésta debe ser de tal naturaleza que sea posible servirse del cuerpo sin enfermedades. Porque muchos están sanos al modo de Heródico[51]; y

---

51   Platón presenta a Heródico en *La República*: "Heródico, que era entrenador y que cayó enfermo, mediante la combinación de gimnasia y medicina se torturó en primer lugar y de forma muy especial a sí mismo y luego a otros muchos... dándose una muerte lenta. Pues continuamente atento a su enfermedad, que era mortal, e incapaz de curarla, consagró su vida a su cuidado, sin atender a otra cosa, atormentándose si se apartaba lo más mínimo de la dieta habitual, y por su sabiduría llegó a la vejez en una penosa muerte en vida".

a éstos ciertamente nadie los consideraría felices por su salud, a causa de que deben abstenerse de todos o de la mayor parte de los placeres humanos.

En cuanto a la *belleza*, es diferente en cada una de las edades. La belleza del joven consiste en tener un cuerpo útil para los ejercicios fatigosos, así los de carrera como los de fuerza y que además resulte placentero de ver para disfrute. Por tal motivo, los jóvenes más bellos son los que actúan en el pentatlón, ya que por naturaleza están igualmente dotados para los ejercicios de fuerza y de velocidad.

Por su parte, la *belleza* del hombre maduro se encuentra en la capacidad para los trabajos de la guerra, así como en que parezca ser al mismo tiempo agradable y temible. Finalmente, la belleza del anciano reside en la suficiencia para resistir las fatigas necesarias y en estar libre de dolores por no sufrir ninguno de los inconvenientes que afligen a la vejez.

La *fuerza* es la facultad de mover otro cuerpo según se quiera; y, como necesariamente se mueve otro cuerpo o arrastrándolo o empujándolo o elevándolo o apretándolo u oprimiéndole, resulta así que el que es fuerte, lo es porque es capaz de hacer todas estas cosas o algunas de ellas. La excelencia en el porte consiste en sobresalir en estatura, volumen y anchura sobre los demás, pero ello en tal medida que los movimientos no se hagan pesados a causa de algún exceso. En cuanto a la excelencia del cuerpo para la competición está formada por el porte, la fuerza y la velocidad.

Pues, en efecto: el que tiene la facultad de impulsar sus piernas de una determinada manera y moverlas rápidamente y a grandes zancadas, ése es buen corredor; el que está capacitado para oprimir y sujetar es buen luchador, y el que lo está para empujar a base de golpes buen pugilista; el que posee estas dos facultades sirve como pancraciasta; y el que las posee todas como pentatlista.

La buena vejez es la vejez lenta y sin dolor. Porque no es buena vejez la del que envejece rápidamente ni tampoco la del que envejece con lentitud pero con sufrimiento. Ahora bien, ella misma procede de las excelencias del cuerpo y de la fortuna.

Pues el que no está sano o no es fuerte, no estará libre de padecimientos ni de dolores, así como tampoco cabe llegar a la longevidad sin ayuda de la fortuna. Existe, desde luego, aparte de la fuerza y de la salud, otra facultad para una larga vida, puesto que muchos sin las excelencias del cuerpo, llegan a ser longevos. Pero una discriminación rigurosa de este tema en nada sería útil para lo que ahora nos ocupa.

Los *muchos* y *fieles amigos* es un concepto claro, toda vez que "amigo" se define como aquél que pone en práctica por causa de otro lo que juzga que es bueno para ese otro. Quien dispone de muchos conocidos de esta clase tiene muchos amigos y, si además son hombres honrados, entonces se les llama amigos fieles.

La *buena suerte* reside en que se produzcan y alcancen, respecto de aquellos bienes cuya causa es la fortuna o todos o la mayoría o los más grandes. La fortuna es causa de algunos bienes de los que también son causas las artes y de otros muchos en los que no caben las artes, como son aquellos que proceden de la naturaleza aunque también es posible que sean contrarios a la naturaleza. Así, por ejemplo, de recobrar la salud es causa un arte, mientras que de la belleza o del porte lo es la naturaleza. En términos generales, los bienes procedentes de la fortuna son aquellos de los que se tiene envidia. Y también es causa la fortuna de aquellos bienes que se producen sin razón, como es el caso de que los demás hermanos sean feos y uno bello; o de que los otros no vieran el tesoro que uno de ellos encontró; o de que la flecha hiriese al que estaba al lado de uno, pero no a éste; o de que faltase únicamente el que siempre acudía y, en cambio, perecieran los que sólo vinieron una vez: en todos estos casos, en efecto, parece intervenir la buena suerte.

En fin, por lo que atañe a la virtud, y puesto que ella es el lugar común más apropiado para entender los elogios, propondremos su definición cuando nos ocupamos del elogio

Capítulo VI
Sobre lo bueno y lo conveniente

Así pues, ha quedado ya claro a qué objetivos, futuros o presentes, debe tender el que aconseja y a cuáles el que disuade, pues estos últimos son los contrarios de aquellos.

Ahora bien, como el objetivo del que delibera es lo conveniente puesto que se delibera, no sobre la finalidad, sino sobre los medios que conducen a la finalidad y tales medios son lo que es conveniente respecto de las acciones y lo conveniente es, además, bueno. Resulta así preciso determinar los elementos en absoluto acerca de lo bueno y lo conveniente.

Entendamos por bueno lo que es en sí y por sí digno de ser escogido y con vistas a lo cual elegimos otra cosa; aquello a lo que tienden todos los seres, tanto los que están dotados de sensibilidad y razón como cualquier otro, si alcanzasen a poseer razón; todo lo que la razón asignaría a cada uno y todo lo que la razón asigna a cada uno en relación con cada cosa, pues tal es lo bueno para cada uno; aquello que de estar presente otorga bienestar y autosuficiencia y también la autosuficiencia misma; y, en fin, lo que produce y conserva estos bienes, aquello de lo que tales bienes se siguen como una consecuencia suya y lo que impide sus contrarios y los destruye. La consecuencia tiene lugar de dos maneras pues puede ser o simultánea o posterior, como por ejemplo el saber por ciencia es posterior al aprender y el tener salud simultáneo a vivir; y las causas productoras, de tres maneras unas obran, en efecto, al modo como tener salud; otras, como el alimento es también causa de salud; y otras, como lo es igualmente el hacer gimnasia, pues en la mayoría de los casos la produce.

Establecido esto, resulta necesario que sean buenas tanto la adquisición de bienes como la pérdida de males, ya que de esto último se sigue simultáneamente el no tener mal, así como de lo primero se sigue el tener bien después. E, igualmente, que es buena la adquisición de un bien mayor en vez de uno menor y la de un mal menor en vez de uno mayor, dado que en aquello en que lo mayor excede a lo menor, en eso mismo radica la adquisición del primero y la pérdida del segundo. También resulta necesario que las virtudes sean un bien, ya que, gracias a ellas, los que las poseen disfrutan de bienestar y ellas mismas son productoras de bienes y los ponen en práctica (por lo demás, tendremos que decir aparte cuál es la naturaleza y la cualidad de cada una). Y asimismo, en fin, que el placer sea un bien, puesto que todos los seres vivos tienden por naturaleza a él.

De modo que las cosas placenteras y las bellas son forzosamente buenas, las primeras porque causan placer y, en lo que se refiere a las bellas, porque unas son placenteras y otras elegibles por sí mismas.

Para enumerarlas, pues, de una en una, son necesariamente buenas las siguientes cosas. La felicidad, por cuanto es por sí misma elegible y autosuficiente y porque por su causa elegimos muchas cosas.

La justicia, el valor, la moderación, la magnanimidad, la magnificiencia y otras cualidades semejantes, pues son virtudes del alma. La salud, la belleza y demás semejantes, ya que son excelencias del cuerpo y causas productoras de muchos otros bienes; como, por ejemplo, la salud, que lo es del placer y de la vida, por lo cual pasa también por ser lo más digno de ser elegido, dado que es la causa de los dos bienes que más estima la mayor parte de los hombres: el placer y la vida. La riqueza, porque es la excelencia de la posesión y la causa productora de muchos bienes. El amigo y la amistad, por cuanto también el amigo es digno por sí mismo de ser elegido y productor de muchos bienes. El honor y la fama, puesto que son placenteros y asimismo causas productoras de muchos bienes aparte de que generalmente se sigue de ellos el entrar en posesión de aquellas cosas por las que se reciben honores. La habilidad para hablar y actuar, pues todo ello es causa productora de bienes. Además, la buena disposición natural, la memoria, la facilidad para aprender, la viveza de espíritu y todas las demás cualidades semejantes, ya que estas facultades son causas productoras de bienes. Igualmente, todas las ciencias y las artes.

Y la propia vida aunque ningún bien se siguiera de ella, es elegible por sí misma. Así como la justicia, puesto que es conveniente para la comunidad.

Tales son, pues, poco más o menos, los que unánimemente se reconocen como bienes. En cambio, en los que son discutibles, los silogismos han de obtenerse de las siguientes premisas: Aquello cuyo contrario es malo, es bueno. E, igualmente, aquello cuyo contrario conviene a los enemigos, por ejemplo si el que uno sea cobarde conviene principalmente a los enemigos, entonces es claro que la valentía es un bien provechoso en grado sumo a los ciudadanos. Y así, en general, aparece como provechoso lo que es contrario a lo que los enemigos desean o por lo que se alegran, razón por la cual suele decirse:

En verdad que se alegraría Príamo[52].

---

[52]   Aristóteles cita el pasaje de *La Ilíada*: "Sin duda se alegrarían Príamo y los hijos de Príamo, y los demás troyanos muchos se regocijarían en su ánimo si se enteraran de todo esto por lo que disputáis los dos que destacan sobre los dánaos en el consejo y en la lucha". Pasaje muy conocido en la Antigüedad por lo cual se lo citaba de forma abreviada.

Claro que esto no es así siempre, sino la mayor parte de las veces, pues nada impide que, en ocasiones una misma cosa sea de provecho a los que son contrarios. Por eso se dice que los males unen a los hombres, cuando algo es igualmente perjudicial a uno y otro. También aquello que no constituye un exceso es bueno, y aquello que es mayor de lo que resulta preciso es malo. Y lo mismo aquello por cuya causa se han cometido muchos trabajos o gastos; pues, aunque solo se trate de un bien aparente, la cosa en cuestión se toma como una finalidad, incluso como la finalidad de muchos esfuerzos, y, por su parte, la finalidad constituye un bien. De donde se ha dicho aquello de:

Para que Príamo tenga de qué gloriarse
Y también aquello de:
Sería vergonzoso haber estado tanto tiempo[53]
Y, en fin, el mismo proverbio de *se rompió el cántaro en la puerta*.

También es bueno aquello que la mayoría de los hombres desean y por lo que les parece digno competir. Porque lo que todos desean es, sin duda, bueno y el "la mayoría de los hombres" representa aquí a "todos". Asimismo es bueno lo que es objeto de elogio, ya que nadie alaba lo que no es bueno. Y también lo que alaban hasta los enemigos y los malvados, pues el hecho de que todos estén de acuerdo en algo e incluso lo estén los que han padecido un mal por ello; es porque lo reconocen por razón de la evidencia. Como también se ha de reconocer que son malos aquellos a quienes censuran los amigos y no, en cambio, los enemigos. Motivo por el cual lo corintios se sintieron injuriados por Simónides[54] cuando éste escribió:

---

53   Odiseo trata de convencer a los aqueos de que continúen el asedio a Troya. "Con todo, es una vergüenza permanecer aquí y volver con las manos vacías". *La Ilíada.*

54   No se conserva de este poema más que el verso citado.

Ilión no censura a los corintios.

Es bueno también lo que ha preferido alguno de los sensatos o buenos hombres o mujeres, por ejemplo, Atenea a Odiseo, Teseo a Helena, las diosas a Alejandro y Homero a Aquiles y, en general, lo que es digno de preferencia. Por su parte, lo preferible es hacer las cosas que aquí se han dicho: el mal a los enemigos, el bien a los amigos y también las cosas que son posibles. Ahora bien, estas cosas posibles son de dos clases: las que pueden ocurrir y las que ocurren fácilmente. Y son fáciles aquellas que se hacen sin pesar o en poco tiempo, ya que lo difícil se define o por el pesar o por la larga duración. Igualmente es digno de preferencia lo que se hace como se quiere; y se quiere o lo que no es malo en absoluto o lo que es un mal menor que el bien resultante y esto acontece si el castigo pasa desapercibido o es pequeño. Preferible es también lo propio y lo que nadie tiene y lo que es extraordinario, pues así es más grande el honor.

Y también lo que es conforme con uno mismo; o sea, lo que conviene a cada uno por su linaje o por sus facultades y lo que se echa de menos por pequeño que sea, puesto que el poder tenerlo es no menos objeto de preferencia.

Asimismo es preferible lo que es sencillo de ejecutar, pues ello es posible en cuanto que es fácil; por su parte, son sencillas de ejecutar aquellas cosas que o bien todos o la mayor parte o los iguales o los inferiores han realizado con éxito. Igualmente, lo que agradará a los amigos y resultará odioso a los enemigos. Y cuantas acciones son objeto de preferencia de aquellas personas a quienes se admira. Además, aquello para lo que se tiene buena disposición natural y experiencia, pues cabe pensar que se realice más fácilmente con éxito.

Y también todo lo que no sería objeto de preferencia de ningún hombre malo, pues ello será, sin duda, lo más digno de elogio. Y todo lo que se desea, dado que es lo que aparece, no sólo como placentero, sino también como lo mejor. Pero sobre todo, es preferible para cada uno aquello que coincide con su propio gusto. Como por ejemplo para el que está afanoso de victorias el hecho de alcanzar una, o para el que desea honores obtener una distinción, o para el que quiere riqueza hacerse de dinero; y de igual modo todo lo demás. En lo que se refiere a lo bueno y lo conveniente, hay que derivar, pues, de estas premisas las pruebas por persuasión.

Capítulo VII
Grados de los bueno y de lo conveniente

Como con frecuencia, aun estando de acuerdo en que dos cosas son convenientes, se disputa sobre cuál de ellas lo es más, corresponde tratar a continuación sobre el bien mayor y sobre lo más conveniente. Entendemos por "lo que excede", aquello que es otro tanto y algo más; y por "excedido" aquello que queda contenido dentro de lo primero. "Mayor" y "más" son siempre relativos a "menos", mientras que "grande", "pequeño", "mucho" y "poco" lo son a la magnitud media de las cosas: es grande aquello que la excede, pequeño lo que no llega y lo mismo ha de decirse de lo mucho y lo poco. Y puesto que decimos que lo bueno es lo que es digno de ser elegido en si, por sí y no por otro, e igualmente aquello a que tienden todos los seres, lo que elegirían cuantos dispusiesen de razón y sensatez y lo que es apropiado para producirlo o conservarlo o de lo cual se sigue; como también aquello por cuya causa se hace algo es el fin y el fin es la causa de todo lo demás; y como, por otra parte, para cada uno es bueno lo que se le representa como tal en relación consigo mismo, resulta así necesario que el "más" constituya un bien mayor que el "uno" y los "menos", siempre que este "uno" o estos "menos" queden comprendidos en el "más", ya que excede, y aquello que contiene es lo excedido. Y si el máximo de un género excede al máximo de otro, entonces los mismos individuos del primero exceden a los individuos del segundo; y, a la inversa, si los mismos individuos de un género exceden a los individuos de otro género, entonces el máximo del primero excede también al máximo del segundo.

Por ejemplo: si el hombre más grande es mayor que la mujer más grande, entonces también los hombres son en general más grandes que las mujeres; y si los hombres son en general más grandes que las mujeres, entonces también el hombre más grande es mayor que la mujer más grande. Pues la superioridad de los géneros y la de sus individuos máximos guardan analogía entre sí.

También se da cuando una cosa se sigue de otra, pero no ésta de aquella, puesto que el uso del consecuente está contenido en el otro término. Por su parte, la consecuencia puede ser o simultánea o posterior o en potencia. Al tener salud sigue simultáneamente el vivir, pero no esto a aquello; al aprender sigue con posterioridad el saber por ciencia; y al cometer un despojo sacrílego sigue potencialmente el robar, ya que, en efecto, el que comete tal despojo puede que lo haga por robar.

Lo que excede a lo que es mayor que algo es también mayor que ello, dado que necesariamente se excede a lo que es más pequeño. También es mayor lo que produce un bien mayor, pues esto es causa productora de lo mayor. E igualmente sucede con aquello cuya causa productora es mayor. Porque si la salud es más digna de preferencia que el placer y es además un bien mayor, entonces la salud es mayor que el placer. Asimismo, lo que es preferible por sí es mayor que lo que no lo es por sí; por ejemplo, la fuerza es de mayor preferencia que la salud, pues esta última no es por sí, cosa que es, en cambio, la primera, en lo cual según vimos residía el bien. También lo que constituye un fin es mayor que lo que no, dado que esto es preferible por causa de otra cosa, mientras que aquello lo es por causa de sí mismo: se hace gimnasia, por ejemplo, a fin de tener bien dispuesto el cuerpo. E igualmente lo que necesita menos de otro u otras cosas, pues es más autosuficiente; además de que implica menos necesidades aquello que requiere de menos cosas y más fáciles.

Y de igual forma, cuando una cosa no es o no existe o no cabe que llegue a ser sin algo determinado, mientras que otra cosa sí, ya que es más autosuficiente lo que no necesita de otro, de modo que aparece como un mayor bien.

Por la misma razón, es mayor lo que es principio que lo que no es principio y lo que es causa que lo que no es causa; porque sin causa ni principio es imposible existir o llegar a ser. Y de dos principios, es mayor lo que procede de un principio mayor; igual que de dos causas, es mayor lo que se origina de una causa mayor. Y a la inversa, de dos principios, el principio de lo mayor es también mayor, así como, de dos causas, la causa de lo mayor es también mayor. De lo dicho resulta, pues, evidente que una cosa puede aparecer mayor de dos maneras. Si una cosa es principio y otra no, parecerá, en efecto, que la primera es mayor; y lo mismo si una cosa no es principio y la otra sí, pero el fin es mayor y no el principio. Así, por ejemplo, Leodamante[55] dijo acusando a Calístrato que el que aconseja comete más injusticia que el que realiza la acción, ya que ésta no se habría ejecutado si no fuera por quien la aconsejó. Pero a su vez, acusando a Cabrias, dijo que el ejecutor era más culpable que el inductor, dado que el crimen no habría llegado a producirse si no hubiera habido quien lo realizara, puesto que se aconseja precisamente con ese fin, para que se ejecuten actos

Lo más raro es también mayor que lo abundante, como lo es, por ejemplo, el oro que el hierro aun siendo más inútil pues

---

55   Leodamante, discípulo de Isócrates. (Baiter – Sauppe. XXVI, vol. II, p244)

su posesión constituye un mayor bien, por ser de más dificultad. De otro modo, sin embargo, lo abundante es mayor que lo raro, a saber, cuando su uso es superior; porque "muchas veces" excede a "pocas veces", de donde se ha dicho aquello de *"lo mejor es el agua..."*[56].

Asimismo, hablando en general, lo más difícil es mayor que lo más fácil, pues es más raro. Mientras que, bajo otro aspecto, lo más fácil es mayor que lo más difícil, porque es conforme a lo que queremos.

Lo mismo debe decirse de aquello cuyo contrario es mayor o cuya privación es también mayor. Igualmente es mayor la virtud que la falta de virtud y el vicio que la carencia de vicio, pues los unos son fines y los otros no. Y las virtudes y vicios de los que se siguen obras más bellas o más vergonzosas son también mayores; como mayores son las obras de las que se siguen mayores vicios y virtudes, puesto que, tal como son las causas y los principios, así son los efectos, y tal como son los efectos, así son también las causas y los principios.

Asimismo, son mayores aquellas cosas cuya superioridad es preferible o más bella; por ejemplo: ver con exactitud es preferible a oler, puesto que la vista es objeto de mayor preferencia que el olfato, y un mayor amor a los amigos es más bello que un mayor afán de riqueza de modo que el amor a los amigos es preferible al afán de riqueza. Inversamente, el exceso de las cosas mejores es mejor y el de las cosas más bellas, más bello. Y lo mismo aquello cuyo deseo es más bello o mejor, pues los mayores apetitos se dirigen a los objetos mayores; así como también los deseos que se refieren a las cosas más bellas o mejores son, por la misma razón, los mejores y más bellos. Igualmente los objetos de que tratan las ciencias más bellas y virtuosas constituyen también las materias de conocimiento más bellas y virtuosas,

---

56   Palabra iniciales de la *Olímpica I* de Píndaro.

pues así como es la ciencia, así es la verdad. Cada ciencia, en efecto, domina sobre lo que le es propio; y, por tal razón, las ciencias que se ocupan de los objetos más bellos y nobles guardan con ellos analogía.

Por su parte, lo que juzgarían o han juzgado como un bien mayor quienes son sensatos sean todos, o muchos, o la gran mayoría, o los de más autoridad, eso necesariamente ha de ser así, bien sea en absoluto, o bien de conformidad con la sensatez con que hayan emitido su juicio. Y esto es, desde luego, común a todo lo demás, puesto que el "qué", el "cuánto" y el "cuál" son de acuerdo a como pueden afirmarlos la ciencia y la sensatez; pero nosotros lo hemos afirmado respecto del bien, ya que definimos el bien como lo que elegiría todo aquel que fuese sensato.

Es, por lo tanto, evidente que también es mayor lo que la sensatez aconseja más. E igualmente lo que es propio de los mejores, bien sea en absoluto o bien en cuanto que mejores, como ocurre, por ejemplo, con la valentía respecto de la fuerza. Y también lo que eligen los mejores, sea de nuevo en absoluto o en cuanto que mejores. Por ejemplo: sufrir injusticia es más que cometerla, puesto que ello es lo que escogería el más justo. Así como también es mayor lo placentero que lo que no lo es, dado que todos los seres persiguen el placer y apetecen el goce por sí mismo y éstos son los criterios con los que hemos definido el bien y la finalidad. Por su parte, es más placentero el goce que molesta menos y dura más.

Y también lo más bello que lo menos bello, pues, a decir verdad, lo bello es igual a lo placentero o de lo que es preferible por sí mismo. Constituyen igualmente bienes mayores aquellas cosas de las que más querrían los hombres ser causa, bien para sí mismos o para sus amigos; y, en cambio, mayores males aquellas de las que menos querrían ser causa.

Las cosas que duran más son mejores que las que duran menos y las que son más seguras que las que lo son menos. El uso de las primeras excede, en efecto, en tiempo; y el de las segundas en deseo, pues es cuando deseamos tales cosas cuando más pertinente es el uso de lo que tenemos seguro.

También de las *correlaciones de términos* y de *flexiones gramaticales semejantes* se siguen otros resultados. Por ejemplo: si el término "con valentía" resulta más bello y más objeto de preferencia que "con moderación", entonces es que el valor es preferible a la moderación y el ser valiente al ser moderado.

Asimismo, lo que todos eligen es mejor que lo que no es elegido por todos. Igual que lo que elige la mayoría frente a lo que elige la minoría, pues como dijimos que lo bueno era aquello a lo que aspiran todos, de suerte que será mayor lo que desean los más. Así como también lo que eligen los litigantes, o los enemigos, o los que juzgan sobre una cuestión, o aquellos a quienes éstos juzgan, porque, en un caso, cabe decir que hay una afirmación unánime y, en el otro, que lo afirman quienes tienen la autoridad de hacerlo y son competentes en la materia.

Algunas veces es mayor aquello en lo que todos participan, ya que constituiría una deshonra no participar en ello. Pero otras veces lo es, en cambio, aquello de lo que no participa nadie o muy poca gente, pues es más raro. También lo que es más digno de elogio, porque es más bello. Y de la misma manera, lo que da mayores honores, puesto que el honor equivale al reconocimiento del mérito. Es asimismo mayor lo que se castiga con mayores penas.

Y también lo que es mayor que lo que parece o se reconoce como grande. Por otra parte, las cosas se muestran mayores cuando se las descompone en partes, dado que entonces parecen ser superiores. Y de ahí lo que dice el poeta sobre que Meleagro fue persuadido a acudir al combate:

"cuántos males sobrevienen a los hombres cuya ciudad es tomada: las gentes mueren, el fuego asola la ciudad, y otros se llevan a los niños...".

El mismo resultado produce la operación de componer y acumular, como hace Epicarmo, y por la misma razón que el análisis porque la síntesis manifiesta mucho la superioridad y además da la impresión de ser principio y causa de grandes acumulaciones. Y puesto que lo más difícil y lo más raro es mayor, también las ocasiones, las edades, los lugares, los tiempos y las facultades harán grandes las cosas. Pues, en efecto: depende de que la acción sobrepase las facultades, la edad, lo que es propio de hombres semejantes, y de que sea de tal naturaleza o acontezca en tal lugar o en tal tiempo, para que tenga la magnitud de los hechos bellos, buenos y justos o de sus contrarios.

De donde viene el epigrama que se dedica al vencedor de los juegos olímpicos[57]:

"Antes, soportando sobre mis hombros un duro yugo, llevaba pescado de Argos a Tegea".

Ifícrates se ensalzaba a sí mismo diciendo a partir de qué orígenes había llegado tan alto. Igualmente lo que procede de uno mismo es mayor que lo que se adquiere, pues es más difícil. De donde también dice el poeta: *"Yo soy mi propio maestro"*[58].

Y la parte más grande de lo grande, como cuando Pericles dijo, en la oración fúnebre, que sacar de la ciudad a la juventud era como si se arrebatase del año la primavera. También lo que es más útil en las situaciones de mayor necesidad, como, por ejemplo, en la vejez y en las enfermedades. Y, de dos cosas, la que se acerca más a la finalidad. Como igualmente lo que espera uno mismo que lo que es en absoluto. Y lo que es posible que lo imposible, pues lo primero sirve para algunos y lo segundo no. Y también lo que atañe a la finalidad de la vida, ya que las cosas que más se refieren al fin son ellas mismas más fines.

Asimismo es mayor lo que es conforme a la verdad que lo que es conforme a la opinión. Lo que es conforme a la opinión

---

57   Simónides: "El humilde origen del vencedor, hace su triunfo más inesperado".

58   Es Femio quien pregona su carácter autodidacta. Expresión de Homero en *La Odisea*.

Aristóteles

se define como aquello que no se elegiría si hubiera de quedar oculto. Y por eso podría parecer que es preferible recibir un beneficio en vez de hacerlo. Lo primero se elegiría, en efecto, aunque quedase oculto; en cambio no parece que se escogería hacer un beneficio, si hubiera de quedar oculto.

También son mayores todas aquellas cosas que se quiere ser más bien que parecer, pues se acercan más a la verdad y por eso se dice que la justicia es un bien pequeño, ya que es preferible parecer justo a serlo, lo que ciertamente no ocurre con la salud.

Igualmente es mayor lo que es más útil a muchas cosas como por ejemplo lo que lo es para la existencia, la buena vida, el placer y las bellas acciones. Por tal razón, la riqueza y la salud, parecen ser los bienes más grandes, puesto que contienen todos estos otros. Y también lo que es menos molesto y está acompañado de placer; muchas cosas son, en efecto, más que una y así, resulta superior un bien que simultáneamente es placer y ausencia de pesar. Como asimismo, de dos cosas la que añadida a una tercera hace mayor al todo. Y lo que no cabe ocultar que existe frente a lo que pasa desapercibido, ya que lo primero está más cerca de la verdad; por eso ser rico parecerá siempre un bien mayor que aparentarlo. E igualmente lo que es muy apreciado, ya sea por ser único, ya sea que esté acompañado de otras cosas; razón por la cual no es el mismo castigo privar de un ojo a un tuerto que al que tiene dos, pues al primero se le priva de lo que apreciaba más[59].

Con esto pues, quedan sobre poco más o menos enumeradas las premisas de las que conviene obtener las pruebas por persuasión en lo que se refiere a aconsejar y disuadir.

---

59   Demóstenes.

–128–

Capítulo VIII
Las formas de gobierno

De todo lo que hace posible persuadir y aconsejar bien, lo mejor y más importante es conocer todas las formas de gobierno y distinguir sus caracteres sus usos legales y lo que es conveniente a cada una de ellas. Porque lo que persuade a todos sin excepción es la conveniencia y, por su parte, es conveniente aquello que salvaguarda la ciudad.

Ahora bien, además de esto, la soberanía es la explicitación de la autoridad y se distingue según las diversas formas de gobierno: cuantas son, en efecto, las formas de gobierno, tantas son también las formas de soberanía. Las formas de gobierno son cuatro: democracia, oligarquía, aristocracia y monarquía. Y, de este modo, la autoridad y su ejecución puede residir o en una parte o en la totalidad de los ciudadanos.

Democracia es la forma de gobierno en la que las magistraturas se reparten por sorteo. Oligarquía, aquella en la que se otorgan según el censo. Aristocracia, en la que se atribuyen de conformidad con la educación, y llamo educación a la que está establecida por la ley, pues los que permanecen en todo fieles a los usos legales son los que gobiernan en la aristocracia; y, como necesariamente aparecen éstos como los mejores, por eso recibe esta forma de gobierno dicho nombre.

Por último, monarquía, como también indica su nombre, es la forma de gobierno en la que uno solo es señor de todos. Y por lo demás de entre las monarquías, la que ejerce el poder con alguna reglamentación constituye un reino; y la que lo ejerce sin límites, una tiranía.

No conviene ignorar el fin de cada una de estas formas de gobierno, ya que se elige en relación con el fin. Ahora bien, el fin de la democracia es la libertad; el de la oligarquía, la riqueza; el de la aristocracia, la educación y las leyes; y el de la tiranía, la defensa de la ciudad.

Resulta evidente, por lo tanto, que es con relación al fin de cada una de estas formas de gobierno por lo que se deben distinguir sus hábitos y sus usos legales y lo que le conviene a cada una; pues se elige tomando esto por referencia.

Y puesto que las pruebas por persuasión proceden, no sólo del discurso epidíctico, sino también del talante personal, ya que otorgamos nuestra confianza según la impresión que nos causa el orador, es decir, según que parezca bueno o bien dispuesto o ambas cosas, será muy conveniente que dominemos el talante propio de cada una de las formas de gobierno, dado que dicho talante ha de ser forzosamente el elemento de mayor persuasión para los ciudadanos de cada una de ellas.

Y esto se conocerá por los mismos medios. Pues el talante se hace manifiesto por las intenciones; y las intenciones se refieren al fin.

Así, pues, a qué objetivos, futuros o actuales, han de tender los que aconsejan, a partir de qué enunciados deben elaborar sus pruebas por persuasión respecto de lo conveniente y, además, cómo y por qué medios podemos obtener conocimiento de los caracteres y usos legales de las distintas formas de gobierno, ha quedado aquí tratado en la medida que era oportuno a la ocasión presente; porque de todo ello se ha discutido con mayor exactitud en la *Política*[60] .

---

60   La *Política*, Libros III y IV.

Capítulo IX
La oratoria epidíctica

Después de lo dicho, hablemos de la virtud y el vicio y de lo bello y lo vergonzoso, pues estos son los objetivos que persigue el que elogia y el que censura. Y sucederá, que, al mismo tiempo que tratemos de estas materias, se harán evidentes también las razones por las que puede comprenderse cuál es nuestro talante; que era la segunda prueba por persuasión. A partir de tales razones, en efecto, nos será posible, a nosotros mismos y a cualquier otro, presentarnos como dignos de crédito en virtud

Y como muchas veces ocurre que, con o sin broma, elogiamos lo mismo a un hombre o a un dios que a un ser inanimado o a cualquier animal que se presente, de este mismo modo y a partir de estas mismas premisas será preciso que elaboremos nuestros enunciados. Hablemos, pues, en consecuencia, de todo esto, a título de ejemplo.

Es bello lo que siendo preferible por sí mismo, resulta digno de elogio; o lo que siendo bueno, resulta placentero en cuanto que es bueno. Y si esto es lo bello, entonces la virtud es necesariamente bella, puesto que, siendo un bien, es digna de elogio. Por su parte, la virtud es, por lo que parece, la facultad de producir y conservar los bienes y, también, la facultad de procurar muchos y grandes servicios de todas clases y en todos los casos.

Las partes de la virtud son *la justicia, la valentía, la moderación, la magnificencia, la magnanimidad, la liberalidad, la calma, la sensatez y la sabiduría*. Ahora bien, es forzoso que las virtudes más .grandes sean también las más útiles para los demás, dado que la virtud y a los valientes, pues, en efecto, la virtud de los unos es útil a los demás en la guerra y, la de los otros, tanto en la guerra como en la paz. A lo que sigue la liberalidad, ya que los que practican esta virtud son desprendidos y no rivalizan por el dinero, que es lo que más desean todos. Por su parte, la justicia es la virtud por la que cada uno tiene lo suyo y conforme a la ley mientras que, en la injusticia, se posee lo ajeno y no conforme a la ley. La valentía es la virtud por la que se ponen en práctica bellas acciones en los peligros, tal como lo manda la ley y como lo hacen los que están dispuestos a ponerse al servicio de la ley. La cobardía es lo contrario. La moderación es la virtud por la que se procede en los placeres del cuerpo según la ley manda; desenfreno es lo contrario. La liberalidad es la virtud de hacer beneficios sirviéndose del dinero; mezquindad, lo contrario. La magnanimidad es la virtud de otorgar grandes beneficios y la magnificiencia, la de comportarse a lo grande en toda suerte de dispendios; la pequeñez de espíritu y la cicatería son sus contrarios. La sensatez es la virtud propia de la inteligencia por la que se adquiere la facultad de deliberar adecuadamente acerca de los bienes y de los males, de los que ya se ha hablado en relación con la felicidad.

La virtud y el vicio considerados universalmente, así como sus partes, quedan, pues, tratados de un modo suficiente para la actual ocasión. En cuanto a lo que resta, no es difícil de comprender, puesto que es claro que forzosamente será bello lo que produce virtud ya que tiende a ella, así como lo que procede de la virtud; y, por otra parte, que tales cosas constituyen los signos y las obras de la virtud. Mas, como los signos y cuantas cosas se presentan como obras y afecciones de la virtud son bellas, resulta necesario que también lo sean todas las que son obras de la valentía o signos suyos o acciones realizadas valerosamente; asimismo, las cosas justas y las obras hechas con justicia aunque no sus afecciones, pues ésta es la única virtud en la que no siempre es bello lo que se hace con justicia, sino que es más vergonzoso ser castigado justa que injustamente y de igual manera, las demás virtudes. También son bellas todas las cosas cuyo premio es el honor y todas las que procuran más honor que dinero. E igualmente todas las que estando entre las que son dignas de preferirse, se hacen no por causa de uno mismo, las que son buenas en absoluto, las que se realizan por la patria con olvido de uno mismo, las que son buenas por naturaleza y las que son buenas, aunque no lo sean para uno mismo, pues estas últimas se llevan a cabo en provecho propio. Asimismo son bellas todas las que de suyo corresponden más a después de la muerte que al período de la vida, ya que las que se hacen mientras se está vivo, se hacen más por causa de uno. Y también cuantas obras se realizan en beneficio de los demás, pues en ellas se da menos el provecho propio, cuantas constituyen éxitos relacionados con otros y no con uno mismo, los éxitos que se consiguen para nuestros benefactores, pues esto es de justicia; los actos de beneficencia, porque no (se hacen) mismo para uno mismo y los actos que son contrarios a los que causan vergüenza, ya que lo que causa vergüenza, lo mismo en el decir que en el hacer y pensar, es lo vergonzoso. Y por eso, cuando Alceo dijo: "Quiero decir algo, pero me lo impide la vergüenza".

Safo dio respuesta:

"Si tuvieras el deseo de cosas buenas y bellas y no te revolviera tu lengua a decir algo malo, la vergüenza no te dominaría los ojos, sino que hablarías de lo que es justo"[61].

---

61   El diálogo entre Safo y Alceo es supuesto, igualmente son textos extraídos de la Antigüedad, aunque la respuesta de Safo es falsa, ya que no hay pruebas de que Safo y Alceo tuvieran una relación amorosa. Voigt, Safo, p 137.

También son bellas las cosas por las que se contiende sin temor, pues en lo que toca a los bienes relativos a la fama ese es el estado de ánimo que se experimenta. Asimismo son más bellas las virtudes y obras de quienes son por naturaleza más virtuosos, como por ejemplo, las del hombre que las de la mujer. E igualmente las que son más provechosas para los demás que cantó Safo: para nosotros mismos, razón por la cual son bellos lo justo y la justicia. Lo mismo se ha de decir de vengarse de los enemigos y no admitir con ellos componendas, porque lo justo es corresponder con el mismo pago y lo justo es bello, además de que es propio de la valentía no quedar por debajo. La victoria y la fama se cuentan también entre las cosas bellas, ya que, aun en los casos en que no producen ningún fruto, son dignas de elegirse y testimonian una superioridad de virtud. Como, asimismo, las cosas memorables y más cuanto más lo sean mejor, las que sobreviven a la muerte de uno, las que generan fama, las que son fuera de lo común y las que pertenecen a uno en exclusividad son más bellas por cuanto son más merecedoras de un buen recuerdo. Bellas son también las posesiones improductivas por ser más propias del hombre libre.

Y lo que es específico de cada país, así como lo que en cada pueblo constituye un signo de elogio; por ejemplo: entre los lacedemonios es bello llevar el pelo largo, porque es signo de ser hombre libre, dado que, en efecto, no es fácil hacer ningún trabajo servil si se tiene el pelo largo. Y lo mismo el no ocuparse en ningún arte manual, pues lo propio de un hombre libre es no vivir para otro.

Por otra parte, para el elogio y la censura son pertinentes y también cercanos a los que les son propios, como si fueran iguales a ellos presentando, por ejemplo, al precavido como frío y calculador, al simple como honesto o al insensible como pacífico y además aprovecharse en cada caso de estas semejanzas siempre en el sentido de lo mejor.

Así, se debe presentar al que es iracundo y furioso como franco, al arrogante como magnificiente y digno, y a cuantos muestran algún tipo de exceso como si poseyeran las correspondientes virtudes, por ejemplo al osado como valeroso y al manirroto como liberal, pues esto es en definitiva lo que le parecerá a la mayoría de la gente y al mismo tiempo, permitirá obtener un paralogismo a partir de la causa. Porque en efecto, si uno está dispuesto a afrontar un peligro sin ser necesario, mucho más parecerá estarlo allí donde se trate de algo bello; e igualmente si es derrochador con el primero que llega, lo será también con los amigos; pues el hacer bien a todos es lo que constituye el exceso de virtud.

Hay que examinar también, ante quiénes se ha de pronunciar el elogio, ya que como decía Sócrates no es difícil elogiar a los atenienses delante de atenienses. Conviene pues, decir en cada sitio lo que en él goza de estima, como si ello fuera lo pertinente: por ejemplo, si se está entre escitas o entre espartanos o en compañía de filósofos.

Y en general eso que goza de estima hay que referirlo a lo bello, dado que sin duda, se lo creerá cercano a la belleza. Así como cuanto esté de acuerdo con lo que corresponde al caso, como por ejemplo, si las acciones son dignas de los antepasados y de los hechos anteriores; porque hace feliz no sólo lo que es bello, sino también lo que supone un aumento de honor.

Y lo mismo si de lo que se trata va en contra de lo que corresponde pero en el sentido de algo mejor y más bello, como por ejemplo si uno es moderado en la buena suerte y magnánimo en la desventura; o si al llegar a una posición mayor, se hace mejor y más transigente.

A esto se refería el dicho de Ifícrates: "De dónde he partido y a qué he llegado...".

Y también el del vencedor olímpico: "Antes soportando sobre mis hombros un duro...".

Y el de Simónides[62]:"Aunque tuvo padre, esposo, y hermanos tiranos...".

Ahora bien, como el elogio se hace de las acciones y es propio del hombre virtuoso actuar de acuerdo con una intención, hay que esforzarse también por otra parte, en mostrar que el sujeto del elogio ha actuado según una intención determinada, para lo cual es útil poner de manifiesto que ha actuado así ya muchas veces y que por ello, los accidentes y las casualidades deben considerarse como contenidos en su intención. Y si se pregonan muchos casos semejantes parecerá, en efecto, que son signo de virtud y de intencionalidad.

El elogio es un discurso que pone ante los ojos la grandeza de una virtud. Conviene por lo tanto, presentar las acciones como propias de tal virtud. A su vez, el encomio se refiere a las obras, si bien son para la persuasión, también sirven las circunstancias que las rodean, como por ejemplo la nobleza y la educación, ya que es efectivamente probable que sean buenos los hijos de buenos padres o que se comporten de una determinada manera los que han sido criados así. Y por eso hacemos el encomio de quienes han realizado alguna acción. Las obras, por su parte, son signos de los modos de ser; por lo que incluso podríamos elogiar al que ninguna ha hecho, si estuviéramos persuadidos de que es capaz de hacerlas.

En fin, la bendición y la felicitación son iguales la una y la otra pero no iguales a las anteriores, sino que así como la felicidad implica la virtud, así también la felicitación implica el elogio y el encomio. Por lo demás, el elogio y la deliberación son de una especie común, porque, si a lo que se preceptúa cuando se dan consejos se le cambia la expresión y eso mismo resulta un encomio.

Y como ciertamente sabemos lo que debemos hacer y cómo debemos ser, basta con que para dejar esto establecido como un

---

62   Referido a Arquedica, esposa de Hipias, el hijo de Pisístrato. Simónides, p. 26 a.; fragmento 85.3 Diehl.

precepto, se le cambie la forma y dé vuelta a la expresión, por ejemplo diciendo: conviene no sentirse orgulloso por lo que a la fortuna se debe, sino por lo que uno hace. Dicho esto así, equivale ciertamente a un precepto, mientras que será un elogio si se dice: "él no se siente orgulloso por lo que debe a la fortuna, sino por lo que él mismo hace"[63]. De manera que cuando se quiere elogiar hay que ver qué cabría establecer como un precepto y cuando se quiere establecer un precepto, hay que ver qué es lo que se podría elogiar. La expresión será necesariamente contraria cuando lo que se intercambie sea una prohibición y una no prohibición.

Finalmente, también es útil servirse de muchos procedimientos de amplificación como por ejemplo si fue el único que lo hizo, o el primero, o con pocos, o el que tuvo más parte, pues todas estas circunstancias son bellas. A las que cabe añadir las que proceden del tiempo y la ocasión, en el caso de que se hayan producido contra lo que correspondería esperar. E igualmente, si consiguió muchas veces una misma cosa, ya que entonces parecerá ésta ser grande y no debida a la fortuna, sino lograda por uno mismo.

Y si lo que le sirvió de acicate y le otorgó los honores fue inventado y dispuesto por su causa, así como si él fue el primero a quien se hizo el encomio, como a Hipóloco, y a quien se levantó una estatua en el ágora[64], como a Harmodio y Aristogitón[65]. De modo semejante se ha de proceder en los casos contrarios.

Cuando no se hallen motivos bastantes para el elogio en el sujeto por sí mismo se deberán hacer comparaciones con los demás, como lo hacía Isócrates por su falta de costumbre en los

---

63   Isócrates, Evágoras, p 45, n 9.

64   Plutarco. *Erótico*. P. 21, p. 767f.

65   Relatan una historia similar Plinio en *Historia Natural* (p. 34.17) y *Demóstenes* (p.20,70).

pleitos. En ese caso, sin embargo, es conveniente hacer la comparación con gentes de fama porque, si fuese mejor que los que se ponen como ejemplo de virtuosos, será amplificador y bello. De todos modos, la amplificación entra con todo fundamento en el elogio, puesto que se cifra en una superioridad y la superioridad es una de las cosas bellas.

Y por eso aun si no es con gentes de fama, conviene hacer comparaciones con cualquier otro, dado que la superioridad, según parece revela virtud.

En general, además entre las especies comunes a todos los discursos, la amplificación es la más apropiada a los epidícticos ya que éstos toman en consideración acciones sobre las que hay acuerdo unánime, de suerte que solo falta rodearlas de grandeza y belleza. Los ejemplos por su parte, lo son a los discursos deliberativos puesto que es sobre la base del pasado como juzgamos el futuro. Y los entimemas, en fin, a los discursos judiciales pues el suceso por ser oscuro, requiere sobre todo causa y demostración.

Con esto, pues, queda referido a partir de qué premisas se forman poco más o menos todos los elogios y censuras, así como a qué elementos conviene atender para elogiar y censurar y de los cuáles se derivan los encomios y los reproches. Porque, en efecto, conociendo estas nociones también sus contrarios se hacen evidentes, pues la censura procede de tales contrarios.

Capítulo X
El género judicial:
la injusticia y sus causas

Por lo que concierne a la acusación y a la defensa, consideraremos a continuación a partir de cuántas y cuáles premisas se deben hacer los silogismos. Tres son los temas que hay que estudiar: primero, por cuáles y cuántas causas se comete injusticia; segundo, en qué estado se encuentran aquellos que la cometen; y tercero, contra quiénes se comete y estando en qué disposición. Trataremos pues ordenadamente de estos temas, empezando por definir qué es cometer injusticia.

Entendamos por cometer injusticia el hacer daño voluntariamente contra la ley. La ley se divide en particular y común. Llamo particular a la ley escrita por la que se gobierna cada ciudad; y común a las leyes no escritas sobre las que parece haber un acuerdo unánime en todos los pueblos. Por su parte, son acciones voluntarias cuantas se hacen con conocimiento y sin estar forzado. Ciertamente, de las que son voluntarias no todas se eligen de antemano; en cambio, las que se eligen de antemano se hacen todas ellas con conocimiento, ya que nadie ignora lo que elige.

Pues bien, las causas por la que se elige de antemano hacer daño y obrar contra la ley son la maldad y la falta de dominio sobre uno mismo. Porque, en efecto: los que tienen uno o varios vicios, en aquello precisamente en que son viciosos, son también injustos. Así, por ejemplo, el mezquino en el dinero; el licencioso, en los placeres del cuerpo; el blando, en la molicie; el cobarde, en los peligros a los que por temor abandona a sus compañeros de riesgo; lo mismo el ambicioso por causa de los honores; el colérico por la ira; el afanoso de vencer, por la victoria; el vengativo, por la venganza; el insensato, por estar engañado sobre lo justo y lo injusto; y el desvergonzado, por desprecio de la opinión.

De modo semejante, en fin, actúa cada uno de los otros en lo que es la materia de sus vicios. Pero lo que se refiere a esto es claro, en parte por lo que dijimos acerca de las virtudes y, en parte, por lo que se dirá sobre las pasiones.

Queda por determinar por qué causas y en qué disposición se comete injusticia, así como también contra quiénes.

Ahora bien, para ello debemos distinguir en primer lugar qué es lo que instiga y qué lo que se rehúye cuando se emprende el cometer una injusticia. Porque es evidente que el acusador debe escudriñar cuántas y cuáles tendencias se dan en el contrario, de ésas a cuyo impulso todos cometen injusticia contra los demás. Mientras que por su parte, lo que debe considerar el defensor es cuáles y cuántas de esas tendencias no se dan. Los hombres ciertamente actúan en todo lo que hacen, en parte sin ser ellos mismos la causa y, en parte por causa de sí mismos.

Entre las acciones de que no son ellos mismos la causa, unas las hacen por azar y otras por necesidad. Y entre estas que hacen por necesidad, algunas se dan forzadamente y otras por naturaleza, de modo que todas las acciones que los hombres ponen en práctica sin ser ellos mismos la causa acontecen o por azar, o por naturaleza, o por fuerza. Por su parte, las que hacen por causa de sí mismos y de las que son ellos los autores, unas las hacen por hábito y otras por impulso, sean éstas por un impulso racional o irracional. El deseo voluntario es un apetito racional de bien pues nadie quiere algo sino cuando cree que es bueno; en cambio, la ira o el deseo pasional son impulsos irracionales. De modo, en fin, que todas las acciones que los hombres ponen en práctica necesario es que las hagan por estas siete causas: *por azar, por naturaleza, por fuerza, por hábito, por cálculo racional, por apetito irascible o por deseo pasional.*

En cambio, el ponerse a distinguir las acciones según la edad o los modos de ser o cualesquiera otros motivos es superfluo. Porque si coincide que los jóvenes son iracundos o pasionales, no es que actúen así a causa de su juventud, sino a causa de la ira y el deseo pasional.

Tampoco es causa de acción la riqueza y la pobreza, sino que asimismo coincide el que los pobres, por su propia indigencia, desean con apasionamiento el dinero, así como que los ricos, por la abundancia de sus recursos, desean con igual apasionamiento los placeres no necesarios. Unos y otros, sin embargo, no actúan así por causa de la riqueza o de la pobreza, sino por causa del deseo pasional. Y de modo semejante, los justos y los injustos y todos los que dicen actuar por su modo de ser, en realidad actúan por estos motivos dichos. O sea: o por cálculo racional o por pasión; y unos por caracteres y pasiones honestas y otros por sus contrarios. Coincide es verdad, que a ciertos modos de ser siguen ciertas acciones y a otros, otras. Tal vez, en efecto, del moderado se sigan directamente, por ser moderado, opiniones y deseos honestos acerca de los placeres, mientras que del licencioso se deduzca lo contrario acerca de esto mismo. Pero precisamente por ello, hay que dejar de lado las distinciones y ponerse a considerar qué suele seguirse de las cualidades, pues si se es blanco o negro, o grande o pequeño, nada apunta a que de ello se sigan tales o cuales efectos, mientras que si es joven o viejo, o justo o injusto, en seguida se da una diferencia.

Y en general, hay que considerar todas las circunstancias que hacen diferenciarse los caracteres de los hombres, como por ejemplo la diferencia que establece el que uno se tenga a sí mismo por rico o pobre o por afortunado o desventurado. Pero de todo esto hablaremos más tarde; ahora debemos referirnos en primer término a lo que aún queda de nuestro tema.

Se deben al azar todos aquellos sucesos cuya causa es indefinida y que no se producen con el fin de algo ni siempre, ni la mayoría de las veces, ni de modo regular lo que, por otra parte, es claro por la definición de contrario, se deben a la naturaleza cuantos azar, por hechos tienen en ellos mismos su causa y ésta es regular, puesto que acontece o siempre o la mayoría de las veces de la misma manera. En los sucesos que se producen fuera del orden natural no es preciso, en efecto, determinar con exactitud si se producen por una causa conforme a la naturaleza o por alguna otra, pues en esos casos podría muy bien opinarse que su causa es también el azar. Por su parte, resultan de la *forzosidad* los hechos que se producen contra el deseo y los cálculos racionales de quienes los ponen en práctica.

De otro lado, se deben al *hábito* cuantas cosas se hacen a causa de haberlas hecho ya muchas veces. Y, en cambio, se hacen por *cálculo racional* las que, según los bienes dichos, parecen ser convenientes para un fin o en el sentido de un fin, cuando se ponen en práctica efectivamente por causa de la conveniencia pues también los licenciosos ponen en práctica algunos actos convenientes, pero no por la conveniencia, sino por el placer. Por causa del *apetito irascible* y de la *ira* se hacen las venganzas. Pero la venganza se diferencia del castigo, ya que el castigo está motivado por quien lo padece y en cambio la venganza por quien se la toma con el fin de satisfacerse. En cuanto a qué es la ira, resultará claro cuando tratemos de las pasiones.

Y finalmente por causa del *deseo pasional* se pone en práctica todo aquello que aparece como placentero. También, no obstante, lo acostumbrado y lo que procede del hábito se cuentan entre las cosas placenteras; pues a menudo lo que por naturaleza no es placentero, cuando uno se acostumbra a ello termina por hacerse con placer.

Por lo tanto, en resumen, cuantas cosas se ponen en práctica por causa de uno mismo todas ellas son, o bien cosas buenas o que aparecen como buenas, o bien cosas placenteras o que aparecen como placenteras. Y como todo aquello que se pone en práctica por causa de uno mismo es voluntario, e involuntario cuanto acontece sin ser uno mismo la causa, resulta así que todo lo que se pone en práctica voluntariamente será, o bien algo bueno o que aparezca como bueno, o bien algo placentero o que se muestre como tal. Incluyo, desde luego, entre las cosas buenas la liberación de las que son malas o aparecen como malas, o también su cambio por un mal menor, puesto que de alguna forma, ello es digno de preferencia; y de igual modo, entre las cosas placenteras la liberación de las que son molestas o lo parecen o el cambio de las que lo son más por las que lo son menos. Queda, pues, por tratar entonces cuántas y cuáles cosas son convenientes y placenteras; y como sobre lo conveniente nos hemos pronunciado ya antes en la oratoria deliberativa, nos corresponde hablar ahora acerca de lo que causa placer. A este respecto, no obstante, conviene proceder según el uso de que las definiciones son suficientes cuando, en cada caso no son obscuras aunque no sean tampoco rigurosas.

Capítulo XI
El placer en la oratoria judicial

Admitamos como supuesto que el placer[66] es un cierto movimiento del alma y un retorno en bloque y sensible a su naturaleza básica y que el pesar es lo contrario. Ahora bien, si el placer consiste en esto, es evidente entonces que también es placentero lo que produce el estado de ánimo dicho, mientras que lo que lo destruye o provoca un retorno contrario es penoso.

Por consiguiente, en la mayoría de los casos es forzoso que sea placentero el tender hacia lo que es conforme a la naturaleza y sobre todo, cuando con ello recobran su propia naturaleza cosas que se habían originado conforme a ella.

Lo mismo debe decirse en cuanto a los hábitos, porque lo que se hace por costumbre acontece ya como si fuera natural, dado que lo habitual es algo semejante a la naturaleza. Lo que sucede muchas veces está, en efecto, próximo de lo que sucede siempre y por su parte lo propio del "siempre" es la naturaleza, así como lo propio del "muchas veces" es lo habitual. Y lo mismo

---

66   El tema del placer se desarrolla más en *Ética Nicomáquea*.

debe decirse también de lo que no es por fuerza, puesto que la fuerza es contraria a la naturaleza y, por esta razón lo que se hace por necesidad es penoso y rectamente se ha dicho: "Toda acción forzada es dolorosa[67]".

Por lo demás, los cuidados, las diligencias, los esfuerzos son molestos, por cuanto son necesarios y forzosos, a no ser que sean habituales, porque en ese caso el hábito los convierte en placenteros. En cambio, sus contrarios sí son placenteros y, por ello, las distracciones, la ausencia de trabajos y cuidados, los juegos, los recreos y el sueño se cuentan entre los placeres, pues nada de esto se hace por necesidad. E igualmente es placentero todo aquello de lo que se tiene deseo, puesto que el deseo es un apetito de placer.

Ahora bien, entre los deseos unos son irracionales y otros racionales. Llamo irracionales a cuantos constituyen deseos que no proceden de un acto previo de comprender y tales son todos aquellos que se dicen ser naturales, como los que tienen lugar por obra del cuerpo: así, por ejemplo, el hambre y sed de alimentos y la especie de deseo correspondiente a cada especie de alimentos, así como los que se refieren al gusto, a los placeres sexuales y al tacto en general y los que se refieren al olfato de buenos olores, al oído y a la vista. Por el contrario, son racionales cuantos constituyen deseos que proceden de la persuasión. Ya que, en efecto, hay muchas cosas que se desean contemplar y poseer cuando ya se ha oído y nos hemos persuadido de ello, que son placenteras.

Por otra parte, como el tener un placer consiste en sentir una cierta afección y la imaginación es una sensación débil, resulta que a todo recordar y esperar acompaña siempre una imagen de lo que se recuerda y espera. Ahora bien, si esto es así, es claro entonces que los que recuerdan y esperan tienen simultáneamente con ello un placer, puesto que también tienen una sensación. De modo que es necesario que todos los placeres sean o presentes en

---

67   *Metafísica.*

la sensación, o pasados en el recuerdo, o futuros en la esperanza; porque se tiene sensación de lo presente, se recuerda lo pasado y se espera lo porvenir. Y ciertamente, en cuanto recordadas no sólo son placenteras aquellas cosas que ya lo fueron en el momento en que tenían lugar, sino también algunas otras que no causaron placer, si es que con ellas, sobrevino después algo bello y bueno. De donde se ha dicho:

"Placentero es, con todo, tras ponerse a salvo, acordarse de las fatigas[68]".

"Pues luego también con los dolores disfruta el hombre acordándose de que mucho padeció y trabajó mucho[69]".

Asimismo y la causa de esto es que también hay placer en no sufrir mal. En cuanto a lo que se espera, asimismo es placentero todo aquello que, cuando está presente, se hace manifiesto que nos deleita, que nos es grandemente útil y que nos aprovecha sin pesar alguno. Por lo demás, hablando en general, cuantas cosas nos deleitan estando presentes, también nos deleitan, la mayor parte de las veces, con sólo esperarlas y recordarlas. Y por eso es placentero sentir ira, como cantó Homero refiriéndose al apetito irascible, porque nadie se mueve a ira contra quien es imposible que reciba su venganza, como tampoco se encoleriza, o se encoleriza menos, contra quienes son muy superiores en capacidad.

También de la mayoría de los deseos se sigue un cierto placer, ya que o acordándose de cómo sucedió, o esperando que suceda, se disfruta de algún placer. Así disfrutan, por ejemplo los que sedientos por la fiebre, recuerdan que bebieron y esperan beber; y así disfrutan, igualmente, los enamorados, hablando, escribiendo y haciendo siempre cosas que se refieren a su amado, pues consideran como que lo sienten si lo recuerdan.

---

68   Fragmento de *Andrómeda*, tragedia de Eurípides. Nauck, fr. 133.

69   Referencia a *La Odisea*.

Además de que el principio del amor acontece así para todos; o sea, cuando no sólo se disfruta si el amado está presente, sino que también se le ama, cuando está ausente, sólo con recordarlo, y, por esa razón, se experimenta pesar con su ausencia y, de igual modo, cierto placer también en las lágrimas y en los lamentos. El pesar se debe, en efecto, a que el amado no está presente, pero el placer, a que puede recordarlo y casi verlo a él individualmente y las cosas que hacía y cómo era.

Y por eso se ha dicho acertadamente: "Así dijo y en todos ellos excitó el anhelo de llanto"[70].

También es placentero el vengarse porque lo que es penoso si no se logra, causa placer lograrlo. Y, así los iracundos experimentan otros placeres un invencible pesar cuando no se vengan y en cambio, gozan si tienen esperanza de ello.

Igualmente es placentero el vencer y no sólo para los afanosos de victorias, sino para todos, puesto que produce la imagen de una superioridad que, con más o menos empeño, todos desean. Y puesto que vencer es placentero, necesariamente serán placenteros también los juegos de lucha y los erísticos dado que con frecuencia se da en ellos la posibilidad de vencer y, lo mismo, el juego de tabas, el de pelota, el de dados y el de damas. De igual modo sucede con los juegos que requieren esfuerzo, pues unos llegan a ser placenteros con tal que se tenga costumbre, y otros lo son inmediatamente, como, por ejemplo, la caza con perros y aun toda caza; porque allí donde hay lucha, hay victoria. Y por eso también, la oratoria judicial y la erística son placenteras para quienes tienen costumbre y facultades.

El honor y la buena reputación se cuentan asimismo entre las cosas más placenteras, a causa de que, con ellas, en cada uno

---

70   Este verso aparece en *La Ilíada*, p 23.108; y en La Odisea, p 4.183. En ambos casos el llanto se produce por el recuerdo de un amigo que ya no está. En *La Ilíada* es Aquiles quien recuerda a Patroclo y en *La Odisea* Menelao quien recuerda a Odiseo.

se forma la imagen de que posee las cualidades del hombre virtuoso y, principalmente, cuando así lo afirman también quienes él toma por veraces. Tales son, por lo demás, los del círculo de costumbres más que los extraños, los familiares y conciudadanos más que los de fuera, los contemporáneos más que los que vivirán en el futuro, los sensatos más que los insensatos y la mayoría más que la minoría. Pues es más probable, en efecto, que digan la verdad estos que acaban de decirse que no sus contrarios, ya que de aquellos que tenemos en poco, como son los niños o los animales, para nada nos importa la honra o la opinión, por lo menos esta opinión concreta; y si nos importa, es por otras razones.

Igualmente, el amigo se cuenta entre las cosas placenteras, pues es un placer amar y no hay amante del vino que no disfrute con el vino, como es un placer ser amado. En este último caso, en efecto, se forma además la imagen de que uno es en sí mismo un bien, lo cual todos los que tienen sentidos desean. Ser amado es, no obstante, ser uno mismo objeto de amor por causa de uno mismo. Por otra parte, también ser admirado es placentero, por lo mismo que lo es recibir honores. E igualmente causa placer el ser adulado, y aun el propio adulador, pues el adulador es uno que se muestra como admirador y amigo.

Asimismo el hacer muchas veces las mismas cosas es placentero, dado que como dijimos, lo acostumbrado era causa de placer. Y cambiar también causa placer, pues el cambio es conforme con el sentido de la naturaleza, ya que la repetición siempre de lo mismo provoca un exceso del modo de ser establecido. De donde se ha dicho: *Dulce es el cambio de todas las cosas*[71].

Por lo cual, también es ciertamente placentero lo que sucede tras intervalos de tiempo, así se trate de hombre como de acciones; pues el cambio nos sitúa fuera del presente y por su parte,

---

71   Eurípides, *Orestes*, p. 234.

lo que sucede tras intervalos de tiempo es a la vez, raro. Igualmente, el aprender y el admirar son la mayoría de las veces placenteros, puesto que por una parte, en el admirar está contenido el deseo de aprender, de modo que lo admirable es deseable y por otra parte, en el aprender se da un estado que es conforme con el sentido de la naturaleza.

El hacer bien y el recibirlo se cuentan asimismo entre las cosas placenteras, ya que de un lado, recibir un bien significa obtener lo que se desea y de otro lado, hacer un bien supone que se posee. Y que se es superior, cosas ambas a las que todos aspiran. Por lo demás, por la misma razón que es placentero lo que sirve para hacer un bien, es igualmente placentero a los hombres corregir a sus semejantes y completar lo que está incompleto.

Y como aprender es placentero, lo mismo que admirar, resulta necesario que también lo sea lo que posee estas mismas cualidades: por ejemplo, lo que constituye una imitación, como la escritura, la escultura, la poesía y todo lo que está bien imitado, incluso en el caso de que el objeto de la imitación no fuese placentero; porque no es con éste con lo que se disfruta, sino que hay más bien un razonamiento sobre que esto es aquello, de suerte que termina por aprenderse algo. Igualmente son placenteras las aventuras y el salvarse por poco de los peligros, por cuanto estas cosas son todas ellas admirables.

Y puesto que lo que es conforme con la naturaleza causa placer y, por otro lado, las cosas del mismo género se corresponden mutuamente conforme a la naturaleza, resulta que los semejantes son la mayoría de las veces placenteros; así por ejemplo, el hombre para el hombre, el caballo para el caballo y el joven para el joven, de donde se han escrito refranes, como "el de igual edad se deleita con el de igual edad", como siempre al semejante, "conoció la fiera a la fiera", en verdad, el cuervo con el cuervo, y otros más como éstos[72].

---

72   Proverbios tomados de Zenobio y de Diogeniano.

Ahora bien, como lo semejante y del mismo género es, todo ello, placentero para cada uno, y como por otra parte, esto lo experimenta cada cual principalmente de sí mismo, resulta necesario que todos sean más o menos amantes de sí mismos, puesto que todas las semejanzas se dan en especial respecto de uno mismo. Y siendo todos amantes de sí mismos, forzosamente les serán a todos placenteras sus propias cosas, así sus obras como sus palabras. Razón por la cual se es con tanta frecuencia amigo de aduladores, amantes, honores e hijos, pues los hijos son obra propia. Completar lo incompleto es igualmente placentero, por cuanto desde ese instante pasa también a ser obra propia.

Y puesto que mandar es muy placentero, parecer sabio lo es asimismo, ya que para mandar se ha de ser sensato y, por otra parte, la sabiduría es ciencia de muchas y admirables cosas. Además, como los hombres son la mayoría de las veces amantes de los honores, necesariamente les será placentero recriminar y gobernar a sus semejantes, así como ocuparse en aquello en que a cada uno le parece ser el mejor, según dijo ya el poeta: "En esto se esfuerza uno, empleando la mayor parte de cada día, a fin de obtener de sí mismo ser el mejor"[73].

De un modo semejante, por lo demás, puesto que el juego está entre las cosas placenteras, lo mismo que toda distracción, y como también la risa causa placer, es forzoso que igualmente lo cause lo risible, ya se trate de hombres, discursos u obras. Sobre lo risible hemos tratado, no obstante, por separado en los libros sobre la *Poética*[74]. Queda, pues, dicho lo que concierne a las cosas placenteras.

En cuanto a las penosas, es evidente que lo serán por los motivos contrarios.

---

73   Versos de una tragedia perdida de Eurípides, *Antíopa*.

74   Se hace referencia a la segunda parte de la *Poética*, parte perdida dedicada a la comedia.

Capítulo XII
Modos de ser
de quienes cometen injusticia
y de quienes la padecen

Hasta aquí las causas por las que se comete injusticias. Pero señalemos ahora en qué disposición y contra quiénes. Pues bien, los hombres cometen injusticia cuando piensan que poner en práctica una determinada acción es posible y posible para ellos mismos, ya porque consideren que han de quedar ocultos después de realizarla, ya porque aun sin quedar ocultos, estimen que no sufrirán un proceso o que, en caso de sufrirlo, la pena será para ellos o para quienes son objeto de su interés menor que la ganancia. Más adelante expondremos cuáles son las acciones que aparecen como posibles y cuáles como imposibles pues son comunes a todos los discursos.

Pero por su parte, quienes piensan ante todo que pueden cometer injusticia impunemente son los dotados de elocuencia, los hombres de acción, los expertos en muchas clases de debates judiciales, los que tienen muchos amigos y los que son ricos.

Y piensan que pueden, en especial si ellos mismos están en las condiciones acabadas de decir; pero también, de lo contrario, si disponen de amigos, servidores o cómplices con estas cualidades, puesto que por su medio pueden actuar, quedar ocultos y no sufrir proceso.

E igualmente si son amigos de aquellos contra quienes han cometido la injusticia o de los jueces: en el primer caso, en efecto, los amigos no están prevenidos contra la injusticia que les hacen y se avienen a una conciliación antes de proceder y en el segundo, los jueces son favorables a quienes son sus amigos y, o bien los dejan en completa libertad, o bien les imponen penas pequeñas.

Por otra parte, están en condiciones de permanecer ocultos aquellos que tienen la condición contraria a los cargos que se formulan. Por ejemplo el débil, tratándose de violencias, y el pobre y el deforme, tratándose de adulterio. Igualmente los delitos que se cometen por completo a las claras y a la vista de todos, pues no se está prevenido contra ellos a causa de que nadie podría imaginarlos.

Y también los que son tan grandes o de tal naturaleza que nadie lo podría pensar. Contra éstos tampoco se está, en efecto, precavido, porque todos se previenen contra lo acostumbrado, sean enfermedades o delitos, pero de la enfermedad que nadie ha padecido nunca, de ésa ninguno se acuerda. Lo mismo sucede con los que, o bien no tienen ningún enemigo, o bien tienen muchos, puesto que los unos piensan que pasarán desapercibidos por no haber prevención contra ellos, y los otros permanecen ocultos por cuanto no parece que pudieran agredir a quienes estaban precavidos y porque por otra parte tienen la defensa de que no iban a ser ellos los que agredieron.

Sucede también con los que disponen de algún medio de ocultamiento, ya se trate de artificios o lugares, y con los que están en situación de poder vender bien lo robado; con los que, si no pueden permanecer ocultos, tienen en sus manos la evitación del proceso o su aplazamiento o la posibilidad de corromper a los jueces; con los que, si se produce la pena, pueden asimismo evitar el pago o aplazarlo por mucho tiempo, o también con el que nada tiene que perder a causa de su pobreza; con aquellos a los que las ganancias se les muestran grandes o próximas y en cambio las penas pequeñas, inseguras o lejanas; con todo aquel para quien el castigo no es proporcionado al provecho, como parece que ocurre con la tiranía; con los que los delitos son causa de lucro, mientras que las penas sólo de reproche, y con aquellos otros a quienes, al contrario, los delitos les llevan a un cierto elogio, por ejemplo si acontece que ha tomado venganza a la vez por su padre y por su madre, como le sucedió a Zenón, mientras que las penas les llevan a multas o al destierro o a algo semejante: porque por estos dos motivos y con estas dos disposiciones se comete en efecto injusticia, a reserva de que, de todos modos, los caracteres de uno y otro tipo de hombre no son los mismos, sino los contrarios. Igualmente pueden permanecer ocultos los que ya muchas veces han pasado desapercibidos o quedado sin castigo, y también, los que han fracasado muchas veces en su intento pues en todos estos casos, como en los que se refieren a la guerra, hay quienes siempre están dispuestos a reiniciar la lucha.

Y lo mismo sucede con los que buscan al instante el placer, aunque consigan pesares luego, o la ganancia aunque después tengan que sufrir la pena; pues tal es el caso de los que no tienen control sobre sí mismos y ciertamente la falta de control se extiende a tantas cosas como se desean. Pero sucede igualmente con los que, al contrario, se preocupan, ya en el instante de actuar, de los pesares y los castigos y, en cambio, tienen por posteriores y de más larga duración el placer y provecho; y esto es lo que persiguen los que son dueños de sí y los más sensatos. Igual debe decirse de aquellos para quienes es posible dar la impresión de que actuaron por casualidad, o por necesidad, o por naturaleza, o por hábito y, en general aparentan que han cometido un error pero no una injusticia.

Y lo mismo de aquellos a quienes les es posible conseguir indulgencia y de aquellos otros que están necesitados; no obstante se puede estar necesitado de dos modos: o bien de lo necesario como los pobres, o bien de lo superfluo como los ricos.

También pueden permanecer ocultos los que tienen muy buena fama y los que están muy deshonrados: los unos, porque no darán la impresión de ser culpables y, los otros, porque ya no pueden deshonrarse más.

Éstos son, pues, los que en tales disposiciones intentan cometer injusticia. Por su parte, la cometen contra los siguientes hombres y sobre las siguientes cosas. Contra quienes poseen aquello de que ellos están faltos, sea para sus necesidades, sea para su lujo y disfrute, y tanto contra los que están lejos como contra los que les son próximos; porque el robo de los últimos es rápido y lento el castigo de los primeros, como ocurre con los que saquean a los cartagineses[75]. También contra los que no toman precauciones ni se guardan, sino que son confiados, pues de todos estos es muy fácil ocultarse; contra los negligentes, puesto que el acudir a la justicia es propio de los solícitos; contra los tímidos, porque no son capaces de luchar por cuestiones de ganancia; contra los que ya de muchos han padecido injusticia sin acudir a los tribunales, como que son, según dice el refrán, botín de los misios contra los que o nunca o muchas veces se ha cometido injusticia, pues ambos están desprevenidos: los primeros, porque a ellos jamás les había pasado, y los segundos porque creen que ya no podrá pasarles más en adelante; y contra los que ya han sido acusados o están bajo pública sospecha. Ya que estos ni acuden a la justicia por miedo a los jueces, ni tienen capacidad para persuadir a nadie, siendo como son odiados y aborrecidos.

---

75   Cartago se hallaba lejos de Grecia como para lograr vengarse de los piratas griegos que los atacaban.

También cabe hacer injusticia a aquellos en relación con los cuales, ya sean sus antepasados o ellos mismos, o amigos suyos, se tiene el pretexto de que obraron o intentaron obrar mal contra ellos, o contra sus antepasados o gentes de su interés, pues, como dice el refrán: "la maldad sólo necesita un pretexto[76]".

Y, asimismo, a los enemigos y a los amigos, ya que a los unos es fácil y a los otros placentero. A los que carecen de amistades y a los que no tienen habilidad para hablar o para actuar, puesto que o no intentan acudir a la justicia, o prefieren conciliarse, o se quedan sin rematar nada.

Y a los que no les sirve perder el tiempo esperando el juicio o una indemnización, como es el caso de los extranjeros y los trabajadores autónomos, porque estos solucionan el asunto con poco y se aplacan con más facilidad

Igualmente cabe cometer injusticia contra los que ya ellos mismos han cometido muchas injusticias o injusticias de naturaleza equivalente a las que ahora reciben, porque parece que se está muy cerca de que no haya injusticia cuando la que uno ha padecido es equiparable a la que también él mismo solía cometer: me refiero, por ejemplo, a si alguien ultraja a quien tiene por costumbre hacer ultrajes.

Y también contra quienes han realizado un mal o han pretendido hacerlo o ahora lo pretenden y van a realizarlo, pues esto tiene algo de placentero y bello, y parece que está cerca de no ser una injusticia. Asimismo, contra aquellos cuyo daño agradará a los amigos o a las gentes que él admira o ama, o a sus señores, o en general, a todos aquellos para cuya relación vive. E igualmente contra quienes son de tal condición que de ellos es posible alcanzar indulgencia; contra quienes ya ha habido disputa y existen diferencias de antes al modo como, por ejemplo, obró

---

76   Dioganiano.

Calipo en los asuntos de Dión[77], pues también estos casos parecen próximos a no constituir injusticia; contra aquellos otros de quienes se estaba a punto de recibir injusticia, si suponiendo que no cabían deliberaciones, no se tomaba la delantera, según dicen que Enesidemo envió el premio del cótabo a Gelón[78], el cual había reducido a esclavitud..., dado que así se adelantó a lo que él mismo tenía la intención de hacer; y contra aquellos a quienes, si se les infiere una injusticia, con tal que sea fácil de reparar, es posible que realicen muchas acciones justas, tal como dijo Jasón[79] el tesalio, que conviene cometer algunas injusticias, a fin de que también puedan hacerse muchas cosas justas.

Asimismo cabe cometer injusticia en aquello en que todos o la mayor parte acostumbran a cometerla, pues es de pensar que se obtendrá perdón. También en lo que es fácil que permanezca oculto y tal es lo que se consume rápidamente como por ejemplo los alimentos; o en aquellas cosas que pueden variar de forma, color, composición o que se esconden con comodidad en muchos sitios y tales son las que pueden trasladarse fácilmente o las que es posible ocultar en lugares pequeños; en aquellas otras que carecen de diferencia y son muchas de ellas semejantes a las que ya tenía con anterioridad el que comete la injusticia. Igualmente, en todo aquello que avergüenza denunciar al que ha

---

77   Dión llegó a Siracusa en 357 a.C. para destituir a Dionisio con el auxilio de un ejército de desterrados y mercenarios. Convertido en gobernante, mando a matar a Calipo, quien lo había acompañado pero que se había convertido en un líder democrático que amenazaba su gobierno.

78   El cótabo era un juego practicado en los banquetes, que consistía en arrojar las sobras de vino de la copa sobre un blanco. Enesidemo tuvo intención de someter una ciudad pero al ver que Gelón se le adelantó, le envió como presente una copa de cótabo.

79   Jasón fue tirano de la ciudad de Feras entre 385 y 370. Plutarco, en *Preceptos Políticos*, dijo: "es necesario cometer injusticia en cosas pequeñas para actuar justamente en las grandes".

padecido la injusticia, como son los ultrajes a las mujeres de su casa, o a ellos mismos, o a sus hijos.

Y también en aquellas cosas cuya denuncia haría al denunciante parecer un buscapleitos: o sea, las cosas pequeñas y las que se suelen excusar.

Con lo cual, pues, queda más o menos expuesto en qué disposiciones se comete injusticia, qué son las injusticias, contra quiénes se cometen y debido a qué causas.

Capítulo XIII
Criterios de distinción entre lo justo y lo injusto

Distingamos ahora en su totalidad los delitos y los actos justos, comenzando, en primer término, por lo que sigue. Lo justo y lo injusto han quedado ya definidos en relación con dos clases de leyes y de dos modos, en relación con aquellos a quienes atañe. Pues bien: llamo ley, de una parte, a la que es particular y de otra, a la que es común. Ley particular es la que ha sido definida por cada pueblo en relación consigo mismo, y esta es unas veces no escrita y otras veces escrita. Común, en cambio, es la ley conforme a la naturaleza; porque existe ciertamente algo que todos adivinan comúnmente considerado como justo o injusto por naturaleza, aunque no exista comunidad ni haya acuerdo entre los hombres, tal como, por ejemplo, lo muestra la *Antígona* de Sófocles, cuando dice que es de justicia, aunque esté prohibido, enterrar a Polinices, porque ello es justo por naturaleza: "Puesto que no ahora, ni ayer, sino siempre existió esto y nadie sabe desde cuándo ha aparecido"[80]

---

80   Sófocles, *Antígona*.

Y como dice Empédocles acerca de no matar lo que tiene vida, dado que ello no es para unos justo y para otros injusto, "sino que es ley para todos y se extiende largamente por el amplio éter y la inconmensurable tierra"[81].

Y como también lo dice Alcidamante en su Meseníaco: "libres dejó Dios a todos, a nadie hizo esclavo la naturaleza"[82].

Por su parte, en relación con aquellos a quienes atañe, la cuestión se define de dos modos. Lo que se debe hacer y no se define, en efecto, en relación a la comunidad o en relación a uno de sus miembros. Y por eso, respecto de los delitos y los actos justos, son dos los modos como cabe cometer injusticia o bien hacer acciones justas, según se refiera efectivamente a un solo y determinado sujeto o a la comunidad. Porque el que comete adulterio y el que hiere hace injusticia a un sujeto determinado, mientras que el que no cumple sus deberes militares se la hace a la comunidad.

Una vez distinguidos en su totalidad los delitos, según sean contra la comunidad o contra estos o aquellos hombres, retomando de voluntario e nuevo la cuestión digamos qué es sufrir injusticia. Sufrir injusticia, así pues es padecer actos injustos de parte de quien tiene voluntad de hacerlos, puesto que ya antes quedó definido que el cometer injusticia es voluntario. Y como el que sufre injusticia necesariamente padece un daño y un daño contra su voluntad, resulta evidente, por nuestras afirmaciones anteriores, qué son los daños: antes se ha hablado, en efecto de las acciones buenas y malas en sí mismas y también de que son voluntarias las que se hacen con conocimiento, de modo que es preciso que todos los cargos se refieran a injusticias cometidas contra la comunidad o contra un particular y a personas que

---

81   Empédocles.

82   Es un discurso ficticio, un ejercicio de un discípulo de Gorgias. "Libres nos dejó a todos la divinidad; a nadie la naturaleza lo hizo esclavo".

han obrado o bien por ignorancia y sin voluntad o bien con voluntad y conocimiento y en este último caso, ya sea por previa elección o como consecuencia de una pasión. Del apetito irascible se hablará de todos modos, cuando tratemos de las pasiones, y en cuanto a qué cosas se eligen y estando en qué disposición se ha hablado ya con anterioridad.

Por lo demás, como es frecuente que quienes reconocen haber realizado la acción no reconozcan, en cambio, que su calificación sea el delito a que se refiere esa calificación, por ejemplo reconocen haber tomado, pero no robado; haber golpeado primero, pero no ultrajado; o haber tenido relación con una mujer, pero no cometido adulterio; o haber robado, pero no hecho un sacrilegio porque el objeto no pertenecía al dios; o haber cultivado tierra ajena, pero no tierra pública; o haber estado en tratos con los enemigos, pero no hecho traición, por todo esto sería preciso dar definiciones de cada una de estas materias, es decir, de qué es el robo, qué el ultraje, qué el adulterio, a fin de que, cuando quisiéramos mostrar si corresponden o no al delito, pudiéramos sacar a la luz lo justo. Ahora bien, en todos estos casos el litigio trata sobre si la acción es injusta e inmoral o no injusta: porque, en efecto, en la intención es donde reside la malicia y el acto injusto y, por su parte, los nombres de esta clase, como ultraje o robo, son signos de la intención. Pues si alguien pegó, no por ello cometió un ultraje en términos absolutos, sino sólo si lo hizo por causa de algo, como, por ejemplo, por deshonrar a otro o por darse a sí mismo un placer. Tampoco si se tomó algo a escondidas fue ello absolutamente un robo, sino si se tomó en daño de aquel del que se tomó y para apropiárselo él mismo. Y de igual modo las otras cosas que son semejantes a éstas.

Mas, puesto que hay dos especies de actos justos e injustos y ya que unos están fijados por escrito y otros no están escritos, los que acaban de tratarse son aquellos de que hablan en todas las leyes, mientras que hay dos especies de los no escritos. Y éstos son, por una parte, los que se califican según su exceso, sea de virtud, sea de vicio, y para los que se reservan los reproches y los elogios, la deshonra y los honores y las mercedes como, por ejemplo, dar las gracias a quien hace un beneficio, corresponder con un favor a quien nos ha hecho uno, ayudar a los amigos y otras cosas como éstas; y, por otra parte, los que cubren lagunas de la ley particular y escrita. Porque, en efecto, lo equitativo parece ser justo, pero lo equitativo es lo justo que está fuera de la ley escrita. Ello sucede, ciertamente, en parte con la voluntad y, en parte, contra la voluntad de los legisladores: contra su voluntad, cuando no pueden reducirlo a una definición, sino que les es forzoso hablar universalmente, aunque no valga sino para la mayoría de los casos. También sucede esto en aquellos casos que no son fáciles de definir a causa de su indeterminación sea, por ejemplo, en el caso de herir con espada, de qué tamaño y con qué clase de espada; pues se le pasaría la vida a quien intentase su enumeración. Si algo es indefinido pero conviene legislarlo, es necesario que se hable de ello simplemente, de manera que si uno levanta la mano o golpea a otro llevando un anillo, según la ley escrita es culpable y comete injusticia, pero según la verdad no comete injusticia; y esto es la equidad.

Ahora bien, si la equidad consiste en lo dicho, resulta evidente qué actos son equitativos y cuáles no, así como cuáles son los hombres no susceptibles de equidad. Porque aquellos casos para los que cabe hallar una disculpa son los propios de la equidad y no son merecedores de la misma consideración las equivocaciones que los delitos, ni las equivocaciones que las desgracias. En efecto: son desgracias cuantas cosas suceden contra los cálculos racionales y sin malicia, y equivocaciones las que tienen lugar, no sin cálculo, pero sin maldad; los delitos, en cambio, son calculados y proceden de la maldad, pues lo que tiene por causa el deseo pasional procede de la maldad. También es propio de la equidad ser indulgente con las cosas humanas.

Y mirar no a la ley, sino al legislador; no a la letra, sino a la inteligencia del legislador; no al hecho, sino a la intención; no a la parte, sino al todo; no a cómo es ahora uno, sino a cómo era siempre o la mayoría de las veces. Igualmente, acordarse más de los bienes recibidos que de los males, y de los bienes que se han recibido más bien que de los que se han hecho. Y, asimismo, tolerar a quien comete una injusticia, preferir juzgarlo más de palabra que de obra y consentir en someter la cuestión más a un arbitraje que a un juicio; porque el árbitro mira la equidad, mientras que el juez la ley y por esta razón se inventó el árbitro, a fin de que prevaleciese la equidad.

De este modo, pues, queda definido lo concerniente a la equidad.

Capítulo XIV
Los grados de la gravedad en los delitos y los diversos criterios de uso retórico

Un delito es mayor según proceda de una injusticia mayor. Y por eso los más pequeños pueden ser muy grandes, como aquel, por ejemplo del que Calístrato acusaba a Melanopo[83] achacándole que había defraudado tres semióbolos sagrados a los constructores del templo; lo contrario, pues, de lo que ocurre en el dominio de la justicia. Ello es así en razón de lo que tales delitos tienen en potencia. Porque el que roba tres semióbolos sagrados podría también cometer cualquier otra injusticia.

Ahora bien, la gravedad se juzga unas veces así y otras veces en atención al daño. Tal sucede con el delito para el que no existe venganza equivalente, pues toda venganza es pequeña.

---

83   Calístrato y Melanopo fueron embajadores en Tebas en 371 a.C. pero no tenían buena relación. Baiter Sauppe. *Calístrato*, XIX fr. 3, 11, 218. *Jenofonte*, Helénicas.

Y lo mismo con el que no tiene remedio, porque es difícil o imposible, y con aquel para el que no puede reclamar justicia quien lo ha sufrido, porque es irremediable, supuesto que el juicio y el castigo son también remedios. Igual sucede si el mismo que padeció y sufrió la injusticia se ha autocastigado gravemente, pues es justo entonces que el que la cometió sufra un castigo todavía mayor; al modo como Sófocles, cuando habló en favor de Eucteón después que éste se quitara la vida por haber sido ultrajado, dijo que él no pondría una condena menor que la que contra sí mismo puso el que había padecido la injusticia.

Agravan asimismo el delito el hecho de que lo cometa uno solo o el primero o acompañado de pocos y también hace grande una falta el que se caiga muchas veces en ella. Igualmente el que por su causa se hayan buscado medios de prevención y castigo; en Argos, por ejemplo, imponen una pena a aquel por cuya causa se ha establecido una ley y a aquellos por cuya causa se ha edificado una cárcel. El delito más bestial es también más grave.

Y lo mismo el que es más premeditado y el que provoca en quienes lo oyen más espanto que compasión. Hay también, por otra parte, recursos retóricos del estilo de que el acusado ha ignorado o transgredido muchas cosas, como por ejemplo juramentos, manos diestras, palabras de fe, matrimonios con extranjeros, pues la acumulación de muchos delitos hace superior el cometido. Igualmente agrava el delito el cometerlo allí donde se castiga a los delincuentes, al modo como hacen los falsos testigos; porque ¿dónde no delinquirán éstos si hasta en el tribunal delinquen? Y asimismo el cometerlo a propósito de aquellas cosas que causan más vergüenza. O contra aquel de quien se han recibido beneficios, pues entonces se comete una injusticia mayor, tanto por haber obrado mal, como por no haber hecho el bien debido.

Lo que va contra las normas no escritas es también más grave, ya que es propio del mejor ser justo no por necesidad; y las leyes escritas son ciertamente forzosas, mientras que las no escritas no. Pero hay otro argumento, si se delinque contra las leyes escritas; pues, en efecto: el que comete injusticia en aquello que es de temer y lleva aparejado un castigo, la cometerá igualmente en lo que no conlleva castigo.

Con esto queda tratado lo que concierne a la mayor y menor gravedad del delito.

Capítulo XV
El uso retórico de las pruebas por persuasión

Como continuación de lo expuesto, corresponde extenderse a las pruebas por persuasión que hemos llamado *no propias* del arte, ya que ellas son específicas de los discursos judiciales. En número son cinco: las leyes, los testigos, los contratos, las confesiones bajo tortura y los juramentos.

Hablemos en primer lugar de las leyes: de cómo debe usar de ellas el que aconseja y el que disuade, el que acusa y el que defiende. Pues bien: es evidente que, si la ley escrita es contraria al caso, se debe recurrir a la ley común y a argumentos de mayor equidad y justicia. Como también, que la fórmula con el mejor espíritu significa precisamente eso, o sea, el que no hay que servirse en exclusividad de las leyes escritas; y que la equidad siempre permanece y nunca cambia, como tampoco la ley común pues es conforme a la naturaleza, mientras que las leyes escritas cambian muchas veces, de donde se dicen aquellas palabras en la Antígona de Sófocles, cuando ella se defiende, en efecto, de haber sepultado a su hermano contra la ley de Creonte, pero no contra la ley no escrita: "porque no ahora, ni ayer, sino siempre ... por lo tanto, no iba yo por hombre alguno ...[84]".

Asimismo argumentaremos que lo justo es verdadero y útil, pero no así lo que es opinable, de manera que la escrita no es propiamente una ley, pues no cumple la función de la ley. Que el que juzga es como un censor de moneda a fin de discriminar la justicia falsificada y la verdadera. Y que es propio del hombre excelente aplicar y hacer guardar las leyes no escritas más bien que las escritas. También se ha de tomar en consideración si alguna vez la ley es contraria a una ya aprobada o incluso a sí misma: en ocasiones, por ejemplo, una ley ordena que sean firmes cualesquiera contratos que se hubieran acordado, mientras que otra prohíbe que se establezca contratos al margen de la ley. E igualmente si es ambigua, de modo que se puede volver su sentido y mirar a cuál de las dos direcciones a lo justo o a lo conveniente se acomoda, para luego servirse así de ella. Y si el caso para el que se dictó la ley ya no se da, pero la ley permanece: hay que esforzarse entonces en demostrar esto y luchar contra la ley por este medio.

En cambio, si la ley escrita es favorable al caso, hay que decir que la fórmula "con el mejor espíritu" no sirve para pronunciar sentencias al margen de la ley, sino para que no haya perjurio si es que se desconoce lo que dice la ley. Que además nadie escoge lo bueno en absoluto, sino lo que es bueno para él[85].

Que no hay ninguna diferencia entre no haber ley o no usar de ella. Que en los demás artes no reporta ninguna ven-

---

84   Cita abreviada por Aristóteles, la cita completa es la siguiente: "pues no es algo de ahora ni de ayer, sino que siempre está vivo y nadie sabe desde cuándo apareció. Y no iba yo, por hombre alguno, por miedo a su modo de pensar, a pagar castigo entre los dioses". Sófocles, *Antígona*.

85   Una ley puede ser buena para un caso concreto aunque no sea buena en sentido absoluto.

taja "ser más sabio que el médico", pues no daña tanto el error del médico como adquirir la costumbre de desobedecer al que manda. Y que el pretender ser más sabio que las leyes es lo que precisamente se prohíbe en esas leyes que se elogian.

Acerca de las leyes quedan, pues, establecidas estas distinciones. Por lo que se refiere a los testigos, los hay de dos clases: los antiguos y los recientes y, entre éstos, unos participan del riesgo de la causa y otros permanecen fuera. Llamo testigos antiguos a los poetas y a los juicios que todo el mundo conoce de los demás hombre ilustres. Así, por ejemplo, los atenienses pusieron a Homero por testigo en el asunto de Salamina y, hace poco, los de Ténedos a Periandro de Corinto en contra de los de Sígeo. También Cleofonte se sirvió contra Critias de los versos elegíacos de Solón, diciendo que de antiguo venía la desvergüenza de su familia, pues, si no, nunca hubiese cantado Solón: "Dímele a Critias, el pelirrojo, que escuche a su padre"[86].

Estos son, pues, los testigos sobre las cosas del pasado; pero para los acontecimientos futuros sirven también los intérpretes de oráculos, al modo como Temístocles, citando el muro de madera, interpretó que había que librar batalla naval.

Además de esto, los refranes son también, como se ha dicho, testimonios; por ejemplo, alguien aconseja no tomar a un viejo por amigo, le sirve para ello de testimonio el refrán: "Nunca le hagas un bien a un viejo"[87].

---

86   Critias, mencionado por Solón, era uno de sus sobrinos. El Critias al que ataca Cleofonte era un nieto de otro Critias, que da nombre a un diálogo de Platón. Clerofonte era demócrata y Critias partidario de la oligarquía, formó parte del gobierno de los Treinta Tiranos, en cuyo mandato Clerofonte fue condenado a muerte y ejecutado en 404 a.C. Baiter Sauppe, *Cleofonte*, fr. 1, 11, 154.

87   Diogeniano, p 6, 61. "Nunca te portes bien con un viejo, ni con una mujer, ni con un hijo malvado, ni con el perro de otro, ni con un remero locuaz". Y lo explica en el sentido de que no debe emplearse en cosas útiles.

Y en lo de suprimir a los hijos a cuyos padres se ha matado: "Necio quien, después de matar al padre, deja intactos a los hijos"[88].

Por otra parte, son testigos recientes cuantos hombres ilustres han emitido algún juicio, porque sus juicios son útiles para los que disputan sobre las mismas cosas; Eubulo, por ejemplo, utilizó en los tribunales contra Cares[89] lo que Platón había dicho contra Arquibio, a saber: que cunde en la ciudad la moda de declararse malvado.

Son también testigos los que participan del riesgo de la causa si es que dan la impresión de mentir. Ahora bien, estos testigos lo son únicamente acerca de cuestiones tales como si sucedió o no, o si existe o no; pero no son testigos sobre la cualidad, como por ejemplo, si es justo o injusto, si es conveniente o inconveniente; sobre estas materias, en cambio, son más dignos de crédito los testigos que están fuera de la causa; y los más de todos, los antiguos pues no son corruptibles.

Para quien no tiene testigos, los argumentos de persuasión de que dispone en relación con los testimonios son: que es conveniente juzgar sobre la base de probabilidades y que a esto se refiere la fórmula "con el mejor espíritu"; que lo probable no se puede burlar con dinero; y que no cabe sorprender a lo probable atestiguando en falso. Por su parte, frente al que no tiene testigos, para el que los tiene sus argumentos son: que las probabilidades carecen de responsabilidad y que para nada se necesitaría de testigos si fuese bastante considerar teóricamente las cosas a base de razones.

---

88   Poema épico perdido que terminó convirtiéndose en proverbio, *Las Ciprias*, fr. 33.

89   El problema entre Cares y Eubulo se sitúa en el ámbito de las disputas entre macedonios y conformistas, grupos rivales. Baiter Sauppe, *Eubulo*, XLVII, fr. 1, 11.

Por lo demás, los testimonios se refieren unas veces a uno mismo y otras veces al adversario, unas veces al caso y otras veces a las costumbres, de manera que es evidente que jamás cabe carecer de un testimonio útil, ya que, si no se dispone de alguno que, en relación con el caso, sea o bien favorable a uno mismo o bien desfavorable al adversario, al menos se podrá utilizar alguno sobre el talante de uno mismo, para probar la honradez propia, o sobre el del adversario, para probar su falta de virtud. Los demás argumentos sobre el testigo, si es amigo o enemigo o indiferente, si tiene buena, mala o mediana reputación y cualesquiera otras diferencias de esta clase; deben razonarse a partir de los mismos lugares comunes de los que ya dijimos que, en todo caso, se obtienen los entimemas.

En lo que se refiere a los contratos, el uso de los discursos se cifra en amplificar o anular su importancia o bien en hacerlos dignos o indignos de crédito: si son favorables a uno, dignos de crédito y firmes; y al revés, si favorecen al adversario. Ahora bien, la cuestión de probar que son dignos o indignos de crédito en nada se diferencia de la que se refiere a los testigos, pues según quiénes sean sus signatarios o los que los garantizan, así serán de fiables los contratos. Si la existencia del contrato está reconocida y él es provechoso, entonces hay que amplificar su importancia: el contrato, en efecto, es una ley privada y particular; los contratos ciertamente no hacen firme a la ley, pero la ley sí a los contratos que se hacen según las leyes; y la misma ley es, hablando en general, una especie de contrato, de manera que quien le niega el crédito a un contrato o lo anula, anula las leyes. Además de esto puede argumentarse que la mayor parte de las transacciones y todas las voluntarias, se hacen mediante contratos, de modo que si se les invalida, se anula el trato mutuo entre los hombres.

Los demás argumentos que también se ajustan a este tema son fáciles de ver. Sin embargo, si los contratos nos son desfavorables y están de parte del adversario, entonces son ajustadas, en primer lugar las mismas argumentaciones con que se combate una ley contraria. Porque sería, desde luego, insólito, si pensásemos que, en el caso de las leyes que no están bien establecidas y en que los legisladores han cometido errores, no es conveniente obedecer y, en cambio, que sí es necesario en el caso de los contratos. Además de esto cabe argumentar que el juez es un guía de la justicia y que, por consiguiente, no debe atender a la letra sino a lo que es más justo. Y que lo justo no se puede pervertir ni por engaño ni por coacción pues es por naturaleza, mientras que los contratos se suscriben también por gentes que a veces están engañadas y a veces coaccionadas. Aparte de estos argumentos, hay que mirar si son contrarios a alguna de las leyes escritas o de las comunes y, entre las escritas, a las propias o a las extranjeras; y, luego, si contradicen a otros contratos posteriores o anteriores, porque los posteriores son firmes y los anteriores no, o bien los anteriores son rectos y los posteriores se han hecho con engaño, una u otra cosa según sea más útil.

Pero además hay que mirar también la conveniencia, no vaya a ser que sea contraria a los jueces y a los demás argumentos de esta clase, pues son todos ellos igualmente sencillos de conocer.

Las confesiones bajo torturas constituyen una cierta clase de testimonios y parecen tener algún crédito puesto que llevan implícita alguna necesidad. Ciertamente, tampoco en este caso es difícil aducir los argumentos que son posibles y sobre cuya base, si las confesiones son favorables, cabe amplificar su valor diciendo que ellas son los únicos testimonios verídicos. En cambio, si son contrarias y están de parte del adversario, se las puede refutar declarando lo que es verdadero para todo género de torturas: pues, efectivamente los que están forzados no dicen menos mentiras que verdades, ya sea resistiendo con obstinación para no decir la verdad, ya sea engañando fácilmente para acabar más deprisa. Conviene en estos casos referir ejemplos de sucesos que conozcan los jueces. También conviene indicar que las confesiones bajo torturas no son verdaderas, porque hay muchos que son poco sensibles, los cuales, por ser de piel pétrea y alma noble, son capaces de resistir las coacciones, mientras que también los hay cobardes y timoratos que sólo tienen ánimos hasta que ven los medios de la coacción, de suerte que nada hay digno de crédito en las confesiones bajo tortura.

En cuanto a los juramentos, es posible hacer cuatro distinciones: O bien se aceptan y se prestan, o bien ni una cosa ni otra, o bien una cosa sí y otra no y, en ese caso, o se aceptan pero no se prestan, o se prestan pero no se aceptan. Junto a estas distinciones, todavía es posible otra: si el juramento ha sido hecho por uno mismo o por el adversario.

Pues bien: el juramento no se acepta basándose en que es fácil cometer perjurio; en que el que jura no restituye; y en que, por otro lado, cabe pensar que condenen al que no jure y aun así puede resultarle a éste preferible el riesgo que corre ante los jueces, porque en ellos confía y en el adversario no.

No se presta, en cambio, fundándose en que se trata de un juramento puesto en lugar de dinero; que si uno fuera un inmoral ya habría jurado, puesto que es preferible ser un inmoral por algo que por nada y jurando, algo tendría de su parte, mientras que, no jurando, no; y que, por consiguiente, el no jurar podría tener por causa la virtud, pero no el miedo al delito de perjurio. También es ajustada aquí la frase de Jenófanes; a saber, que el desafío de un hombre impío contra uno piadoso carece de igualdad y es, más bien, semejante a si un hombre fuerte desafiara a uno débil a darse de puñetazos.

Por su parte si se presta, cabe argumentar que uno confía en sí mismo pero no en el adversario. Y, dándole la vuelta a la frase de Jenófanes, habrá que decir entonces que sí hay igualdad en que el impío acepte el juramento y el piadoso jure; y aún más, que sería grave no querer hacerlo en un procedimiento en que se considera digno que los propios jueces pronuncien sentencia después de haber jurado.

Por el contrario, si se acepta, cabe argumentar que es piadoso querer encomendarse a los dioses; que para nada es menester echar mano de otros jueces puesto que a ellos se entrega el juicio; y que sería absurdo no querer jurar sobre cosas acerca de las cuales otros consideran digno prestar juramento.

Y puesto que está claro cómo hay que hablar en cada caso, lo estará igualmente lo que debe decirse en los casos mixtos; por ejemplo, en el caso de que uno quiera prestar juramento, pero no aceptarlo; o que quiera aceptarlo, pero no prestarlo; o que quiera prestarlo y aceptarlo; o ninguna de las dos cosas.

Porque estas son forzosamente las combinaciones que pueden formarse a partir de los casos estudiados, de modo que también los discursos tendrán que formarse con los argumentos expuestos.

Por último, si se ha hecho por uno mismo juramento y es contradictorio, se debe decir que no hay en ello perjurio, porque el cometer delito es voluntario y el perjurar es cometer delito, pero lo que se hace por fuerza o por engaño no es voluntario. Por consiguiente, hay que concluir aquí que perjurar es algo que se hace con el pensamiento, no con la boca[90].

En cambio, si es el contrario el que se contradice después de haber hecho juramento, se debe decir que a todo faltará quien ni siquiera es fiel a lo que jura; y que por ello los jueces aplican las leyes luego de haber jurado. También diremos: Consideran, pues, digno que vosotros juzguéis siendo fieles a lo que habéis jurado, mientras ellos mismos no lo son... y cuantas otras frases como ésta permiten amplificar el asunto.

Con esto, pues, queda tratado lo que se refiere a las pruebas por persuasión que no son propias del arte.

---

90   Eurípides, *Hipólito,* p 612, "Mi lengua ha jurado, no mi pensamiento".

Libro II
Capítulo I
Elementos subjetivos
de la persuasión

Queda ya expuesto a partir de qué premisas conviene aconsejar y disuadir, elogiar y censurar, y acusar y defenderse ante los tribunales, así como qué opiniones y enunciados son útiles para obtener en estas materias pruebas por persuasión; porque, en efecto, a propósito de tales materias y a partir de esas premisas se forman los entimemas, en la medida en que ellos se dicen propiamente sobre cada uno de los géneros de los discursos.

Ahora bien, puesto que la retórica tiene por objeto formar un juicio, dado que también se juzgan las deliberaciones y la propia acción judicial es un acto de juicio, resulta así necesario atender, a los efectos del discurso, no sólo a que sea demostrativo y digno de crédito, sino también a cómo ha de presentarse uno mismo y a cómo inclinará a su favor al que juzga.

Porque que es muy importante para la persuasión, sobre todo en las deliberaciones y, después, en los procesos judiciales, el modo como se presente el orador y el que se pueda suponer que él está en una cierta actitud respecto de los oyentes, así como, en lo que se refiere a éstos, el que se logre que también ellos estén en una determinada actitud ante el orador; en todo caso, para las deliberaciones es más útil la manera como se presente el orador y, para los procesos judiciales, la actitud en que se halle el auditorio. Pues las cosas no son, desde luego, iguales para el que siente amistad, que para el que experimenta odio, ni para el que está airado que para el que tiene calma, sino que o son por completo distintas o bien difieren en magnitud. Y, así, mientras que el que siente amistad considera que el juicio que debe emitir es de inocencia total o de poca culpabilidad, al que experimenta odio le sucede lo contrario; y lo mismo si lo que va a ocurrir es placentero, al que lo desea y espera le parece que ello sucederá y que será un bien, mientras que al insensible y al malhumorado le pasa lo contrario. Tres son las causas que hacen persuasivos a los oradores y su importancia es tal que por ellas nos persuadimos, prescindiendo de las demostraciones. Esas causas son la sensatez, la virtud y la benevolencia. Así que cuando los oradores engañan en lo que dicen o sobre lo que dan consejo, ello es por todas estas causas o por alguna de ellas; porque, o bien por insensatez no tienen una recta opinión, o bien, opinando rectamente, callan por malicia su parecer, o bien son sensatos y honrados, pero no benevolentes, por lo cual, aun conociendo lo que es mejor, sucede que no lo aconsejan.

Fuera de estas causas no hay ninguna otra. Y, por lo tanto, es forzoso que aquel que parezca tenerlas todas resulte ser un orador persuasivo para el auditorio. Por lo demás, cómo es posible mostrarse sensato y virtuoso, hay que deducirlo de los análisis de las virtudes, ya que partiendo de tales análisis, cabe presentar a otro o incluso a uno mismo conforme a ellas.

Y en cuanto a la benevolencia y la amistad, hablaremos dentro del tema de las pasiones. Porque las pasiones son, ciertamente, las causantes de que los hombres se hagan volubles y cambien en lo relativo a sus juicios, en cuanto que de ellas se siguen pesar y placer. Así tema de las pasiones son, por ejemplo, la ira, la compasión, el temor y otras más de naturaleza semejante y sus contrarias. Ahora bien, en cada una se deben distinguir tres aspectos: en relación a la ira, por poner un caso, en qué estado se encuentran los iracundos, contra quiénes suelen irritarse y por qué asuntos; pues si sólo contamos con uno o dos de estos aspectos, pero no con todos, no es posible que se inspire la ira. Y lo mismo ocurre con las demás pasiones. En consecuencia, pues, de igual modo que en nuestros anteriores análisis hemos descrito los correspondientes enunciados, así procederemos también con respecto a las pasiones y las dividiremos de acuerdo con el método establecido.

Capítulo II
Sobre la ira

Admitamos que la ira es un apetito penoso de venganza por causa de un desprecio manifestado contra uno mismo o contra los que nos son próximos, sin que hubiera razón para tal desprecio. Ahora bien, si esto es la ira, entonces es necesario que el iracundo se encolerice contra un individuo concreto, por ejemplo contra Cleón, pero no contra el hombre en general; además, que sea por algo que le han hecho o iban a hacerle a él mismo o a los suyos; y, además, que a toda ira siga un cierto placer, nacido de la esperanza de vengarse. Es placentero, en efecto, pensar que se podrán conseguir aquellas cosas que se desean. Mas como nadie aspira a lo que se le muestra imposible, el iracundo desea lo que le parece que se puede hacer.

Y por eso del apetito irascible se ha dicho bellamente: "que, mucho más dulce que la miel rezumante, crece en los corazones de los hombres[91]".

---

91   Homero, *La Ilíada*, p. 18.109.

Por esta razón, pues acompaña al iracundo un cierto placer y también porque ocupa su tiempo con el pensamiento de la venganza, de modo que la imagen que entonces le surge le inspira un placer semejante al que se produce en los sueños.

Puesto que el desprecio es la actualización de una opinión acerca de algo que aparece sin ningún valor pues tanto los males como los bienes pensamos que son dignos de empeño, así como lo que a ellos tiende, mientras que lo que tenemos en nada o en muy poco lo suponemos carente de valor, tres son las especies de desprecio: el desdén, la vejación y el ultraje.

El desdeñoso desprecia, efectivamente, ya que se desdeña lo que se juzga que carece de valor y es eso precisamente, lo que no vale nada, lo que es objeto de desprecio. Como también parece que desprecia el que comete vejaciones, dado que la vejación comporta un obstáculo a los actos de voluntad, no con el fin de sacar uno mismo partido, sino para que no lo saque el otro; y como no se trata de algo de lo que uno vaya a sacar nada, lo desprecia, puesto que está claro que no supone que el ofendido pueda hacerle daño, en cuyo caso le tendría ciertamente miedo y no lo despreciaría, ni tampoco que quepa obtener de él algún provecho digno de mención, pues entonces habría pensado en hacerlo amigo suyo. Finalmente, también el que ultraja desprecia; porque ultraje es decir o hacer cosas que producen vergüenza al que las sufre y no para que ocurra en interés propio nada que no sea el hecho en sí, sino sólo para quedar complacido. Los que actúan en represalia no cometen ultraje, en efecto, sino que toman venganza. En cambio, lo que causa placer a quienes cometen ultrajes es que piensan que el portarse mal les hace superiores y por eso los jóvenes y los ricos son tan insolentes, porque creen que, ultrajando, quedan por encima. Por lo demás, es propio del ultraje la deshonra, y quien quita la honra desprecia, por cuanto lo que no vale nada tampoco merece ninguna estimación ni para bien ni para mal. Y por eso dice Aquiles, lleno de cólera: "me ha deshonrado, porque, luego de quitarme la recompensa, se queda con ella como a un desterrado privado de honra"[92], poniendo en esto la causa de su cólera. Aparte de que también se piensa que uno debe ser tenido en más por quienes son inferiores en linaje, en capacidad, en virtud y, en general, en todo aquello en que uno sobresale mucho, como por ejemplo el rico sobre el pobre en dinero, el retórico sobre el que no es capaz de hablar en materia de discursos e, igualmente el gobernante sobre el gobernado y el que se considera digno de mandar sobre el que sólo vale para ser mandado.

Y por esto se ha dicho: "Cólera grande es la de los reyes, vástagos de Zeus más luego también guarda su resentimiento"[93].

Ya que es en razón de su superioridad por lo que se enfurecen los hombres. Y hasta se piensa que se debe ser tenido en más por parte de quienes uno cree merecer que le den un buen trato; y éstos son aquellos a quienes uno mismo, o bien alguien por mediación suya, o bien alguno de los de su entorno han proporcionado o proporcionan algún beneficio o lo pretenden o han pretendido hacérselo.

De lo que precede se ve ya claro en qué disposiciones se encolerizan los que sienten ira, así como contra quiénes y por qué causas. Ellos se encolerizan, en efecto cuando sienten pesar, porque el que siente pesar es que desea alguna cosa. Y, por lo tanto, si al que está así se le pone algún obstáculo, ya sea directamente como, por ejemplo, si se le impide beber teniendo sed, ya sea indirectamente, de un modo semejante en ambos casos resulta que se produce el resultado dicho. Como también se encoleriza contra todos, si es que alguno le lleva la contraria o alguien no colabora con él o uno cualquiera lo perturba en alguna forma cuando él está en esta disposición. Este es, pues, el motivo de que los que están enfermos, los que son pobres, "los que padecen

---

92   Homero, *La Ilíada*, p. 18.109.

93   *Ibíd.*, p. 9.648,16.59.

guerra", los que están enamorados, los sedientos y, en general, los que desean algo ardientemente y no satisfacen su pasión sean iracundos y fácilmente excitables, sobre todo con aquellos que desprecian su situación. Así, por ejemplo, el que está enfermo se encoleriza contra el que hace de menos su enfermedad; el pobre contra el que es indiferente a su pobreza; el soldado contra el que desestima su guerra; el enamorado contra el que desaíra al objeto de su amor; y de igual manera en los demás casos y, fuera de éstos, en todos los otros en que alguien manifiesta desprecio. Porque cada cual hace camino en su propia ira, víctima de la pasión que lo posee.

Y, por lo demás, esto mismo es lo que sucede si por casualidad se recibe algo que no se espera, ya que en ese caso todavía molesta más lo muy inesperado, por la misma razón que lo muy inesperado es fuente de mayor gozo, si ocurre algo que uno quiere. De lo cual se hace también claro cuáles son los momentos, tiempos, estados de ánimo y edades estimulantes para la ira y dónde y cuándo se produce ésta, así como que, cuanto más se está en estas condiciones, más proclive se es a la ira.

A su vez, los que por estar en las disposiciones dichas son proclives a la ira se encolerizan contra los que se ríen, burlan y mofan de ellos puesto que los ultrajan, así como contra los que les infieren ofensas de tal naturaleza que son signos de ultraje; y tales son, forzosamente, las que no sirven para nada ni producen ningún provecho a quienes las infieren, ya que de esa forma parece que sólo tienen por causa el propio ultraje. También se encolerizan contra los que hablan mal y muestran desdén hacia las cosas por las que ellos se interesan especialmente, como por ejemplo ocurre con los que ponen toda su ambición en la filosofía, si alguien habla en contra de la filosofía; o con los que la ponen en el aspecto personal, si alguno desdeña la buena presencia; y de modo semejante en los demás casos. Y esto acontece tanto más, si ellos sospechan que, en efecto, o no sobresalen en tales cosas completamente, o no de un modo vigoroso, o no según la opinión establecida; porque cuando están muy seguros de ser superiores en aquello en que son objeto de burla, no sienten ninguna inquietud.

Por otra parte, se encolerizan más con los amigos que con los que no lo son, ya que piensan que es más justo ser bien tratados por ellos que no al contrario. E igualmente con los que acostumbran a honrarles y tenerles en consideración, si es que ya no vuelven a comportarse de esa manera, puesto que entonces se creen desdeñados por ellos, dado que sino seguirían observando la misma conducta. También se encolerizan contra los que no actúan con justa reciprocidad o no corresponden con equivalencia y contra los que obran en contra suya, siendo inferiores; pues todos los que así proceden dan la sensación de estarlos cubriendo de desdén, los unos en la forma en que se desdeña a los inferiores y, los otros como si el favor dispensado lo hubiesen recibido de inferiores. Y todavía se siente más ira contra los que no tenemos en ninguna consideración, si encima nos desprecian; porque la ira se apoya sobre el desprecio con relación a quienes no es adecuado que desprecien y, ciertamente, a los inferiores no les es adecuado despreciar.

Asimismo, contra los amigos, si no actúan bien de palabra o de obra y más aún, si actúan en contra nuestra o no se aperciben de que los necesitamos tal como, en la tragedia de Antifonte[94], Plexipo se encoleriza contra Meleagro, pues al no apercibirse de esto es signo de desprecio, ya que las cosas que nos interesan no nos pasan inadvertidas. Igualmente, contra los que se alegran con las desgracias y en general, contra los que no se entristecen de los infortunios, pues tal actitud es signo de enemistad o de desprecio.

---

94   Antifonte es un poeta trágico de Siracusa, V – IV a. C. Se conservan de su obra solo algunos fragmentos. Snell, Tragicorum Graecorum Fragmenta. F, 55 1b. En el mito de la cacería del Jabalí de Calidón, Plexipo aparece como un tío de Meleagro. Después de la muerte del jabalí, Meleagro le concede la piel a Atalante, lo que provoca la ira de su tío, por lo que le da muerte. La tragedia se llama *Melagro* y esta historia la presenta Apolodoro, en *Biblioteca*, 1.8.

Y también contra los que no se paran a pensar si van a causar una pena, de ahí la ira que producen los portadores de malas noticias, y contra los que prestan oídos o se dedican a hacer examen de nuestros defectos, pues éstos son iguales a quienes nos desprecian o a nuestros enemigos, ya que los amigos se compadecen y se duelen todos ellos, considerando sus propios defectos.

Además de en estos casos, se siente ira contra quienes nos desprecian ante cinco clases de gentes: ante los que compiten con nosotros en honor, ante aquellos que admiramos, o de los que queremos ser admirados, y ante los que nos inspiran respeto, o nosotros se lo inspiramos a ellos; si alguien nos desprecia delante de éstos, nuestra ira es ciertamente mayor. También nos encolerizamos contra quienes desprecian a cuantos resultaría vergonzosos que no socorriésemos, como es a nuestros padres, hijos, mujeres o subordinados. E, igualmente, contra los que no muestran agradecimiento ante un favor, porque ponerse al margen de lo debido constituye desprecio; contra los que ironizan frente a los que hablan en serio, ya que la ironía es muestra de desdén y contra los que son benefactores de otros, pero no nuestros, pues asimismo es muestra de desdén el no considerar a uno digno de lo que se considera a otros. Por lo demás, también el olvido, incluso el de las cosas más insignificantes como son los nombres, tiene la capacidad de producir ira, porque el olvido parece ser un signo de desprecio y porque, por otra parte, el olvido nace de la falta de interés y la falta de interés constituye una cierta clase de desprecio.

Con lo cual queda dicho, conjuntamente, contra quiénes se siente ira, en qué disposiciones y por qué causas. Por su parte, es claro que el orador debe inclinar, con su discurso a los oyentes en el sentido de que se pongan en la disposición de moverse a ira, presentando para ello a sus adversarios, a la vez como culpables de aquellas cosas por la que se siente ira y como sujetos de la índole propia para excitarla.

Capítulo III
Sobre la calma

Puesto que lo contrario de encolerizarse es calmarse y lo contrario de la ira es la calma, hemos de tratar ahora en qué disposición están los que son calmos, así como ante quienes permanecen en calma y por qué razones se calman. Admitamos, pues, que la calma es un apaciguamiento y pacificación de la ira. En ese caso, si los hombres se encolerizan contra quienes los desprecian y el desprecio es voluntario, es evidente que con los que no hacen nada de esto, o lo hacen o parecen hacerlo involuntariamente, se permanece en calma. Como también se permanece en calma con los que pretendían lo contrario de lo que hicieron; con los que se comportan del modo dicho incluso consigo mismos, puesto que no parece que nadie se desprecie a sí mismo; y con los que reconocen sus faltas y piden perdón, porque, como ya cumplen su sentencia en el malestar que sienten por lo que han hecho, hacen cesar la ira.

Un signo de esto se da en el castigo de los esclavos: a los que nos contradicen y replican los castigamos, en efecto, más, mientras que aplacamos nuestra cólera ante los que reconocen ser castigados con justicia. Y la causa es que constituye una desvergüenza negar lo evidente y que la desvergüenza implica desprecio y desdén, ya que sólo ante los que desdeñamos mucho no sentimos vergüenza. También se permanece en calma ante quienes se nos presentan humildes y no nos contradicen, pues con ello ponen de manifiesto que reconocen ser inferiores, y los inferiores temen y nadie que teme hace un desprecio. Por lo demás, que ante los que se humillan cesa la ira, es algo que hasta los perros muestran claramente, no mordiendo a quienes se sientan. Como asimismo cesa la ira por parte de quienes hablan en serio frente a los que también hablan en serio, ya que entonces les parece que se les está hablando en serio, pero no que se les desdeña. E, igualmente, frente a los que devuelven un favor con un favor más grande; frente a los que están necesitados y suplican gracia, pues así se humillan; y frente a los que no son soberbios, burlones o desdeñosos con nadie, ni tampoco con las buenas gentes o con quienes son iguales a ellos.

Por otra parte, las cosas que producen calma deben examinarse, en general por sus contrarios; y así se permanece calmado ante quienes se tiene miedo o vergüenza. No puede, en efecto sentirse ira mientras se está en esa disposición, puesto que es imposible al mismo tiempo experimentar miedo e ira. Tampoco se encoleriza uno, o lo hace en menor grado, contra los que actuaron movidos por la ira, porque con ello ponen de manifiesto que no actuaron por desprecio: ciertamente, nadie que está encolerizado desprecia, ya que el desprecio se hace sin pesar propio, mientras que la ira implica pesar. Y tampoco se encoleriza uno contra los que están avergonzados.

Asimismo, los que están en una disposición contraria a las que producen ira, es evidente que están calmos, como ocurre por ejemplo en el juego, en la risa, en la fiesta, en el éxito, en la feliz realización de una empresa, en la sobreabundancia y, en general, en cualquier situación de ausencia de pesar, de placer no insolente y de honrada esperanza. Además, son también calmos los que dejan pasar tiempo en vez de someterse súbitamente a la ira, porque el tiempo aplaca la ira. Como también aplaca incluso la ira más grande contra uno el que ya antes se haya tomado venganza contra otro. Y por eso contestó bien Filócrates cuando, estando el pueblo encolerizado contra él, alguien le preguntó: "¿por qué no te defiendes?". "Todavía no". "Pues ¿cuándo?". "Cuando vea que han denigrado a otro"[95]. Porque, en efecto, las gentes se tornan calmas, después que han consumido su ira en contra de otro; que es lo que ocurrió en el caso de Ergófilo: que estando mucho más indignados con él que con Calístenes, lo dejaron libre por causa de que la víspera habían condenado a muerte a Calístenes[96].

Asimismo se permanece en calma si se coge a los ofensores; si éstos sufren un mal mayor que el que hubieran podido acarrearles los que sienten la ira, pues creen estos últimos que, de ese modo, se han cobrado ya la venganza; e igualmente si uno mismo piensa que cometió una injusticia y que sufre un castigo merecido, ya que no se siente ira contra lo que es justo, puesto que, en ese caso, se considera que no se está sufriendo un mal sin que haya razón para ello, que es lo que definía a la ira. Y por eso conviene reprender primero de palabra, porque así se ofenden menos de ser castigados hasta los esclavos. También se permanece en calma si uno cree que aquel a quien quiere castigar no va a darse cuenta de que es por causa de uno mismo y en represalia por el mal que le hizo sufrir. La ira, en efecto, se produce en sentido individual, como queda claro por su definición; y por eso está bien escrito: "Di que fue Odiseo, devastador de ciudades"[97].

---

95   Filócrates fue adversario político de Demóstenes. Baiter Sauppe, libro II, p. 311.

96   Calístenes y Ergófilo dirigieron la expedición a Quersoneso en 362 a. C. Ellos decidieron establecer una tregua con Perdicas de Macedonia y por ello el rey tracio Cotis escapó. Esto indignó a los atenienses que condenaron a muerte a Calístenes y a Ergófilo a pagar una multa altísima a cambio de su vida.

97   Odiseo, se jacta de la acción de cegar al Cíclope y revela su nombre. Homero, *La Odisea*. P. 9.504.

Puesto que no se hubiera considerado Ulises completamente vengado, si el Cíclope no hubiera sabido por quién y en represalia de qué. De modo, en fin, que no se siente ira contra aquellos que no van a apercibirse de ella, ni tampoco contra los muertos, dado que éstos han sufrido ya lo último y ni pueden ya sentir dolor ni darse cuenta, que es a lo que aspiran los que están Arados.

Y por eso, sobre el cadáver de Héctor, dice bien el poeta queriendo aplacar a Aquiles en su ira: "Irritándose, maltrata una tierra sorda"[98].

Así queda claro que los que quieren calmar a un auditorio deben obtener, a partir de estos lugares comunes, argumentos para disponerlos en el sentido de que aquellos contra quienes sienten ira, son tales que o bien inspiran temor o respeto, o bien les han hecho favores, o bien obraban sin querer, o bien ya están arrepentidos de lo que han hecho.

---

98   Palabras que surgen de Apolo, quien intenta conmover a los dioses para que intervengan y terminen con los ultrajes de Aquiles al cadáver de Héctor. Homero, *La Ilíada*, p. 24. 54.

Capítulo IV
Sobre el amor y el odio

Hablaremos ahora de a quiénes se ama y se odia, y por qué causa, una vez que hayamos definido el amor y el odio. Sea, pues, amor la voluntad de querer para alguien lo que se piensa que es bueno, por causa suya y no de uno mismo, así como ponerlo en práctica hasta donde alcance la capacidad para ello. Además, es amigo el que ama y es, a su vez amado. Y también se consideran amigos los que creen estar mutuamente en esta disposición.

Puestas estas bases es necesario que sea amigo quien se alegra con los bienes de uno y se entristece con sus penas, no por ninguna otra razón sino por uno mismo. Porque, ciertamente, todos nos alegramos cuando acontecen las cosas que apetecemos, así como sentimos pesar cuando acontecen las contrarias, de modo que tanto las penas como los placeres son signos de la voluntad. En consecuencia, son amigos aquellos que tienen por buenas o malas las mismas cosas y por amigos y enemigos a las mismas personas; pues es forzoso querer para los amigos lo mismo que para uno, de manera que aquel que quiere para otro lo mismo que para sí pone con ello de manifiesto que es amigo suyo. Se ama igualmente a nuestros bienhechores o a los de las personas de nuestro interés o a los que nos hacen favores, sean éstos grandes o hechos con buena intención, o en determinadas ocasiones y por causa de uno mismo, o a los que consideramos que estarían dispuestos a hacérnoslos.

Y también a los amigos de nuestros amigos y a los que aman a los que amamos; a los que son amados por quienes nosotros amamos; y a los que tienen los mismos enemigos que nosotros, a los que odian a quienes nosotros odiamos y a los que son odiados por los que a nosotros nos odian. Todos éstos, en efecto, parecen tener por bienes las mismas cosas que nosotros, de manera que quieren para ellos los mismos bienes que para nosotros, lo cual era propio del amigo.

Además de en estos casos, se ama también a quienes son capaces de proporcionarnos algún beneficio, sea en materia de dinero o de seguridad, razón ésta por la que se tiene en tanta estima a los que son liberales, a los valientes y a los justos; por su parte, se supone que son así los que no viven a expensas de los demás, o sea los que viven de su trabajo; y entre éstos, los que viven del cultivo de la tierra y en especial los que trabajan por cuenta propia. Asimismo se ama a los moderados, porque no son injustos y a los pacíficos por la misma razón. Como también a los que queremos tener por amigos con sólo que parezca que ellos lo quieren y tales son los que por su virtud son buenos y los que gozan de buena reputación sea entre todos o entre los mejores o entre los que nosotros admiramos o entre los que nos admiran.

Además se ama a aquellos que nos deleitan con su trato y compañía, como son los complacientes y los que no reprueban los errores que cometemos ni son amigos de disputas o pendencieros, pues estos últimos son reñidores y los que riñen ponen con ello de manifiesto que quieren lo contrario que uno, así como los que tienen tacto lo mismo para hacer chistes que para aguantarlos, ya que en ambos casos se produce con ellos una rápida camaradería, por ser como son, capaces de admitir una broma y de gastarla de un modo conveniente.

También se ama a los que elogian las cosas buenas que uno tiene, sobre todo si entre ellas hay algunas que uno teme no tener. Asimismo, a los que son pulcros en su aspecto, en su vestimenta o en cualquier manifestación de su persona. A los que no nos reprochan ni nuestras faltas ni sus servicios, pues una y otra cosa es propia de censores. A los que no son rencorosos ni vengativos de las ofensas, sino que están bien dispuestos a la reconciliación, porque se supone que así como son para los demás, así serán también para uno mismo. A los que no andan diciendo lo que está mal ni están pendientes de las cosas malas del que tienen al lado o de uno mismo, sino sólo de las cosas buenas, ya que eso es lo que hace el hombre bueno.

A los que no molestan a los que están iracundos o sensibilizados por algo, pues los que eso hacen es que buscan riña. A los que están en una disposición de interés hacia nosotros, por ejemplo manifestándonos su admiración, considerándonos virtuosos, disfrutando de nuestra compañía y, sobre todo, compartiendo los mismos sentimientos hacia las cosas por las que nosotros queremos ser admirados o parecer virtuosos o atractivos. También a nuestros iguales y a los que tienen nuestra misma ocupación, siempre que no nos entorpezcan ni se ganen la vida con lo mismo que nosotros, pues de ahí surge lo de "alfarero contra alfarero"[99]. Y a los que desean las mismas cosas que nosotros, siempre que sea posible compartirlas, porque si no, ocurre lo mismo que antes.

Igualmente se ama a aquellos ante los que se está en tal disposición que no se siente vergüenza por las cosas que son vergonzosas según la opinión, con tal que no implique desdén; y

---

99   Cita completa: "el alfarero por el alfarero siente inquina, y el artesano, por el artesano; el pobre está celoso del pobre, el aedo, del aedo". Hesíodo, *Los trabajos y los días*, p.25.

ante los que uno se siente, en cambio, avergonzado por las cosas que son vergonzosas de verdad. Amamos también o deseamos ser amigos de aquellos de quienes nosotros somos competidores y por los que queremos ser emulados, no envidiados. Como también de aquellos a quienes ayudamos a conseguir bienes, siempre y cuando no vaya eso a acarrearnos males mayores.

Y de aquellos que aman a sus amigos ausentes de la misma manera que a los presentes, razón por la cual todos amamos a los que así se comportan con los difuntos. En general, se ama a los que son muy amigos de sus amigos y no los abandonan en las dificultades; porque en efecto, de entre los hombres buenos amamos sobre todo a los que son buenos en la amistad. Igualmente, a los que no andan fingiendo con nosotros y son tales los que incluso nos hablan de sus propios defectos, pues ya se ha dicho que ante los amigos no se siente vergüenza por las cosas que son vergonzosas según la opinión; así que, si uno siente vergüenza es que no ama, mientras que el que no siente vergüenza se hace semejante al que ama. También se ama, en fin, a quienes no nos causan miedo y a quienes nos inspiran confianza, porque nadie ama a aquel que teme.

Por su parte, son especies de la amistad el compañerismo, la familiaridad, el parentesco y otras de esta naturaleza. Y en cuanto a las causas que producen la amistad son el favor, el hacerlo sin necesidad de que se ruegue y el no hacer patente que se ha hecho, porque así queda claro que se hace por causa de uno mismo y no por cualquier otra razón.

Por lo que se refiere a la enemistad y al odio, es claro que hay que establecerlos teóricamente por los contrarios de la amistad.

Y en cuanto a las causas que producen la enemistad son la ira, la vejación y la sospecha.

Ahora bien, la ira procede de cosas que le afectan a uno mismo, mientras que la enemistad puede engendrarse también sin motivos personales; porque con sólo suponer que uno es de una determinada condición, ya llegamos a odiarle.

La ira se refiere siempre a algo tomado en sentido individual, como Calias a Sócrates, pero el odio se dirige también al género, pues al ladrón y al delator odia todo el mundo. La una puede curarse con el tiempo, el otro no tiene cura. La primera es un deseo de causar un estado de pesar, pero el segundo lo es de hacer un mal, ya que el que siente ira quiere apercibirse del dolor que causa, lo que en cambio, no le importa nada al otro.

Aparte de que las cosas que causan pesar son todas sensibles, mientras que las que provocan los mayores males son las que menos se perciben con los sentidos: la injusticia y la locura; pues ciertamente la presencia de la maldad no provoca pesar alguno. Además, la ira se acompaña de pesar propio, pero no así el odio; porque el que está iracundo, pena él mismo, mientras que el que odia, no. Y el primero, si se dieran muchas circunstancias, podría compadecerse, pero el segundo nunca: el último pretende, en efecto, que aquél contra el que está airado experimente a su vez algún dolor; el otro, que no exista. De lo dicho queda claro que es posible demostrar quiénes son enemigos y amigos; hacer que lo sean, si no lo son, o desenmascararlos, si lo andan propalando sin serlo; y también, si son adversarios nuestros por causa de la ira o la enemistad, llevarlos en uno u otro sentido, según lo que cada cual elija.

Capítulo V
Sobre el temor y la confianza

Qué cosas producen miedo, a quiénes se teme y estando en qué disposiciones, quedará claro con lo que sigue. Admitamos, en efecto, que el miedo es un cierto pesar o turbación, nacidos de la imagen de que es inminente un mal destructivo o penoso.

Porque, no todos los males producen miedo sea, por ejemplo, el ser injusto o el ser torpe, sino los que tienen capacidad de acarrear grandes penalidades o desastres, y ello además si no aparecen lejanos, sino próximos, de manera que estén, a punto de ocurrir. Los males demasiado lejanos no dan miedo, ciertamente: todo el mundo sabe que morirá, pero, como no es cosa próxima, nadie se preocupa.

Si esto es el miedo, necesariamente serán temibles cuantas cosas manifiestan tener un gran poder de destruir o de provocar daños que lleven a un estado de gran penalidad.

Por la misma razón, son igualmente temibles los signos de tales cosas, ya que ponen de manifiesto que lo temible está próximo y este es el peligro: la proximidad de lo temible.

Por su parte, las cosas de tal naturaleza son: la enemistad y la ira de quienes tienen la capacidad de hacer algún daño, pues es evidente que quieren y que pueden, de manera que están prontos a actuar; la injusticia, cuando dispone de esa misma capacidad, porque intencionadamente es injusto el injusto; la virtud ultrajada, que asimismo dispone de esa capacidad porque es obvio que la intención la tiene siempre, cuando ha recibido un ultraje, pero además que ahora puede; y el propio miedo de los que tienen capacidad de hacer algún daño puesto que los que así se hallan, por fuerza han de estar, ellos también, prestos a la acción.

Y como la mayoría de los hombres son malos y están dominados por el afán de lucro y son cobardes en los peligros, con mucha frecuencia resulta temible estar a merced de otro, de modo que los cómplices en alguna mala acción provocan el miedo de que terminen por delatarnos o por abandonarnos. Como también los que pueden cometer una injusticia provocan miedo a quienes pueden ser objetos de ella, ya que en la mayoría de las ocasiones los hombres cometen injusticia en cuanto pueden.

Y, lo mismo, los que ya han sido víctimas de injusticia o consideran haberlo sido, porque éstos andan siempre al acecho de una ocasión. Producen igualmente miedo los que ya han cometido injusticias, si tienen la capacidad de hacer daño, atemorizados como están de sufrir ellos alguna venganza; pues ya antes se ha establecido que esto era temible.

También los antagonistas en cosas que no es posible que ambos consigan al mismo tiempo, porque con éstos se está en lucha siempre. Asimismo, los que dan miedo a los que son más fuertes que nosotros, puesto que tanto más podrán causarnos un daño, si incluso se lo pueden causar a los que son más fuertes que nosotros.

Y también aquellos a quienes temen los que son más fuertes que nosotros, por la misma razón. Igualmente, los que han quitado del medio a los que son más fuertes que nosotros y los que andan atacando a los que son más débiles: éstos, en efecto, o son ya temibles de suyo o podrán serlo después que se hayan crecido. Como también son temibles, de entre los que hemos hecho víctimas de injusticia o son enemigos o rivales nuestros, no los coléricos o de palabra franca, sino los que son calmos, irónicos o tortuosos, ya que de éstos no se descubre si están prontos a actuar, de modo que tampoco queda nunca claro si su acción está lejana. Por lo demás, todas las cosas que son temibles lo son más aún, cuando no cabe reparar la falta cometida, ya sea porque ello es completamente imposible, ya sea porque no está en nuestras manos, sino en las de nuestros adversarios.

Y, lo mismo, las cosas que no admiten arreglo o no lo tienen fácil. Por decirlo simplemente, son temibles todas las cosas que cuando les suceden o están a punto de sucederles a otros, inspiran compasión.

Así, pues, estas son las cosas dignas de temerse y también, por así decirlo, poco más o menos las principales que causan miedo. En cuanto al estado en que se hallan los que sienten miedo, lo trataremos ahora. Porque ciertamente, si el miedo se produce acompañado de un cierto presentimiento de que se va a sufrir una afección destructiva, es claro entonces que entre los que creen que no puede ocurrirles ningún mal, ninguno tiene miedo y que tampoco se teme a las cosas, personas y momentos que se piensa no pueden provocarlo. Por consiguiente, es forzoso que tengan miedo quienes creen que van a sufrir algún mal y ante las gentes, cosas y momentos que pueden provocarlo. Por su parte, creen que no puede ocurrirles ningún mal aquellos que están o creen estar en situaciones de gran fortuna y de ahí que sean soberbios, despectivos y temerarios, pues de esa condición hacen su riqueza, su fuerza, su éxito social y su poder, así como aquellos que consideran haber sufrido ya toda clase de desgracias y permanecen impasibles ante el futuro, como ocurre con los que alguna vez han sido apaleados. Para sentir miedo es preciso que aún se tenga alguna esperanza de salvación por la que luchar. Y un signo de ello es que el temor hace que deliberemos, mientras que nadie delibera sobre cosas desesperadas.

Por lo tanto, conviene poner a los oyentes, cuando lo mejor sea que ellos sientan miedo, en la disposición de que puede sobrevenirles un mal pues también lo sufrieron otros superiores a ellos y mostrarles que gentes de su misma condición lo sufren o lo han sufrido, y además, de parte de personas de las que no cabría pensarlo y por cosas y en momentos que no se podrían determinar.

Ahora bien, una vez que ha quedado claro qué es el temor, cuáles las cosas temibles y en qué disposiciones se siente miedo, a partir de ellos se hace claro también qué es tener confianza, así como en relación a qué cosas y estando en qué estado de ánimo se es confiado. Porque, en efecto, la confianza es lo contrario del temor y lo que causa confianza, de lo que provoca temor, de modo que ella es una esperanza acompañada de fantasía sobre que las cosas que pueden salvarnos están próximas y, en cambio, no existen o están lejanas las que nos provocan temor. Da confianza, así pues, el que las desgracias estén lejos y los medios de salvación cerca; el que existan remedios y se disponga de recursos, sean éstos muchos o grandes o ambas cosas a la vez; el no haber sido víctima de injusticia ni tampoco haberla cometido; el no tener, en general, antagonistas o el que éstos no tengan capacidad de hacernos daño o, caso de que la tengan, sean amigos o nos hayan hecho algún beneficio o lo hayan recibido de nosotros; y el que aquellos a quienes conviene lo mismo que a nosotros sean más numerosos o más poderosos o ambas cosas a la vez.

Por su parte, son confiados los que están en las siguientes disposiciones. Los que consideran que han triunfado en muchas ocasiones y no han sufrido ningún mal, o bien los que muchas veces han estado al borde de una desgracia y han escapado a ella; porque los hombres se hacen insensibles por dos razones: o porque no tienen experiencia o [30] porque tienen recursos, tal como, en los peligros del mar, confían en el futuro tanto los que nada saben de las tempestades como los que disponen de recursos en virtud de su experiencia. Lo mismo hay que decir cuando lo temible no lo es tal para los que son nuestros iguales o nuestros inferiores o gentes de las que nos consideramos superiores; y así conceptuamos a los que hemos superado ya, sea personalmente a ellos, sea a los que les son superiores o iguales. También los que creen disponer de más y mejores medios, de esos con cuya posesión cualquiera resulta temible; y tales medios son la abundancia de dinero, fuerza física, amigos, propiedades y equipos militares, bien sea en su totalidad o en el mayor grado posible. Igualmente, los que no han cometido injusticia contra nadie, o no contra muchas personas, o no al menos contra aquellos que inspiran temor y en general, los que están a bien con los dioses tanto en las demás cosas como en lo que resulta de sus signos y preceptos; porque la ira hace a uno confiado y el no cometer injusticia, sino padecerla provoca ira y se supone que la divinidad socorre a los que padecen injusticia.

Y lo mismo hay que decir cuando, al acometer una empresa, uno cree o que no le va a pasar nada, ni le pasará después o que va a ser un éxito.

Con lo cual queda expuesto lo que se refiere a las cosas que inspiran temor y a las que infunden confianza.

Capítulo VI
Sobre la vergüenza
y la desvergüenza

Qué cosas provocan vergüenza y cuáles mueven a la desvergüenza, así como ante quiénes y estando en qué disposiciones quedará claro con lo que sigue. Admitamos, para ello, que la vergüenza es un cierto pesar o turbación relativos a aquellos vicios presentes, pasados o futuros, cuya presencia acarrea una pérdida de reputación. Y que la desvergüenza es el desprecio o la insensibilidad ante estos mismos vicios.

Si ésta es la definición de vergüenza, necesariamente avergonzarán todos los vicios que parecen ser vergonzosos, sea para uno mismo, sea para las personas por las que uno está interesado. Y de esta naturaleza son todas las obras resultantes del vicio como por ejemplo, abandonar el escudo y huir, ya que esto resulta de la cobardía. Igualmente, el robar una fianza, porque esto resulta de la injusticia. El mantener relaciones carnales con quienes no se debe o donde y cuando no conviene, pues esto resulta del desenfreno. El obtener ganancia de cosas ruines o vergonzosas o de personas imposibilitadas, como son los pobres o los difuntos -de ahí el refrán: "saca partido hasta de un cadáver"[100].

Porque todo esto procede de la codicia y la mezquindad. El no socorrer con dinero pudiendo hacerlo, o hacerlo en menor cuantía; el hacerse socorrer por los menos pudientes, el pedir en forma que uno parezca mendigar; el mendigar dando la sensación de que se reclama un pago o reclamar un pago dándola de que se mendiga y el llenar de elogios lo que parece que uno pide y, si no se tiene éxito, seguir insistiendo. Todas estas cosas son, ciertamente, signos de mezquindad.

Como lo son de adulación el elogiar a alguien que está presente, sobrevalorar tanto sus méritos como disminuir sus defectos, excederse en condolencias con quien se duele ante nosotros y demás cosas semejantes: en efecto, todo esto es signo de adulación.

Y lo mismo el no soportar fatigas que soportan los ancianos, lo acostumbrados al lujo, los que tienen una mejor posición económica o, en general, los más imposibilitados, pues todo esto es signo de indolencia. Así como el recibir beneficio de otro, incluso muchas veces y reprochar el bien que se nos ha hecho, ya que ello es signo de pequeñez de espíritu y de ruindad.

Y también el andar hablándolo todo de uno mismo y hacerse propaganda y declarar como propias las cosas ajenas, porque esto es propio de fanfarronería.

Por otra parte, de manera parecida causan vergüenza las obras que resultan de cada uno de los otros vicios que son propios del talante personal, así como sus signos y lo que es semejante a éstos, pues tales cosas son en sí vergonzosas y causas de vergüenza. Y, además, el no participar de las cosas bellas de las que participan todos o todos nuestros iguales o la mayoría de ellos. Y llamo iguales a los que pertenecen a un mismo pueblo,

---

100   Diogeniano, p 5. 84.

tienen la condición de ciudadanos, son de la misma edad o están unidos por lazos de parentesco y, en general, a los que están en iguales condiciones, ya que el no participar, por ejemplo, de la educación en el mismo grado que éstos resulta inmediatamente vergonzoso; y de igual manera, el no participar de las otras cosas. No obstante, todas estas causas de vergüenza lo son más si se manifiesta que son por propia culpa, puesto que aun más aparecen como resultados de un vicio, si uno mismo es responsable de que hayan sucedido o sucedan o vayan a suceder en el futuro. Por lo demás, también se sienten avergonzados los que sufren o han sufrido o van a sufrir cosas de esas que llevan al deshonor y al reproche; y de tal naturaleza son las que conducen a servidumbres del cuerpo, o de obras vergonzosas, entre las cuales está el consentir el ultraje. E, igualmente, las que llevan al desenfreno, ya sean voluntarias o involuntarias. Y son involuntarias las que se hacen a la fuerza, dado que persistir en esas cosas y no oponerse a ellas resulta de la falta de valor o de la cobardía.

Tales son, pues, las cosas, éstas y otras como éstas, que causan vergüenza. Pero puesto que la vergüenza es una fantasía que concierne a la pérdida de reputación y ello por causa de esta pérdida en sí más bien que por sus efectos, y como, por otra parte, nadie se preocupa de la reputación sino con referencia a quiénes han de juzgarla, necesariamente se sentirá vergüenza ante aquellos cuyo juicio importa.

E importa el juicio de quienes nos admiran o de aquellos otros a quienes admiramos o por los que queremos ser admirados, así como el de aquellos cuyos honores nos sirven de estímulo o cuya opinión no cabe desdeñar. Pues de todos éstos queremos ser admirados. Por su parte, admiramos a cuantos tienen algunos de esos bienes que son dignos de estima o también a aquellos a los que por azar acontece ser dueños de algo de lo que sentimos viva necesidad, como nos ocurre, por ejemplo, cuando estamos enamorados; nos estimulan los honores de quienes son nuestros iguales; y tomamos, en fin, en cuenta la opinión de los sensatos, en cuanto que ellos dicen la verdad, tales como los ancianos y los que han recibido una mejor educación.

Asimismo se siente vergüenza de lo que está a la vista y es más ostensible de donde el proverbio: "en los ojos está el pudor"[101], razón por la cual se está más avergonzado ante quienes van a convivir siempre con uno o andan siempre pendientes de uno, ya que en ambos casos se está ante sus ojos. Como también se siente vergüenza ante los que no están incursos en las acusaciones que se nos hacen, porque es evidente que su opinión es contraria a ellas. Y, lo mismo, ante los que no son indulgentes con los que les parece a ellos que cometen faltas, pues como suele decirse, lo que uno mismo hace no le indigna en los otros; de modo que lo que no hace, está claro que sí le indigna en los demás. Y ante los que se dedican a pregonar dichas faltas a mucha gente, dado que, en efecto, no hacer juicios o no pregonarlos en nada se diferencia. Por su parte, son propensos a la divulgación quienes han sido víctimas de injusticia, ya que siempre están en guardia y los maldicientes puesto que si en verdad critican a los que no cometen faltas, más aún criticarán a los que sí las cometen.

Asimismo se siente vergüenza ante los que practican la diatriba con las faltas de los que tienen cerca, como hacen, por ejemplo, los burlones o los comediógrafos, porque, a su manera, son éstos maldicientes y pregoneros. E, igualmente, ante los que nunca han fallado en nada, ya que éstos están en una actitud semejante a la de aquellos que son objeto de admiración. Por este mismo motivo se tiene también vergüenza ante quienes le piden a uno por primera vez algo, dado que todavía no ha desmerecido uno ante ellos en ninguna manera; y así son los que desde hace poco pretenden ser amigos nuestros pues por eso es que nos atribuyen las mejores cualidades, razón por la cual está tan

---

101   "La vergüenza nace en los ojos, hijo". Eurípides, *Cresfontes*, fr. 457.

bien la respuesta de Eurípides a los Siracusanos; y los que siendo conocidos nuestros de antiguo, no están en ningún secreto que se refiera a nosotros.

Por lo demás, se siente vergüenza no sólo de las cosas que se califican de vergonzosas, sino también de sus signos. Por ejemplo: no sólo de entregarse a los placeres del amor, sino también de lo que son signos suyos y no sólo de cometer actos vergonzosos, sino también de hablar de ellos. De modo semejante, no sólo se siente vergüenza ante las personas que acabamos de mencionar, sino también ante las que se lo dirán a éstas, como son sus criados o sus amigos. En cambio, no se siente por lo general vergüenza ni ante aquellos de quienes desdeñamos su opinión en lo que se refiere a ser veraces, ya que nadie se avergüenza ante los niños o ante los animales, ni tampoco ante los conocidos igual que ante los desconocidos, sino que ante los conocidos nos avergonzamos por lo que se juzga vergonzoso de verdad, mientras que ante los no allegados, por lo que lo es según las convenciones.

En cuanto a cuáles son los estados en que se siente vergüenza, éstos son, en primer lugar, si alguien está ante nosotros en la misma situación que aquellos de los que decíamos que eran personas ante las que nos avergonzábamos. Tales eran los que nosotros admiramos o los que nos admiran o aquellos de los que pretendemos ser admirados o de quienes necesitamos un favor que no podremos obtener si tenemos mala reputación. Y además, o bien porque tales personas nos ven como cuando habló Cidias sobre la colonia de Samos, pues en efecto, pidió a los atenienses que se imaginasen que todos los griegos los rodeaban como en un círculo, viendo y no sólo oyendo lo que iban a votar, o bien porque esas mismas personas están cerca o porque inmediatamente van a saber lo que hacemos. Y esta es la causa de que en los infortunios no queramos ser vistos por quienes en otro tiempo nos emulaban; porque los émulos son admiradores.

También se está en la disposición dicha cuando sobre nosotros recaen obras o acciones que producen vergüenza, ya sean nuestras o de nuestros antepasados o de cualesquiera otros con quienes nos une algún lazo de parentesco. Y en general se está en esta disposición ante aquellos en relación con los cuales se experimenta vergüenza, tales como son los que acabamos de mencionar o los que están vinculados a nosotros, bien porque hemos sido sus maestros o sus consejeros, o bien, si se trata de otros iguales a nosotros, porque con ellos rivalizamos en honores. Muchas cosas ciertamente se hacen o se dejan de hacer por vergüenza hacia estas clases de personas. Como asimismo nos sentimos más vergonzosos si al punto vamos a ser vistos y si tenemos que convivir en público con quienes conocen nuestros actos. Y por esto fue por lo que el poeta Antifonte, cuando estaba a punto de morir apaleado por orden de Dionisio, al ver que los que con él iban a morir se cubrían el rostro cuando pasaban delante de las puertas, les dijo: "¿Por qué os tapáis? ¿Acaso tenéis miedo de que alguno de éstos os vea mañana?"[102].

Hasta aquí, pues lo que hay que decir sobre la vergüenza. En cuanto a la desvergüenza, es evidente que encontraremos lo que corresponde a partir de los contrarios.

---

102   Snell, p 55.

Capítulo VII
Sobre el favor y las necesidades

A quiénes se hace un favor, a propósito de qué cosas y estando en qué disposiciones, quedará claro una vez que hayamos definido el favor. Admitamos pues, que el favor es una ayuda al que la necesita, no a cambio de algo, ni con alguna finalidad para el que presta la ayuda, sino para el otro. Por su parte, el favor será grande si se está muy necesitado o si se hace sobre cosas importantes y difíciles o en determinadas ocasiones o también si uno es el único o el primero o el principal en hacerlo; y en cuanto a las necesidades, éstas son los impulsos y entre ellos, sobre todo los que conllevan pesar si no se realizan. Y de esta naturaleza son los deseos pasionales, como el amor y también los que se producen en los malos tratos y en las situaciones de peligro, dado que ciertamente tanto el que corre peligro como el que sufre un pesar experimenta deseos. Por esta razón, pues los que están en la indigencia y en el exilio, por pequeña que sea la ayuda que se les preste, quedan muy agradecidos a causa de la magnitud de su necesidad y de la ocasión en que se les presta. Así por ejemplo el que dio la estera en el Liceo. Es necesario por lo tanto que el hecho de prestar ayuda se refiera a estas necesidades y, si no, a otras iguales o mayores.

De manera que una vez que ha quedado claro a quiénes y sobre qué cosas se hace un favor, así como estando en qué disposiciones, se hace evidente que los argumentos se han de preparar sobre la base de estas premisas, mostrando unas veces que tales personas se encuentran o han llegado a encontrarse en semejante pesar y necesidad; y otras veces que tales otras han prestado su ayuda o la están prestando en esta o aquella situación de apuro. Se hace también evidente, por otra parte, a partir de qué premisas cabe no reconocer un favor y ponerse al margen del agradecimiento: hay que argumentar, en efecto, que o bien es por interés propio por lo que uno cualquiera nos presta o nos ha prestado ayuda y en tal caso no era un favor, o bien que sucedió por casualidad, o que le forzó una causa mayor, o que estaba restituyendo y no dando, tanto si lo sabía cómo si no lo sabía, puesto que en ambos casos fue a cambio de otra cosa, por lo que no cabría considerarlo un favor.

Y esto debe examinarse con referencia a todas las categorías, ya que un favor existe o bien porque es tal, o bien en atención a la cantidad, la cualidad, el tiempo o el lugar. Por lo demás hay una señal de que no ha habido favor cuando ya no cabe prestar una ayuda más pequeña y cuando hasta a los enemigos se les ha prestado la misma o una semejante o mayor, pues es evidente entonces que tal ayuda no ha tenido por causa nuestro interés. O cuando a sabiendas se brindan cosas despreciables, porque nadie reconoce estar necesitado de cosas sin valor.

Capítulo VIII
Sobre la compasión

Acabamos de hablar del favor y de la falta de agradecimiento; trataremos ahora de qué cosas son dignas de compasión, a quiénes se compadece y estando en qué disposiciones.

Sea pues, la compasión un cierto pesar por la aparición de un mal destructivo y penoso en quien no lo merece, que también cabría esperar que lo padeciera uno mismo o alguno de nuestros allegados. Y ello además cuando se muestra próximo; porque es claro que el que está a punto de sentir compasión necesariamente ha de estar en la situación de creer que él mismo o alguno de sus allegados van a sufrir un mal y un mal como el que se ha dicho en la definición, o semejante, o muy parecido. Esta es la causa de que no sientan compasión ni los que están completamente perdidos pues piensan que nada pueden sufrir, puesto que lo han sufrido ya todo, ni tampoco los que se creen muy felices, los cuales por el contrario se hallan llenos de soberbia, porque si piensan que poseen todos los bienes, es evidente que también creerán poseer el de no padecer ningún mal, lo que en efecto, es uno de los bienes.

Por su parte, son de la condición de considerar que sí puede ocurrirles un mal, los que ya han sufrido uno y han escapado de él; los ancianos, por su sensatez y experiencia; los débiles y todavía más los cobardes; y también los instruidos, porque son los más razonables. Igualmente, los que tienen padres o hijos o esposas, ya que todos éstos son partes de uno mismo y tales que pueden ser objeto de los sufrimientos mencionados.

Y los que ni están incluidos en una de las pasiones propias de la valentía, por ejemplo, la ira o la confianza en cuyos cálculos no entra el futuro, ni se hallan en un estado de ánimo soberbio pues tampoco entra en los cálculos de éstos que vayan a sufrir un mal, sino que están en un punto medio; así como también los que no están muy atemorizados, ya que no sienten compasión quienes andan absortos en la preocupación de sus propios daños.

Se es compasivo, además, sólo si se cree que existen personas honradas, porque el que a nadie considere así pensará que todos son dignos de sufrir un daño. Y también, en general, cuando uno se halla en la disposición de acordarse de que a él mismo o a "alguno" de los suyos les han acontecido cosas de la misma naturaleza, o en la de esperar que, igualmente a él o a alguno de los suyos, les pueden llegar a suceder.

Así, pues, queda ya establecido en qué disposiciones se siente compasión. En cuanto a qué la produce, se hace claro por la definición de que partimos. Cuantas cosas resultan destructivas entre las que causan pesar o dolor físico, ésas son en efecto, dignas de compasión; y también cuantas provocan la muerte, así como todos los males grandes de que es causa la fortuna. Son males dolorosos y destructivos la muerte, las violencias para con el cuerpo, los malos tratos la vejez, las enfermedades y la falta de alimento; son, en cambio, males cuya causa es la fortuna la ausencia o la escasez de amigos y por eso es digno de compasión el ser arrancado de los amigos y compañeros, la fealdad, la debilidad física, la invalidez, el que resulte un mal de aquello de que era justo que resultase un bien y el que esto suceda muchas veces, así como el que venga a producirse una cosa buena después de que ya se ha sufrido un mal, como le ocurrió a Diopites, que una vez muerto recibió el regalo del rey, y el que nunca ocurra nada bueno y, una vez que ocurre, no se disfrute.

Estas y otras semejantes son, pues, las cosas de las que nos compadecemos. Por su parte, también se siente compasión de los conocidos, con tal que nuestra relación con ellos no sea demasiado íntima (porque en este último caso se está en la misma disposición que si nos fuese a ocurrir a nosotros, razón por la cual Amasis[103] no lloró por su hijo al que llevaban a la muerte, según cuentan, pero sí por un amigo suyo que pedía limosna: esto es, en efecto, digno de compasión, mientras que aquello otro es terrible, y lo terrible es ciertamente cosa distinta de la compasión, incompatible con la piedad e incluso, muchas veces, útil para lo contrario, puesto que ya no se siente compasión cuando lo terrible está al lado de uno).

Compadecemos, asimismo, a los que son semejantes a nosotros en edad, costumbres, modo de ser, categoría o linaje, ya que en todos estos casos nos da más la sensación de que también a nosotros podría sucedernos lo que a ellos; pues, en general, hay que admitir aquí que las cosas que tememos para nosotros, esas son las que nos producen compasión cuando les suceden a otros. Y como los padecimientos que se muestran inminentes son los que mueven a compasión, mientras que los que ocurrieron hace diez mil años, ciento treinta o los que ocurrirán en el futuro, al no esperarlos ni acordarnos de ellos, o no nos conmueven en absoluto o no de la misma manera, resulta así necesario que aquellos que complementan su pesar con gestos, voces, vestidos y, en general, con actitudes teatrales excitan más la compasión, puesto que consiguen que el mal aparezca más cercano, poniéndolo ante los ojos, sea como inminente, sea como ya sucedido.

---

103   Heródoto, p 3.14. Pero se le atribuye la anécdota al faraón Psaménito, hijo de Amasis. Pareciera ser una imprecisión de Aristóteles.

También es más digno de compasión lo que ha sucedido hace poco o lo que va a ocurrir inmediatamente, motivo por el cual nos conmueven incluso los signos, como, por ejemplo, los vestidos de quienes han sufrido el mal y todas las cosas de esta clase; e igualmente las acciones, las palabras y cuantas otras cosas proceden de quienes están en una situación de padecimiento, como, por ejemplo, de los moribundos. Pero sobre todo nos inspira compasión el que personas virtuosas se encuentren en estos trances; porque todo esto, por ser cercano, provoca nuestra piedad y tanto más cuanto el padecimiento es inmerecido y se pone ante nuestros ojos.

Capítulo IX
Sobre la indignación

Al hecho de sentir compasión se opone principalmente lo que se llama sentir indignación. En efecto: al pesar que se experimenta por las desgracias inmerecidas se opone de algún modo y procediendo del mismo talante, el que se produce por los éxitos inmerecidos. Y ambas pasiones son propias de un talante honesto, ya que tan adecuado es entristecerse y sentir compasión por los que sufren un mal sin merecerlo, como indignarse contra los que son inmerecidamente felices. Porque es injusto lo que tiene lugar contra lo merecido. Y esta es la causa por la que incluso a los dioses atribuimos indignación. Con todo, podría parecer que también la envidia se opone a la compasión de esta misma manera, suponiéndola muy próxima y de la misma naturaleza que la indignación, y, sin embargo, es lo contrario; porque la envidia es ciertamente un pesar turbador y que concierne al éxito, pero no del que no lo merece, sino del que es nuestro igual o semejante. En cambio, el que sea no porque a uno mismo vaya a sucederle algo, sino por causa del prójimo, eso es preciso que se dé igualmente en todas estas pasiones, porque no sería ya envidia ni indignación, sino miedo. Si la causa del pesar y de la turbación procediera del hecho que uno puede sobrevenirle una calamidad por el éxito del otro.

Por otra parte, es evidente que a estas pasiones seguirán también las contrarias, ya que el que se duele de los que sufren desgracias inmerecidas se alegrará o permanecerá insensible ante los que las sufren por lo contrario: por ejemplo, de que los parricidas o los asesinos alcancen su castigo, ningún hombre honesto siente pesar, pues es adecuado alegrarse en tales casos, como igualmente lo es en el de los que tienen un éxito conforme a sus méritos: ambas cosas son ciertamente justas y hacen que todo hombre honrado se alegre, dado que por fuerza se ha de esperar que lo que le suceda a quien es igual a uno, a uno le pueda suceder también. Y todas estas pasiones son propias de un mismo talante, así como las contrarias lo son de lo contrario. Porque una misma persona es el que se alegra del mal ajeno y el envidioso, dado que quien siente pesar de aquello que alguien llega a ser o a poseer, necesariamente sentirá alegría en el caso de su pérdida y destrucción. Por lo cual, todas estas pasiones son, por una parte, impedimentos de la compasión y, por otra se diferencian por las causas dichas, de modo que son todas ellas útiles para presentar las cosas como indignas de compasión.

Hablemos ante todo ahora de la indignación: contra quiénes se siente, dado qué motivos y estando en qué disposiciones. Luego retomaremos lo restante. Ahora bien, la cuestión está clara partiendo de lo que hemos dicho, porque si la indignación es un pesar que se siente por causa de quien aparece disfrutando de un éxito inmerecido, en primer lugar es obvio que no es posible indignarse por todos los bienes. Si uno es justo o valiente, o si lo que va a alcanzar es una virtud, nadie se indignará con él pues tampoco se tiene compasión en los casos contrarios a éstos, sino que se indignará por la riqueza, el poder y cosas de esta clase, de las que, hablando en absoluto, son merecedores los buenos; como tampoco, si uno posee determinados bienes por naturaleza, como, por ejemplo, noble cuna, belleza y cuantas cosas son semejantes a éstas.

Por otro lado, como lo antiguo aparece como próximo a lo que es por naturaleza, forzosamente se sentirá más indignación contra los que, teniendo un mismo bien, lo tienen desde hace menos tiempo y disfrutan por ello de ventura: por eso los nuevos ricos molestan más que los que lo son de antiguo y por familia e, igualmente, los que gobiernan, los que son poderosos, los que tienen muchos amigos y buenos hijos y otras cosas de esta clase.

Y si a causa de estas cosas les acontece algún otro bien, resulta lo mismo; porque todavía molestan más los nuevos ricos, si gobiernan por causa de su riqueza, que los ricos de antiguo. E igual ocurre en los demás casos. Y la causa es que los unos parecen tener sus bienes legítimamente, que los otros no; porque lo que es manifiesto que se posee de una misma manera desde siempre, parece que es verdad, de modo que los otros es como si no poseyesen legítimamente sus propios bienes.

Y como cada uno de los bienes no es merecido por el primero que llega, sino que existe una cierta analogía y ajuste por ejemplo, la belleza de las armas no se adapta al hombre justo, sino al valeroso; y los matrimonios distinguidos no son pertinentes a los nuevos ricos, sino a los de noble linaje. Resulta así que, por lo tanto, si un hombre bueno no obtiene lo que es ajustado a él, ello es motivo de indignación. Y lo mismo el que el inferior rivalice con el superior, de donde se ha dicho aquello de: "Eludió el combate con Ayante Telamónida, puesto que contra él se indignaba Zeus cuando luchaba con un héroe superior"[104].

Y si no, al menos cuando el inferior rivaliza con el superior en cualquier modo, como, por ejemplo, si el músico se opone al justo, dado que la justicia es mejor que la música.

Así, pues, contra quiénes se indigna uno y por qué, queda ya claro por lo dicho, ya que se trata de los casos mencionados y de los que les son semejantes. Por su parte, uno se siente inclinado a la

---

104   Homero, *La Ilíada*, p.11.542. sólo el primer verso, el segundo es citado también por Plutarco.

indignación, si es digno de los mayores bienes y los posee, porque ciertamente no es justo que lo que se juzga propio de iguales lleguen a tenerlo quienes no son iguales. En segundo lugar, si resulta que uno es bueno y virtuoso, ya que en este caso se tiene buen juicio y se odia la injusticia. También si se es ambicioso y se aspira a algunas cosas importantes y, sobre todo, si ocurre que aquello que uno ambiciona lo alcanzan otros sin merecerlo.

En general, quienes a sí mismos se consideran dignos de cosas que otros no merecen, se sienten inclinados a indignarse contra estos últimos y por tales cosas.

Y ésta es la razón de que los serviles, los inmorales y los que no tienen ambiciones no sean ¡propensos a la indignación, ya que nada hay que ellos crean merecer.

De lo cual, pues, queda claro en relación con qué clase de personas conviene alegrarse o por lo menos no sentir pena de que tengan mala suerte o sufran alguna desgracia o carezcan de algo. Porque en efecto después de lo que hemos dicho, sus opuestos se hacen evidentes, de modo que si el discurso predispone en este sentido a quienes han de juzgar y demuestra que aquellos que se presentan como merecedores de compasión y en aquellas cosas en las que merecerían ser compadecidos, en realidad no son tales e incluso son merecedores de no alcanzarla, imposible será que se sienta compasión.

Capítulo X
Sobre la envidia

Por otra parte, resulta también claro por qué se tiene envidia, contra quiénes y estando en qué disposiciones, si es que realmente la envidia consiste en un cierto pesar relativo a nuestros iguales por su manifiesto éxito en los bienes citados, y no con el fin de obtener uno algún provecho, sino a causa de aquellos mismos. En consecuencia, se sentirá envidia de quienes son nuestros iguales o así aparecen; y llamo iguales a quienes lo son en estirpe, parentesco, edad, modo de ser, fama o medios económicos. También son envidiosos los que poco les falta para tenerlo todo razón por la cual los que realizan grandes cosas y los afortunados son más envidiosos, ya que piensan que todos quieren arrebatarles lo que es suyo. Asimismo, los que gozan de una destacada reputación en algo y especialmente en sabiduría o felicidad. Como también son más envidiosos los que ambicionan honores que los que no los ambicionan. Y los sabios sólo en apariencia, pues éstos ambicionan lo que concierne a la sabiduría. En general, cuantos aman la gloria en relación a un punto cualquiera, son más envidiosos en lo que se refiere a ese punto. E igualmente los de espíritu pequeño, porque a éstos les parece que todo es grande.

Así, pues, por una parte, han quedado ya enumerados los bienes por los que se siente envidia. Porque es, en efecto, por las obras o por la posesión de las cosas en las que se expresa el amor a la gloria y la ambición de honores y ante las que se excita el apetito de la fama, así como también por los dones de la fortuna, por todo esto poco más o menos, por lo que se tiene envidia. Y entre tales cosas, principalmente, por las que le excitan a uno en particular o piensa que le es preciso tenerlas o con cuya posesión sobresale un poco o se queda en poco por debajo. Pero, por otra parte, resulta claro también a quiénes envidiamos, ya que esto ha quedado enumerado al mismo tiempo. Envidiamos, efectivamente, a quienes nos son próximos en el tiempo, el lugar, la edad y la fama, de donde se ha dicho: *"También la familia conoce la envidia"*[105].

Asimismo resulta claro con quiénes rivalizamos en honores: rivalizamos, desde luego, con los mismos que acabamos de citar, habida cuenta que nadie entra en competencia con los que vivieron hace diez mil años o vivirán en el futuro o están ya muertos ni con los que residen en las columnas de Hércules[106].

En cuanto a aquellos de los que uno cree, sea por su propia opinión o por la de otros, que le dejan a uno muy atrás o que uno supera en mucho, ocurre de la misma manera, tanto en lo que se refiere a las personas, como en lo que atañe a las cosas.

En cambio, puesto que con quienes rivalizamos es con nuestros antagonistas, con nuestros competidores en el amor y, en general, con cuantos aspiran a las mismas cosas que nosotros, necesariamente será a éstos a quienes envidiemos, por lo cual se ha dicho: "Y el alfarero al alfarero"[107].

---

105   Esquilo, fr. 305.

106   El estrecho de Gibraltar, lugar que significaba los confines del mundo para los griegos.

107   Hesíodo, *Los trabajos y los días*, p. 25.

También se envidia a los que, por el hecho de llegar ellos a poseer algo o de prosperar, nos sirven a nosotros de reproche, pero éstos han de estar cercanos a nosotros y ser nuestros iguales, pues, por comparación con ellos, se hace evidente que no hemos alcanzado el bien en cuestión, de modo que es este pesar lo que nos produce la envidia. Lo mismo sucede con los que tienen o han llegado a adquirir cuantas cosas son de nuestro interés o alguna vez poseímos, razón por la cual los ancianos envidian a los jóvenes, o los que despilfarraron en muchas cosas a los que en lo mismo gastaron poco.

Y también envidian los que con dificultad consiguen algo, o ni siquiera lo consiguen, a quienes todo lo logran con rapidez.

Con esto se hace claro también, por otra parte, con qué, a propósito de quiénes y estando en qué disposiciones se alegran los que son de esta naturaleza envidiosa: atendiendo a las disposiciones en que no sienten pesar, así gozarán por las contrarias. De manera que si los oyentes son puestos en esta disposición y los que pretenden ser compadecidos o mostrarse dignos de obtener algún bien son presentados tal como hemos dicho.

Capítulo XI
Sobre la emulación

Es evidente que no alcanzarán compasión ninguna de quienes han de ejercer la autoridad. En qué disposiciones se siente emulación, por cuáles cosas y ante quiénes, quedará claro por lo que sigue. Porque si la emulación es un cierto pesar por la presencia manifiesta de unos bienes honorables y considerados propios de que uno mismo los consiga en pugna con quienes son sus iguales por naturaleza, y ello no porque dichos bienes pertenezcan a otro, sino porque no son de uno razón por la cual es honrosa la emulación y propia de hombres honrados, mientras que la envidia es inmoral y propia de inmorales, pues así como, mediante la emulación, se preparan los unos a lograr bienes, los otros, en cambio, buscan con la envidia que no los consiga el prójimo, resulta entonces necesario que sean propensos a la emulación los que a sí mismos se consideran merecedores de bienes que no poseen, pero que les sería posible conseguir, dado que nadie aspira a lo que se muestra como imposible.

Por tal motivo, los jóvenes y los magnánimos son de esta condición. Y también los que poseen la clase de bienes que son propios de hombres honorables, tales como la riqueza, la abundancia de amigos, los cargos públicos y demás cosas semejantes; porque como es conforme con éstos el ser buenos, como lo es con cuantos están dispuestos en el sentido del bien, se sienten emulados por tales bienes. Aquellos a quienes los demás consideran dignos e, igualmente aquellos cuyos antepasados, parientes, familiares, nación o ciudad son honorables, se sienten también emulados por las cosas de esta clase, ya que piensan que les pertenecen y que "son" dignos de ellas. Por lo demás, si los bienes honorables son susceptibles de emulación, forzosamente lo serán también las virtudes y cuantas otras cosas sean provechosas y benéficas, dado que en efecto a los benefactores y a los buenos se les tiene en mucha consideración. Y lo mismo el disfrute de los bienes que tienen los que están cerca de uno, como por ejemplo la riqueza y la belleza, más bien que la salud.

Es asimismo claro, por otra parte quiénes son objeto de emulación. Son en efecto los que ya han conseguido estas cosas y otras semejantes; que son a su vez, las que hemos dicho, o sea: el valor, la sabiduría, el mando, porque los que mandan tienen la facultad de hacer beneficios a muchos. Así por ejemplo, los generales, lo oradores y todos los que tienen en sus manos facultades como éstas. Igualmente, aquellos a quienes muchos quieren asemejarse o de los que muchos desean ser sus conocidos o sus amigos, o a los que muchos admiran o nosotros mismos admiramos. Y también aquellos de quienes se dicen elogios y encomios, sea por los poetas o por los prosistas.

Por su parte, se desdeña por los motivos contrarios, ya que el desdén es lo contrario de la emulación, así como el hecho de desdeñar lo es del sentirse emulado. Es forzoso, entonces, que quienes están en la disposición de emular a alguien o de ser emulados, precisamente por ello se sientan proclives a desdeñar a cuantos poseen los males contrarios de aquellos bienes que son objeto de su emulación. Y ésta es la razón de que muchas veces se sienta desdén por los que gozan de buena suerte, cuando tal suerte tiene lugar sin el acompañamiento de los bienes honrosos.

Con esto queda ya tratado por qué causas nacen y se disuelven las pasiones, de donde proceden las pruebas por persuasión que se refieren a éstas.

Capítulo XII
Sobre los caracteres en relación con la edad

1) La juventud

Tras de lo dicho, examinaremos cuáles son los caracteres en relación con las pasiones, los modos de ser, las edades y la fortuna. Llamo pasiones a la ira, el deseo pasional y otras semejantes, de la que ya hemos hablado. Modos de ser, a las virtudes y los vicios.

También de esto hemos tratado ya antes, así como de cuáles elige cada uno y cuáles son los que practica. Las edades son juventud, madurez y vejez. Y en cuanto a la fortuna, llamo así a la nobleza de estirpe, a la riqueza, al poder, a los contrarios de estas cosas y, en general, a la ventura y la desgracia.

Por su talante, pues, los jóvenes son propensos a los deseos pasionales y de la condición de hacer cuanto desean. De entre los deseos que se refieren al cuerpo son, sobre todo, dóciles a los placeres del amor e incapaces de dominarse ante ellos, pero también son volubles y prontos en hartarse de sus deseos: tanta es la fogosidad con que desean como la rapidez con que se les pasa pues sus afanes son agudos, más no grandes, igual que la sed y el hambre de los enfermos. Son también apasionados, coléricos y proclives a sucumbir a la ira. Los domina el apetito irascible, pues en efecto, por causa de la honra no soportan que se les desprecie, sino que se indignan si piensan que se les trata con injusticia. Asimismo son amantes de honores, pero todavía más de victorias porque el joven desea ser superior y la victoria constituye una cierta superioridad; y son más estas dos cosas que codiciosos, si bien no son codiciosos porque no tienen experiencia de la privación, como dice la sentencia de Pítaco dedicada a Anfiarao[108]. Tampoco son de mal carácter, sino que son bondadosos a causa de que todavía no han visto muchas maldades. Crédulos, en razón de que aún no han padecido engaño muchas veces y optimistas porque lo mismo que los borrachos, así también los jóvenes son calientes por naturaleza, además de porque no han sufrido muchas decepciones. La mayoría de las veces viven llenos de esperanza, ya que la esperanza atañe al futuro, mientras que el recuerdo al pasado: ahora bien, los jóvenes tienen mucho futuro y poco pasado; y no es desde luego, propio del primer día recordar nada, sino esperarlo todo. Por lo mismo que acaba de decirse, son también fáciles de engañar puesto que fácilmente se llenan de esperanzas, tienen el ánimo más valeroso ya que son irascibles y optimistas, de modo que lo uno les hace no tener miedo y lo otro ser confiados, pues nadie teme cuando tiene ira y el esperar un bien es causa de confianza, son también vergonzosos porque no piensan aún en otra clase de acciones bellas, sino que sólo están educados según las convenciones y son magnánimos ya que todavía no han sido heridos por la vida, antes bien, carecen de experiencia de las cosas a que ella te fuerza; y además la magnanimidad consiste en considerarse uno mismo merecedor de cosas grandes, que es lo propio del optimista.

---

108   Pítaco es uno de los Siete Sabios, y Anfiarao, un adivino tebano que participó en la expedición de los Siete contra Tebas. Esta máxima sólo es conocida por este texto.

Por su modo de actuar prefieren lo bello a lo conveniente: viven, en efecto, más según el talante que según el cálculo racional, y el cálculo racional es lo propio de la conveniencia mientras que la virtud lo es de lo bello.

Asimismo, son más amigos y mejores compañeros que los de las otras edades, porque gozan con convivir y nada juzgan aún mirando a la conveniencia, de modo que tampoco a los amigos. En todo pecan por demasía y por vehemencia, contra el precepto de Quilón[109] pues todo lo hacen en exceso: aman en exceso, odian en exceso y proceden igual en todo lo demás; creen que lo saben todo y son obstinados en sus afirmaciones, lo cual es ciertamente la causa de su exceso en todo y cometen las injusticias que se refieren a la desmesura, no las que corresponden a la maldad. Son también compasivos, por cuanto a todos los suponen buenas personas y mejores de lo que son, ya que miden a cuantos tienen cerca según su propia falta de malicia, de modo que presumen que éstos sufren daños que no merecen. Y son amantes de la risa y por ello, también de las bromas; pues efectivamente, la broma es una desmesura en los límites de la educación.

2) La vejez

Tal es, por lo tanto, el talante de los jóvenes. En cambio, los ancianos y los que ya han superado la madurez presentan unos caracteres que proceden, en su mayoría, poco más o menos de los contrarios de aquellos. En efecto: por haber vivido muchos años ya, por haber sido engañados en la mayor parte de las ocasiones y haber cometido errores, y también porque la mayoría de sus cosas carecen de valor, en nada ponen seguridad y a todo prestan menos empeño de lo que deben. Creen, mas nada saben de cierto; cuando discuten, añaden siempre: posiblemente y a

---

109   La máxima era "nada en exceso". Se decía que estaba grabada en el frontispicio del templo de Apolo en Delfos. West. *Critias.* Fr. 7.

la vez todo lo afirman así y nada en firme. Son también de mal carácter, ya que el mal carácter consiste en suponer en todo lo peor. Pero además son recelosos a causa de su desconfianza y desconfiados a causa de su experiencia.

Y por esta razón ni aman ni odian forzosamente, sino que de acuerdo con el precepto de Bías aman como quienes pueden llegar a odiar y odian como quienes pueden llegar a amar[110].

Asimismo, son de espíritu pequeño por haber sido ya maltratados por la vida y por ello no desean cosas grandes ni extraordinarias, sino lo imprescindible para vivir. Son también mezquinos porque la hacienda es una de las cosas necesarias y por experiencia saben que es difícil adquirirla y fácil perderla. [30] Son cobardes y propensos a sentir miedo de todo, por cuanto se hallan en el estado contrario al de los jóvenes: ellos son, en efecto fríos en vez de calientes, de manera que la vejez prepara el camino a la cobardía, dado que el miedo es una suerte de enfriamiento. Son además amantes de la vida y sobre todo en sus últimos días, porque el deseo se dirige a lo que falta y aquello de que se carece es lo que principalmente se desea. Y son más egoístas de lo que es debido, lo cual es también desde luego, una suerte de pequeñez de espíritu. Viven, asimismo, más de lo que se debe, mirando la conveniencia en vez de lo bello a causa de que son egoístas, pues la conveniencia es un bien para uno mismo, mientras que lo bello lo es en absoluto. Y son desvergonzados más que pudorosos, porque, como no tienen lo bello en la misma consideración que lo conveniente, desprecian la opinión pública. Son pesimistas por causa de su experiencia ya que la mayoría de las cosas que suceden carecen de valor, puesto que las más de las veces van a peor, así como también por causa de su cobardía. Y viven más para el recuerdo que para la esperanza, pues es poco lo que les queda de vida y, en cambio, mucho lo

110   Diógenes Laercio, p 1. 87 y Cicerón, *Lelio*. P.59.

vivido y por su parte, la esperanza reside en el futuro, mientras que el recuerdo se asienta en el pasado. Lo cual es también la causa de su charlatanería, pues se pasan la vida hablando de sucesos pasados, porque gozan recordando.

Sus cóleras son agudas, pero débiles y en cuanto a sus deseos pasionales, unos les han abandonado ya y otros se han debilitado, de modo que ni son propensos a sentir deseos pasionales ni a actuar conforme a ellos, sino más bien conforme al interés.

Y esta es la razón de que los que tienen tal edad parezcan moderados, porque sus deseos pasionales han remitido y son esclavos del interés. Viven asimismo más de acuerdo con el cálculo racional que con el talante, puesto que el cálculo racional es propio de la conveniencia mientras que el talante lo es de la virtud.

Y cometen las injusticias que se refieren a la maldad, no las que corresponden a la desmesura. Por lo demás, los ancianos son también compasivos, pero no por las mismas razones que los jóvenes. Éstos lo son, en efecto, por filantropía; aquellos, en cambio por debilidad, porque en todo ven la proximidad de un daño propio, que era lo que inclina a la compasión. Por lo cual son quejumbrosos y no tienen buen humor ni gozan con la risa, pues la inclinación a la queja es lo contrario del gusto por la risa.

Así son pues los caracteres de los jóvenes y de los ancianos; de modo que como todos aceptamos complacidos los discursos que se dicen de conformidad con nuestro talante y también a las personas que nos son en esto semejantes, no es cuestión obscura cómo se deben presentar, tanto ellos mismos como sus palabras, quienes pretendan servirse de los discursos de esta.

3) La edad madura

En cuanto a los que se hallan en la madurez, está claro que tendrán un talante intermedio entre los dos anteriores, prescindiendo del exceso propio de uno y otro: sin demasiada confianza pues ello es temeridad ni demasiado miedo, sino estando bellamente dispuestos para ambas situaciones; sin ser crédulos en todo ni totalmente incrédulos, sino más bien juzgando según la verdad; sin vivir sólo para lo bello ni sólo para lo conveniente, sino para ambas cosas, ni tampoco para la tacañería o para el derroche, sino para lo que es ajustado e igualmente natural.

En lo que atañe al apetito irascible o al deseo pasional, siendo moderados con valentía y valientes con moderación. En los jóvenes y en los ancianos estas características están, en efecto, repartidas, ya que los jóvenes son valientes y licenciosos y los viejos moderados y cobardes. En cambio, hablando en general, cuanto de provecho se distribuye entre la juventud y la vejez, la edad madura lo posee reunido; y cuanto aquellas tienen de exceso o de carencia, lo tiene ésta en la justa medida. Por lo demás, el cuerpo está en la madurez de los treinta a los treinta y cinco años, y el alma llega a ella alrededor de los cuarenta y nueve[111].

Con lo cual, pues, queda ya tratado cuáles son cada uno de los caracteres que se refieren a la juventud, la vejez y la edad.

---

111   Hay una teoría tradicional que divide la vida de los hombres en múltiplos de siete años. Gentili Prato. *Solón, Adrados*; p. 19 fr. 23.

Capítulo XIII
Sobre los caracteres en relación con la fortuna

1) La nobleza

Hablemos a continuación sobre los bienes que proceden de la fortuna, por lo menos en relación con cuántos de ellos y con cuáles sobrevienen en los hombres determinados caracteres.

Consiste, pues, el talante de nobleza en que el que la posee es más ambicioso de honores. Porque todos los hombres, cuando poseen algo, tienen por costumbre acrecentarlo y la nobleza comporta una honorabilidad que viene de los antepasados.

Y también consiste en una propensión al desdén, incluso de aquellos que son semejantes a sus antepasados, dado que las mismas cosas resultan, en la lejanía, más honorables y dignas de jactancia que en la proximidad. Por otra parte, noble se es por las virtudes de la estirpe; de noble carácter, por no salirse de la naturaleza. Lo cual no les sucede la mayoría de las veces a los nobles, sino que muchos de ellos son ruines; porque en el nacimiento de hombres hay una suerte de cosecha, lo mismo que en lo que genera la tierra, y algunas veces, si el linaje es bueno, se producen durante algún tiempo hombres extraordinarios, pero luego decaen.

Las estirpes vigorosas degeneran, así, en caracteres extraviados, como los descendientes de Alcibíades y Dionisio el viejo; y los pacíficos, en trivialidad e indolencia, como los descendientes de Cimón, los de Pericles y los de Sócrates[112].

2) La riqueza

Los caracteres inherentes a la riqueza están bien a la vista de todos. Quienes los tienen son soberbios y orgullosos por cuanto están hasta cierto punto afectados por la posesión de la riqueza pues se hallan en la misma actitud de si poseyesen todos los bienes enteramente, ya que la riqueza es como la medida del valor de las demás cosas, por lo que les parece que todo sin excepción puede comprarse con dinero. Son también voluptuosos y petulantes voluptuosos, por causa del lujo y como muestra de su felicidad. Y petulantes y hasta groseros, porque todo el mundo acostumbra a ocuparse de lo que ellos desean y admiran y porque ellos mismos creen que los demás envidian lo que tienen. Por otra parte, es a la vez muy natural que estén afectados de este modo, puesto que son muchos los que están necesitados de lo que ellos poseen; por lo que viene aquí bien el dicho de Simónides a propósito de los sabios y los ricos, cuando a la mujer de Hierón, que le preguntaba qué era mejor, si ser rico o sabio, le respondió: "ser rico" pues, decía, siempre se ve a los sabios pasar su tiempo a la puerta de los ricos. También se consideran dignos de gobernar, dado que creen estar en posesión de aquello por cuya causa se es merecedor del gobierno. En resumen: el talante del rico es el de un necio afortunado.

Los caracteres de los nuevos ricos se diferencian empero de los que lo son de antiguo en cuanto que los nuevos ricos tienen todos los vicios en mayor grado y con mayores defectos, pues el ser nuevo rico es como una ausencia de educación sobre la riqueza.

---

112   También habla de los hijos de Pericles, Platón en Protágoras, 319e. y Alcibíades, 1118e.

Y en cuanto a las injusticias, cometen no las propias de la maldad, sino las que corresponden a la soberbia y a la falta de control sobre uno mismo: así, por ejemplo, ultrajes y adulterios.

3) El poder y la buena suerte

De manera semejante, los caracteres que se relacionan con el poder son también, poco más o menos, evidentes en su mayoría. El poder tiene, en efecto, en parte los mismos rasgos que la riqueza y en parte otros mejores. Porque los poderosos son por su talante más ambiciosos de honores y más varoniles que los ricos, ya que aspiran a realizar obras que tienen capacidad de hacer precisamente en virtud del poder.

Son también más activos a causa de la diligencia con que se ven obligados a vigilar lo que concierne al poder. Y graves más bien que violentos, porque su rango los hace graves lo que, por ende, les lleva a la mesura y la gravedad es una violencia suavizada y distinguida. Por su parte, si éstos cometen injusticias, no son propensos a las pequeñeces, sino a perpetrar grandes daños.

La buena suerte proporciona también, por partes los caracteres correspondientes a los ya mencionados, puesto que a ellos tienden los que se consideran ser efectos principales de la buena suerte. Además la buena suerte predispone a tener abundancia de ventajas en relación con una buena descendencia y con los bienes del cuerpo. Por lo tanto, a causa de la buena suerte se es más orgulloso e irreflexivo.

Pero también acompaña a la buena suerte el mejor de los caracteres: a saber, que hace ser religioso y estar en una disposición de confianza ante lo divino, en razón de los bienes sobrevenidos por la fortuna. Con lo cual, pues, quedan tratados los caracteres en relación con la edad y la fortuna. Porque los opuestos de los dichos se hacen evidentes por sus contrarios, tales como por ejemplo, los caracteres del pobre, del infortunado y del que carece de poder.

Capítulo XIV
Lugares comunes a los tres géneros oratorios

1) Introducción

    Como quiera que el uso de los discursos convincentes tiene por objeto formar un juicio puesto que sobre lo que sabemos y hemos juzgado ya no hace falta ningún discurso; como también se usa del discurso aun si se dirige a una sola persona, para aconsejarla o disuadirla tal como, por ejemplo, hacen los que reprenden o los que tratan de persuadir porque no por ser uno solo se es menos juez, dado que aquel a quien se pretende persuadir, ése es hablando absolutamente, juez; como además, si alguien habla contra un contrincante o contra una proposición, esto da lo mismo pues también es forzoso usar del discurso para refutar los argumentos contrarios, contra los cuales, como si se tratase de un contrincante, se hace el discurso e igualmente sucede en los discursos epidícticos, ya que en ese caso, el discurso se dirige al espectador como si fuese un juez, si bien por lo general solo es absolutamente juez aquél que en los debates ciudadanos, discierne sobre los hechos que se examinan. Y como, en fin, sobre los caracteres que corresponden según las formas de gobierno, hemos tratado ya antes en los discursos deliberativos, de este modo queda definido cómo y con qué medios ha de hacerse que los discursos expresen los caracteres.

Por otra parte, puesto que para cada género de discurso había un fin distinto y para todos ellos, han sido definidas las opiniones y enunciados de donde los oradores obtienen sus pruebas por persuasión, tanto en los discursos deliberativos y epidícticos, como en las controversias forenses. Y puesto que además hemos establecido ya también a partir de qué procedimientos es posible hacer que los discursos expresen el talante, nos queda por tratar de los lugares comunes a todos los discursos. Porque, en efecto: a todos los oradores les es forzoso servirse en sus discursos de lo "posible" y lo "imposible", así como esforzarse en demostrar, unos, que será así y, otros, que así ha sido.

Además, también es común, en todos los discursos, el lugar relativo a la magnitud, dado que todos hacen uso de la disminución y de la amplificación, sea en sus deliberaciones y elogios, sea cuando censuran y acusan, sea en sus discursos de defensa.

Por lo demás, una vez que estén definidas estas cosas, intentaremos hablar en común -si ello es posible en alguna medida- de los entimemas y de los ejemplos, a fin de que, incorporando lo que falta, concluyamos la exposición propuesta desde el principio. Entre los lugares comunes, con todo, el de amplificar es el más apropiado a los discursos epidícticos, como ya se ha dicho; el de remitir a los hechos lo es a los discursos judiciales, pues el acto de juzgar versa sobre ellos, el de lo posible y lo futuro, a los discursos deliberativos.

2) Lo posible y lo imposible

Así pues vamos a hablar, en primer término, de lo posible y lo imposible. Ciertamente, si ha sido posible que un contrario sea o haya llegado a ser, también el otro contrario parece que ha de ser posible. Por ejemplo, si es posible que un hombre goce de buena salud, también lo es que enferme, ya que la misma potencialidad es propia de los contrarios, en cuanto que son contrarios. Si es posible lo semejante, también lo semejante a ello. Si es posible lo difícil, también lo fácil. Si es posible que acontezca algo virtuoso y bello, también es posible que acontezca esto mismo en el orden general; porque, en efecto, es más difícil el que exista una cosa bella que el que exista una cosa. Si es propio de algo la posibilidad de tener principio, también lo es la de tener fin, puesto que nada sucede o empieza a suceder partiendo de lo imposible; por ejemplo: que lo simétrico sea asimétrico ni podría empezar a producirse ni sucede. Si es posible que, por su sustancia o por su génesis acontezca lo posterior, entonces también lo anterior: si es posible, por ejemplo, que exista un hombre, entonces también un niño pues tiene lugar antes. Y si un niño, también un hombre pues es el principio. Asimismo son posibles aquellas cosas en las que, por naturaleza, hay atracción amorosa o deseo pasional, ya que las más de las veces, nadie se enamora o se apasiona de lo imposible. Igualmente, aquellas cosas de las que hay ciencias y artes es posible que existan y lleguen a ser. Como también aquellas cuyo principio de generación radica en algo que nosotros podríamos forzar o persuadir; y esto ocurre tratándose de personas de las que somos o superiores o dueños o amigos. En lo que las partes son posibles, también lo es el todo y en lo que el todo es posible, la mayoría de las veces también lo son las partes; porque, en efecto: si es posible que se produzca un corte delantero, una puntera y un empeine, entonces es también posible que se produzcan unas sandalias; y si unas sandalias, igualmente una puntera y un empeine. Si entre las cosas posibles está el género entero, también está la especie, y si la especie, también el género entero. Por ejemplo: si es posible que un barco exista, entonces también una trirreme, y si una trirreme, igualmente un barco.

En cuanto a las cosas que son por naturaleza recíprocas, si una de ellas es posible, también lo es la otra, como por ejemplo, si el doble es posible, también lo es la mitad, y si lo es la mitad, igualmente el doble. Asimismo, si es posible que algo sea hecho sin arte ni preparación, más posible será con arte y preparación, por lo que cabe decir aquí, con Agatón: "En verdad que unas cosas se hacen con ayuda del arte, y otras nos suceden por necesidad y fortuna."

3) Los hechos

Y si algo es posible a los peores, a los menos capaces y a los más insensatos, más lo será a los contrarios de éstos, al modo como dijo Isócrates que, si Eutino lo supo, sería terrible que él no pudiera averiguarlo. Y, por lo demás, respecto de lo imposible, es evidente que lo podemos inferir a partir de los contrarios de lo que hemos dicho. Por otra parte, si algo ha sucedido, es cosa que debe examinarse por lo que sigue.

En primer lugar, si ha sucedido lo que es menos por naturaleza, podría haber sucedido también lo más. Asimismo, si ha sucedido lo que acostumbra a suceder después, entonces también ha sucedido lo anterior, al modo como por ejemplo, si algo se ha olvidado, es que se aprendió alguna vez.

Y si se podía y se quería, entonces se ha hecho; porque todo el mundo cuando quiere algo que puede, lo pone en práctica, ya que nada hay que lo impida. Y, además de esto, si se quería y no lo estorbaba ningún agente exterior; si se podía y se sentía ira; y si se podía y se deseaba. Las más de las veces en efecto, lo que apetece, si se puede, se hace, los malos por su falta de control sobre sí mismos y las gentes honradas porque sus deseos son de cosas honestas. Igualmente, si algo estaba a punto de suceder y de que se hiciera, ya que es probable que el que estaba dispuesto a hacerlo lo haya asimismo hecho. También si ha sucedido lo que por naturaleza es anterior a algo o por causa de ello; por ejemplo si hubo relámpagos, entonces también hubo truenos, y si tentó, entonces también sedujo. Como igualmente, si ha sucedido lo que por naturaleza es posterior a algo o bien acontece por su causa, así como si ha sucedido lo que es anterior y causa suya. Por ejemplo, si hubo truenos, entonces relampagueó, y si sedujo, entonces tentó. De todos estos supuestos, empero, unos son así por necesidad y otros sólo la mayoría de las veces. Y, por lo demás, sobre lo que no ha sucedido es evidente que podremos inferirlo por los contrarios de lo que acabamos de decir.

Lo que se refiere a los hechos del futuro, resulta claro por los mismos argumentos. Porque, en efecto: lo que está en potencia o en la voluntad, será, y lo que existe en el deseo, la ira y el cálculo racional, eso mismo sucederá también en cuanto media el impulso o la disponibilidad para actuar; pues ciertamente, la mayoría de las veces sucede más lo que está a punto de ocurrir que lo que no. Asimismo, si ha sucedido lo que por naturaleza es anterior, como por ejemplo, si hay nubarrones, es probable que llueva. Y si ha sucedido lo que tiene por causa otra cosa, también es probable que ésta llegue a ocurrir, como por ejemplo, si hay cimientos, entonces habrá casa.

4) Ampliación y disminución de los hechos

Por su parte lo que se refiere a la magnitud y pequeñez de los hechos, lo mayor y lo menor y, en general lo grande y lo pequeño está claro para nosotros, por lo que dijimos antes, dado que, en efecto a propósito de los discursos deliberativos hemos hablado ya sobre la magnitud de los bienes y sobre lo que es absolutamente mayor y menor.

Por lo tanto, como en cada uno de los discursos subyace como finalidad un bien, tal como lo conveniente, lo bello y lo justo, es obvio que mediante éstos deberán conseguí; todos los oradores sus amplificaciones. Además, el buscar fuera de ellos, argumentos sobre la magnitud en absoluto y sobre la superioridad es hablar en balde, porque, en orden a lo útil, más importantes que los hechos universales son los particulares.

Así, pues, quede esto dicho sobre lo posible y lo imposible, sobre lo que ha sucedido antes o no ha sucedido y sobre lo que será o no será, así como también sobre la magnitud y pequeñez de los hechos.

Capítulo XV
Pruebas por persuasión que son comunes a los tres géneros

1) El ejemplo

Nos falta ahora hablar de las pruebas por persuasión comunes a todos los discursos, toda vez que ya nos hemos referido a las propias. Existen, ciertamente, dos pruebas por persuasión que son comunes por su género: el ejemplo y el entimema, porque la máxima es una parte del entimema. Así pues, hablaremos en primer lugar del ejemplo, dado que es semejante a la inducción y la inducción es un principio.

Por su parte, hay dos especies de ejemplos: una especie consiste en referir un hecho que ha sucedido antes y, la otra, en inventarlo uno mismo. En este último caso hay, por un lado, la parábola y, por otro, las fábulas, tales como, por ejemplo, las de Esopo y las líbicas[113].

Exponer hechos consiste en algo así como decir que es necesario adoptar preparativos contra el Rey y no permitirle dominar Egipto, porque ya antes Darío no atravesó el mar sin haber

---

113   Las Fábulas esópicas son tradicionalmente atribuidas a Esopo.

tomado Egipto y, en cambio, una vez que lo hubo tomado, pasó a Grecia, y de nuevo Jerjes no realizó su ataque antes de tomarlo y, después que lo hubo sometido, pasó él también. Así que, si el Rey toma Egipto, atravesará el mar, y por esa razón no hay que consentírselo.

Parábolas por su parte, son las socráticas; y consisten, por ejemplo, en decir que las magistraturas no deben ser asignadas a suertes, porque eso es lo mismo que si alguien designase por sorteo a los atletas, no a los que son capaces de competir, sino a los que les tocase en suerte; o como si entre los marineros se echara a suertes quién tiene que pilotar la nave, considerando que ello debe hacerlo el agraciado por la suerte en vez del que sabe.

En cuanto a la fábula, tal es, por ejemplo, la de Estesícoro[114] sobre Fálaris y la de Esopo sobre el demagogo Estesícoro. En efecto, como quiera que los de Hímera habían elegido a Fálaris general con plenos poderes e iban a concederle una escolta personal, después de haberles hecho otras consideraciones, les contó esta fábula. Tenía un caballo un prado para sí solo, pero llegó un ciervo y le estropeó el pasto. Queriendo entonces vengarse del ciervo, le preguntó a un hombre si podía ayudarle a tomar venganza del ciervo. El hombre asintió a condición de ponerle un bocado y montarse sobre él llevando unas jabalinas. El caballo estuvo de acuerdo y, una vez que lo hubo montado el hombre, en lugar de vengarse, se convirtió en esclavo del hombre. "Mirad así también vosotros -dijo-, no sea que queriendo vengaros de vuestros enemigos, vayáis a padecer lo que el caballo; porque ya tenéis el bocado al haber elegido a un general con plenos poderes, pero si además le dais una guardia y dejáis que se os monte encima, seréis entonces esclavos de Fálaris"[115].

---

114   Estesícoro, escribió también lírica coral y yambos.

115   Esta fábula no se encuentra en las colecciones esópicas, por Plutarco la cita en "si los ancianos deben ejercer la política". P 790.

También Esopo, en una ocasión en que habló públicamente en Samos, cuando se estaba juzgando de pena capital a un demagogo, dijo lo siguiente: "Una zorra que atravesaba un río, fue arrojada a un barranco y, como no podía salir, durante mucho tiempo lo pasó muy mal y además tenía sobre su cuerpo muchas garrapatas. Acercándose por allí un erizo, al verla, se compadeció de ella y le preguntó si quería que le quitase las garrapatas; mas ella no se lo permitió. Y como el erizo le preguntara por qué, dijo: porque éstas están ya ahítas de mí y chupan poca sangre, mientras que, si me quitas éstas, otras vendrán hambrientas y me chuparán lo que me queda de sangre. Por consiguiente, hombres de Samos, tampoco a vosotros os perjudicará más este hombre puesto que ya es rico y, en cambio, si lo matáis, otros vendrán pobres que, robándoos, os harán perder lo que os queda".

Las fábulas son apropiadas para los discursos políticos y tienen esto de bueno: que siendo difícil encontrar hechos sucedidos que sean semejantes, en cambio es fácil encontrar fábulas. Para componerlas, lo mismo que en el caso de las parábolas, sólo se necesita, en efecto, que uno sea capaz de ver la semejanza, lo cual resulta fácil partiendo de la filosofía. Así pues, es cosa sencilla proveerse de fábulas; no obstante, para la deliberación son más útiles los ejemplos a base de hechos, dado que la mayor parte de las veces lo que va a suceder es semejante a lo ya sucedido.

Por lo demás, cuando no se tienen entimemas, conviene usar los ejemplos como demostración puesto que la persuasión ha de basarse en ellos; y cuando sí se tienen, como testimonio, utilizándolos en ese caso como epílogo de los entimemas. Porque, en efecto: si se ponen delante parecen una inducción y, salvo en unos pocos casos, la inducción no es apropiada a la retórica.

En cambio, dichos como epílogo actúan como testigo y el testigo es siempre convincente. Por esta razón, al que los coloca delante le es luego preciso hablar mucho, mientras que al que los pone como epílogo le basta con un solo ejemplo, ya que un testigo honesto, incluso uno solo, es útil. Con lo cual, pues, queda ya dicho cuántas especies hay de ejemplos, cómo son y cuándo hay que usarlos.

2) Las máximas

En lo que atañe al uso de las máximas, una vez que hayamos dicho qué es una máxima, resultará muy claro sobre qué materias, cuándo y a quiénes es ajustado su uso en los discursos. Una máxima es una aseveración, pero no de cosas particulares, como por ejemplo de qué naturaleza es Ifícrates, sino en sentido universal; y tampoco de todas las cosas, como por ejemplo que la recta es contraria a la curva, sino de aquellas precisamente que se refieren a acciones y son susceptibles de elección o rechazo en orden a la acción. De este modo, pues, como el entimema es un silogismo sobre las cosas de esta clase, resulta así que las conclusiones y principios de los entimemas, si se prescinde del propio silogismo, son sobre poco más o menos máximas. Por ejemplo: "Nunca debe, aquel que por naturaleza es hombre sensato, instruir a sus hijos excesivamente en la sabiduría".

Es propiamente una máxima. Pero si se le añade la causa y el porqué, el todo resulta un entimema. Como, por ejemplo: "Pues además de la indolencia que entonces les achacan, cosechan envidia hostil de los ciudadanos. No hay ningún hombre que sea completamente feliz. Entre los hombres ninguno hay que sea libre."

Son máximas, Pero se convierten en un entimema con sólo que: "Porque o es esclavo de las riquezas o de la fortuna"[116].

Si una máxima es lo que acaba de decirse, entonces forzosamente hay cuatro especies de máximas. Éstas, en efecto, unas veces van con epílogo y otras sin. Por su parte, necesitan

---

116   Los versos anteriores son de Eurípides, *Medea*, v. 294-297.

demostración las que expresan algo paradójico o controvertido, mientras que las que no dicen nada paradójico son las que van sin epílogo. Ahora bien, estas últimas no precisan necesariamente epílogo, unas porque se trata de algo conocido de antemano, como, por ejemplo: "Para el hombre lo mejor es la salud, al menos a mi parecer"[117].

Ya que así se lo parece a la mayoría; y otras porque nada más ser dichas resultan evidentes para el que pone atención, como, por ejemplo: "No es amante el que no ama siempre"[118].

Y en cuanto a las que van con epílogos unas son parte de un entimema, como es el caso de: "Nunca debe el que es sensato..."[119].

Otras son verdaderos entimemas y no parte de un entimema.

Éstas son especialmente bien consideradas; y son tales las que por sí mismas aclaran la causa de lo dicho, como en: "Ira inmortal no alimentes, tú que eres mortal". Porque, por un lado, el decir "no hay que alimentar" es una máxima; y por otro lado lo que se añade de "siendo mortal" es el porqué. Lo mismo ocurre en: "Como mortal ha de sentir el mortal, no como inmortal"[120].

De lo dicho queda pues, claro cuántas especies hay de máximas y a qué se ajusta cada una de ellas. Pues, en efecto: por una parte, en las que son controvertidas o fuera de la opinión común no ha de prescindirse del epílogo, pero o bien si precede el epílogo, debe emplearse la máxima como conclusión algo así como si se dijera: "yo afirmo que", puesto que no

---

117   Pasaje atribuido a Simónides: "para un varón lo mejor es estar sano, lo segundo tener hermoso porte, y lo tercero enriquecerse sin fraude". Diels y Kranz, 23b 19

118   Eurípides, *Troyanas*. P 1051.

119   Eurípides, *Medea*, p 1394.

120   Epicarmo, fr. 239, 263.

conviene ni ser objeto de envidia ni ser ocioso, no es útil recibir educación, o bien si se dice la máxima al principio, se debe añadir luego lo precedente; y por otra parte, en las que no son paradójicas, pero sí oscuras, ha de establecerse previamente el porqué, a fin de hacerlas más rotundas. En tales casos son adecuados los apotegmas lacónicos y los enigmas, como el decir, por ejemplo, lo que Estesícoro manifestó a los Locrios[121]: que no conviene ser insolente, para que no canten las cigarras. El uso de las máximas se ajusta a la edad de los ancianos y también, por otra parte, a aquellos temas de los que el que habla tiene experiencia. Por consiguiente, el emplear máximas sin tener esa edad es tan poco adecuado como el andar contando historietas e igualmente, el hacerlo sobre temas de los que no se tiene experiencia es un desatino y denota falta de educación. Un signo suficiente de esto lo proporciona el que los campesinos son muy refraneros y dados a hacer aseveraciones.

Por otro lado, el hablar universalmente de lo que no es universal se ajusta sobre todo a las lamentaciones y a las exageraciones; y en ellas, o bien al comenzar, o bien después de la demostración, conviene asimismo usar las máximas más divulgadas y comunes porque, al ser comunes, como todos están de acuerdo con ellas, parecen rectamente traídas. Así, por ejemplo, cuando se invita a arrostrar un peligro sin haber hecho los sacrificios rituales: "El único mejor augurio es defender la patria"[122].

Y cuando se está en inferioridad de condiciones: "Eniallo es imparcial... "[123].

---

121   "Las cigarras cantarían desde el suelo porque no habría quedado un árbol al que subirse, destruidos por los enemigos". Estesícoro. Fr. 104b.

122   Homero, *La Odisea*, p 12.243.

123   Es el final de la elocución de Héctor a los troyanos. La afirmación de que Eniallo o Ares, dios de la guerra, no toma partido antes de comenzar la guerra por ninguna de las partes, por ello el resultado de la lucha no se sabe sino hasta el final.

Y cuando se invita a matar a los hijos de los enemigos sin que nada malo hayan hecho: "Necio quien, habiendo matado al padre, dejó intactos a los hijos".

Además, algunos refranes son también máximas, como aquel de "el vecino ático"[124]. Y, por otra parte, conviene usar máximas para oponerse a los dichos populares, llamo dicho populares a los que son como "conócete a ti mismo" o "nada en demasía", cuando con ello, o bien se piensa que el talante del orador va a aparecer de mejor calidad, o bien que el dicho ha sido pronunciado expresando las pasiones. Hay expresión de las pasiones si, por ejemplo, alguien lleno de ira dice que es falso eso de que hay que conocerse a sí mismo: pues de haberse conocido a sí mismo, éste al menos nunca se hubiera considerado digno de ser general. Y en cuanto al talante lo hará parecer mejor decir que no conviene, como suele decirse, amar a la manera de los que odian, sino, más bien, odiar a la manera de los que aman. En todo caso, es preciso por medio de la expresión dejar clara la intención y, si no, explicitar la causa; por ejemplo, diciendo esto: "conviene amar, no como dicen, sino como si se fuera a amar siempre, porque otra cosa es propia de un traidor". O esto otro: "no me parece bien el dicho, porque el verdadero amante ama como si fuera a amar siempre". Y: "tampoco me agrada eso de nada en demasía, pues por lo menos con los malos hay que excederse en el odio".

Las máximas son de una gran utilidad en los discursos, en primer término por la rudeza de los oyentes, porque éstos se sienten muy complacidos si alguien que habla universalmente, da con opiniones que ellos tienen sobre casos particulares. Lo que digo quedará más claro con lo que sigue y, al mismo tiempo, también cómo hay que ir a la búsqueda de las máximas. Según se ha dicho, en efecto, la máxima es una aseveración universal; pero de lo que aquellos se complacen es que se diga universalmente lo que ya a

---

124   Proverbio: "vecino ático, vecino desasosegado". Leutscj Schneidewin, *Zenobio II,* p. 40.

ellos les había acontecido comprender antes en particular. Algo así, por ejemplo, como si a uno le hubiera tocado en suerte tratarse con vecinos o hijos ruines y luego oyese a alguien decir: "nada hay más fastidioso que la vecindad" o: "nada más estúpido que tener hijos". De modo que lo que conviene es conjeturar cuáles son las cosas que las gentes tienen de hecho comprendidas de antemano y así hablar de esas cosas universalmente.

El uso de máximas tiene esta primera utilidad y también otra aún mejor: hacen que los discursos expresen el talante. Por su lado, tienen este carácter aquellos discursos en los que la intención está clara. Y todas las máximas consiguen este resultado por cuanto traslucen de forma universal las intenciones del que las dice, de suerte que si las máximas son honestas, harán aparecer al que las dice asimismo como un hombre honesto. Con lo cual queda ya tratado lo que se refiere a las máximas, así como cuál es su esencia, cuántas son sus especies, cómo se deben usar y qué provecho aportan.

3) Los entimemas

Hablemos ahora de los entimemas en sentido universal: ante todo, de cómo conviene buscarlos y, después, de sus lugares comunes, ya que cada uno de estos dos asuntos es de una especie distinta. Que el entimema es un silogismo, es cosa ciertamente de la que ya antes hemos hablado, así como también de qué son los silogismos y en qué se diferencian de los dialécticos. Conviene, en consecuencia, no hacer las deducciones arrancando de muy lejos ni recorriendo todos los pasos, dado que lo uno es oscuro a causa de su extensión y lo otro es pura verborrea, puesto que consiste en afirmar cosas evidentes. Esta es, en efecto, la razón de que los oradores incultos sean más persuasivos ante la multitud que los cultos, según dicen los poetas que los incultos hablan con más arte al pueblo. Pues los primeros hablan de lo común y universal, mientras que los segundos se refieren a lo que los oyentes saben y tienen como cercano. De este modo, pues, ha de hablarse, no tomando como punto de partida todas las opiniones, sino algunas determinadas como, por ejemplo, las de los jueces o las de personas que gozan de reputación, porque así la cosa aparece más clara para todos o, al menos, para la mayoría. Y tampoco se deben hacer las deducciones partiendo únicamente de premisas necesarias, sino también de las que son válidas. Así, pues, según esto, lo primero que compara la mayoría, viene comprender que es el asunto sobre el que va a hablarse o hacerse una deducción, ya se trate de un silogismo político o de cualquier otro, por fuerza ha de contar con elementos que le sean pertinentes, sea con todos ellos o con algunos. Porque si no se tiene, de la nada no cabe hacer ninguna deducción. Me pregunto por ejemplo, cómo podríamos aconsejar a los Atenienses sobre si deben o no entrar en guerra, si no conocemos cuál es su potencia, si disponen de marina o de infantería o de ambas cosas y en qué cantidad, si tienen medios económicos, o amigos y enemigos, y además, contra quiénes han guerreado antes y con qué suerte y otras cosas parecidas a éstas. O cómo podríamos hacer su elogio si no contásemos con el combate naval de Salamina, o la batalla de Maratón, o las hazañas de los Heraclidas y otras gestas semejantes. Porque de lo que es pertinente a la belleza, o así lo parece, es de donde se sacan los elogios. Como asimismo las censuras de los elementos contrarios, tomando en consideración qué es pertinente en ese sentido o parece serlo; por ejemplo: que los atenienses hicieron esclavos a los griegos y que, una vez vencidos los bárbaros, sometieron a los que habían sido aliados suyos, los de Egina y Potidea[125], y otras cosas de esta índole, si es que se les puede achacar algún otro error como éstos. Del mismo modo, por lo demás, también los que formulan acusaciones o actúan como defensores hacen sus acusaciones o defensas con la mira puesta en lo que es pertinente a su argumentación.

---

125   Tucídides, p. 2.27.

Por otra parte, en nada se diferencia el que se trate de los atenienses o los lacedemonios o el que sea un hombre o un dios: en todos los casos hay que hacer lo mismo. Porque el que aconseja a Aquiles, el que lo elogia o censura y el que lo acusa o defiende ha de argumentar también con lo que es pertinente, a fin de basar en ello su elogio o censura, si se trata de algo bello o vergonzoso; o su acusación o defensa, si es algo justo o injusto; o en fin su deliberación, si es algo conveniente o perjudicial. E igual que en estas materias, también en cualesquiera otras. Así, por ejemplo, tratándose de la justicia, si algo es bueno o no, ha de argumentarse basándose en lo que es pertinente a la justicia y al bien.

Por lo tanto, como es manifiesto que todos los oradores hacen así sus demostraciones ya sea que sus silogismos sean más exactos o más relajados puesto que no argumentan partiendo de la totalidad de los supuestos, sino de los que son pertinentes a cada caso particular. Y como también está claro que, sobre la base del discurso, es imposible hacer de otra manera la demostración, resulta entonces evidente que, lo mismo que en los Tópicos[126], es necesario ante todo, disponer sobre cada materia particular de lugares escogidos acerca de las cosas que son posibles y más oportunas. Y en cuanto a los hechos que suceden de improviso, la investigación hay que desarrollarla de la misma manera, atendiendo no a argumentos indefinidos, sino a los que son pertinentes a aquello de que trata el discurso y ciñéndose a los más que se pueda y más próximos estén a la materia en cuestión; porque por un lado, cuantos más elementos pertinentes contenga, más fácil será hacer la demostración y, por otro lado, cuanto más próximos estén al caso, tanto más propios y menos comunes serán. Llamo aquí elogiar, por ejemplo, a Aquiles porque es hombre y porque se cuenta entre los semidioses y porque

---

126 *Tópicos*, p. 1.14, 105b.

luchó contra Ilión, pues todo esto es pertinente para otros muchos hombres, de manera que con ello no se elogia más a Aquiles que a Diomedes. En cambio, son elementos propios los que a ningún otro hombre corresponden más que a Aquiles, como que mató a Héctor, el mejor de los troyanos, y a Cicno quien, siendo invencible, a todos impedía desembarcar, o que, a pesar de ser muy joven y no estando por ello comprometido por el juramento[127] tomó parte en la campaña y otras cosas como éstas.

Así pues, un medio y el primero, para la selección de enunciados es éste: la tópica.

Pero ahora vamos a hablar de los elementos de los entimemas. Llamo elemento y lugar común a lo mismo. Y, por lo demás, expondremos primero lo que necesariamente debe decirse en primer lugar.

Existen, en efecto, dos especies de entimemas: los *demostrativos* de que algo es o no es, y los *refutativos*; y se diferencian como la refutación y el silogismo en la dialéctica. Entimema *demostrativo* es aquel en el que se efectúa la deducción partiendo de premisas en las que se está de acuerdo, mientras que *refutativo* es el que deduce a propósito de lo que no hay acuerdo.

Con lo cual, pues, podemos ya obtener, sobre poco más o menos, los lugares comunes correspondientes a cada una de las especies que son útiles y necesarias, puesto que antes hemos recopilado los enunciados que se refieren a cada una de ellas, de suerte que, sobre esta base, nos cabe inferir los entimemas propios de los lugares comunes sobre el bien o el mal, lo bello o lo vergonzoso y lo justo o lo injusto. Y de igual modo, son también pertinentes los lugares comunes que asimismo hemos recopilado antes sobre los caracteres, las pasiones y las maneras de ser. Pero

---

127   Los pretendientes de Helena se comprometieron, fuera quien fuera el elegido, a acudir en socorro de Menelao, en caso de que fuera agraviado. Aquiles, por su juventud, no había hecho el juramento, por lo que no estaba obligado a participar.

ahora seguiremos otro método, éste universal, sobre todos los entimemas sin excepción. En capítulo aparte hablaremos luego de los refutativos y los demostrativos y, también, de los que pareciendo entimemas no lo son, porque tampoco son silogismos. Una vez que hayamos aclarado todo esto, definiremos finalmente, a propósito de las refutaciones y las objeciones, de dónde hay que sacarlas para que se vuelvan contra los entimemas.

Capítulo XVI
Los lugares comunes
en general de los entimemas

1. Un lugar común, propio de los entimemas demostrativos, es el que parte de los contrarios. Conviene considerar, en efecto, si a un contrario le es pertinente otro, eliminándolo, si no lo es, y aplicándolo, si lo es; por ejemplo, el ser sensato es bueno porque la falta de control sobre Mesenia: "pues si la guerra es causa de los males presentes, con la paz convendrá enmendarlos"[128]. He aquí otros: "Ya que en modo alguno, contra los que han obrado mal en contra de su voluntad, es justo dejarse llevar por la ira, tampoco si uno hace a la fuerza un favor, es conveniente mostrarle por ello agradecimiento[129].

Mas, puesto que entre los mortales, decir mentiras resulta convincente, preciso es considerar también lo contrario: "que muchas verdades se tornan increíbles para los mortales"[130].

---

128   Alcidamante, *Meseníaco*, Baiter Sauppe, p. 154. Escrito hacia 366 a.C.

129   Autor desconocido, fragmento extraído de Kannicht Snell, p. 80.

130   Eurípides, *Tiestes*, fr. 396. Nauck.

2. Otro lugar común es el de las *flexiones gramaticales semejantes*, puesto que de la misma manera han de ser o no pertinentes. Este es el caso por ejemplo, de "lo justo no en todas las ocasiones es bueno". Porque, en efecto, habría de serlo "justamente" y, en cambio, no es cosa digna de elegirse el morir justamente.

3. Otro es el que procede de las *relaciones recíprocas*, dado que, si es pertinente a uno de los dos términos obrar bella y justamente, lo será al otro recibirlo así; y si al uno mandar, al otro cumplirlo. Tal es, por ejemplo, lo que dijo el recaudador Diomedes acerca de los impuestos: "si no es vergonzoso para vosotros venderlos, tampoco lo será para nosotros comprarlos". Asimismo, si "bella y justamente" son términos pertinentes para el que recibe, también lo serán para el que hace. En esto hay, con todo, la posibilidad de cometer un paralogismo. Porque si alguien recibió justamente un castigo, justo fue el que lo recibiera, pero acaso no que lo impusieses tú. Por eso, conviene examinar por separado si el que recibió el castigo lo merecía y si el que lo impuso era digno, a fin de emplear luego el argumento de las dos maneras posibles, según la que más se ajuste.

Porque algunas veces hay en esto falta de concordancia y nada impide una pregunta como la del *Alcmeón* de Teodectes[131]: "¿Es que ninguno de los mortales odiaba a tu madre?"; a lo que contesta diciendo: "Más preciso es examinar distinguiendo". Y al preguntarle Alfesibea cómo, tomando la palabra: "A morir la condenaron, pero no a mí a matarla".

---

131   Snell, Trágicos del IV a. C. 72 fr. 2.

Otro ejemplo es el juicio contra Demóstenes y los que mataron a Nicanor; pues como se juzgó justo que lo mataran, pareció también justo que él muriera. Y asimismo, el caso del que fue muerto en Tebas, acerca del cual se mandó juzgar si era justo haberlo matado, supuesto que era posible no fuese injusto matar a quien había muerto justamente[132].

4. Otro lugar común es el del más y el menos; por ejemplo: "si ni siquiera los dioses lo saben todo, menos aún los hombres". Lo cual quiere decir: "si una afirmación no es pertinente a quien sería más pertinente, entonces es obvio que tampoco al que le es menos". En cambio, lo de que "sin duda golpea a sus vecinos quien hasta a su padre golpea" se basa en que "si le es pertinente lo menos, entonces también lo más", puesto que a un padre se le golpea siempre menos que a los vecinos.

Por supuesto, estos argumentos de "si al que más pertinente le es, no le es pertinente" y "si al menos pertinente le es", son uno u otro, así según cuál de estas dos cosas convenga demostrar: o que le es pertinente o que no. Además, este lugar común es también de uso, aun cuando no sea cosa de más ni menos, de donde se ha dicho: "Digno es de lástima tu padre, que ha perdido a sus hijos; pero ¿no lo será también Oineo que ha perdido un hijo insigne?"[133]

Y también: si Teseo no cometió injusticia, entonces tampoco Alejandro; si no la cometieron los Tindáridas, tampoco Alejandro; y si Héctor mató justamente a Patroclo, también Ale-

---

132   Se refiere al asesinato de Eufrón y al posterior juicio de sus asesinos, suceso ocurrido aproximadamente en 365 a.C. Narrado por Jenofonte, *Helénicas*, p. 7.3.

133   Cita de una tragedia desconocida. Kannicht Snell, Fragmentos de autor desconocido, p.81. El tema es el fallecimiento de Meleagro, hijo de Eneo, tras haber dado muerte a algunos de sus parientes por una disputa tras la cacería del jabalí de Calidón.

jandro a Aquiles. Asimismo: si no son malos los otros cultivadores de artes, tampoco lo son los filósofos. Y si no son malos los generales por el hecho de que sean muchas veces condenados a muerte, tampoco los sofistas.

Y, lo mismo, aquello de: "si el ciudadano privado ha de preocuparse de vuestra gloria, también vosotros de la de los griegos".

5. Otro lugar común es el de tomar en consideración el tiempo. Como lo dijo Ifícrates en el debate contra Harmodio[134]: "si antes de hacerlo os hubiese puesto como condición que me concedieseis la estatua, me la habríais dado. Y ahora que lo he hecho, ¿no me la vais a dar? No prometáis, pues, cuando estáis esperando, para negarlo cuando ya lo habéis recibido."

Y en otra ocasión, para que los tebanos dejasen a Filipo atravesar su territorio hasta Ática, se argumentó que, si antes de prestarles su ayuda contra los focenses, lo hubiera él solicitado, se lo habrían prometido y que, por lo tanto, era absurdo que, sólo porque entonces se descuidase y hubiese confiado en ellos, no le dejaran pasar.

6. Otro lugar común es *"volver contra el que dice lo que se dice contra uno mismo, tal como ocurre en el Teucro"*[135]. Este lugar se diferencia con todo, del que utilizó Ifícrates contra Aristofonte[136], cuando éste le preguntó si por dinero entregaría las naves; como le respondiera que no, al punto le dijo: "¿Tú entonces, por-

---

134   Harmodio había denunciado como ilegal un decreto en que se acordaba erigirle una estatua a Ifícrates. Este se defendió en un discurso que algunas fuentes atribuían a Lisias. Baiter Sauppe, *Lissias*, p179.

135   Obra perdida de Sófocles, Radt. Fr. 579b.

136   Se trata del discurso de defensa del estratega ateniense, Ifícrates, contra la acusación de Aristofonte de concusión y traición, tras una derrota. Baiter Sauppe, *Lissias*, fr. 128.

que eres Aristofonte, no las entregarías, pero yo sí, porque soy Ifícrates?". En estos casos no obstante, conviene que el cometer injusticia parezca ser más pertinente al adversario, porque si no resultaría ridículo: es como si, contra una acusación de Arístides[137], un cualquiera argumentase esto mismo para desacreditar a su acusador. El que acusa pretende pues, en general, ser mejor que el acusado y eso es, en consecuencia, lo que ha de refutarse. Pero este argumento, tomado universalmente, se convierte en fuera de lugar, cuando alguien recrimina a los demás lo que él mismo hace o podría hacer, o cuando aconseja hacer lo que él mismo no hace ni podría hacer.

7. Otro lugar se obtiene de la definición, como, por ejemplo: "¿qué es lo sobrenatural? ¿Un dios o la obra de un dios? Porque, ciertamente, el que cree que es la obra de un dios, por fuerza ha de pensar también que los dioses existen". Y del mismo modo argumentaba Ifícrates que el más noble es el que es mejor, pues en verdad que ninguna nobleza tenían Harmodio y Aristogitón[138] hasta que realizaron un acto noble.

Y añadió que él estaba más próximo a ellos, "porque mis obras están más emparentadas a las de Harmodio y Aristogitón que las tuyas". Asimismo, en el Alejandro se dice que todos Teodectes: "si a los que cuidan mal los caballos ajenos no se le confían los propios, ni tampoco, a los que han hecho naufragar las naves ajenas, las naves propias. Si, por consiguiente, hay que hacer lo mismo en todo, entonces a los que han guardado mal la de los otros no es útil confiarles la propia salvación".

Así también lo que dice Alcidamante de que todos honran a los sabios: "pues por cierto que los de Paros celebraron a Arquíloco, aunque era una mala lengua; los de Quíos a Homero,

---

137   La honradez de Arístides, llamado "el Justo", es proverbial.

138   Famosos tiranicidas, *Ibíd.* libro I.

aunque no era ciudadano; los de Mitilene a Safo, aunque era mujer, y los lacedemonios a Quilón y hasta le hicieron del consejo de ancianos, por más que no eran ellos nada amantes de las letras, así como los italiotas a Pitágoras. Y los de Lámpsaco, aunque Anaxágoras era extranjero, le dieron sepultura y le honraron entonces y todavía le siguen honrando. Los atenienses tuvieron con las leyes de Solón épocas de bienestar, así como los lacedemonios con las de Licurgo. Y en Tebas, cuando los magistrados se hicieron filósofos, la ciudad fue feliz".

8. Otro lugar común se obtiene del juicio sobre un caso igual o semejante o contrario; sobre todo, si así lo han juzgado siempre todos los hombres, o si no, por lo menos la mayoría, o los que son sabios, sean, también éstos todos o la mayoría, o los que son buenos; e, igualmente, si lo han juzgado así los que a su vez juzgan, o aquellos cuya autoridad admiten los que juzgan o a cuyo juicio no es posible oponer el contrario, como ocurre con los que tienen el poder o con los que no sería bello contradecir, como son los dioses, el padre o los maestros. Tal es el caso de lo que Autocles dijo a Mixidémides[139]: "¿A los dioses venerables les está bien haberse sometido a los jueces en el Aréopago y a Mixidémides no?". O lo que dijo Safo de que morir es un mal, "pues así lo juzgan los dioses, ya que si no morirían ellos"[140]. O como Aristipo respondió a Platón, quien, a su parecer, le había hablado con demasiada petulancia: "Sí, pero nuestro compañero –refiriéndose a Sócrates– no habría hablado así"[141].

También Hegesípolis preguntó al dios, en Delfos, después de haber consultado el oráculo en Olimpia, si tal opinión era la misma que la que sostenía su padre; porque sería vergonzo-

---

139   Baiter Sauppe, p 220.

140   Voigt. Fr. 201.

141   Giannantoni, fr, IV a 16.

so llevarle la contraria. O lo que Isócrates escribió sobre que Helena era virtuosa, puesto que así la juzgó Teseo; y lo mismo Alejandro, ya que lo habían preferido los dioses. Y también de Evágoras escribió que era virtuoso, porque, como lo dice Isócrates, "cuando Conón se vio desterrado, olvidándose de todos los demás, acudió a Evágoras"[142].

9. Otro lugar se obtiene de las partes, como por ejemplo -según se ha tratado en los Tópicos– qué clase de movimiento es el alma: éste o este otro. Un ejemplo tomado del Sócrates de Teodectes[143]: "¿Contra qué templo cometió impiedad? ¿A qué dioses no honró de cuantos la ciudad venera?".

10. Otro lugar común es el de que, puesto que la mayoría de las veces ocurre que a una misma cosa siga un bien y un mal, sea por las consecuencias por lo que se aconseje o disuada, se acuse o defienda y se elogie o censure. Por ejemplo: "A la educación sigue la envidia, que es un mal; sin embargo, el ser sabio es un bien; por consiguiente, o no conviene recibir educación, puesto que no conviene ser envidiado, o sí conviene recibir educación, puesto que conviene ser sabio". A este lugar común se reduce el *Arte* de Calipo[144], con la adición del de lo posible y los otros que hemos tratado ya.

11. Cuando hay que aconsejar o disuadir a propósito de dos cosas opuestas, otro lugar consiste en hacer uso, para ambas cosas, del lugar común citado antes. La diferencia consiste, sin embargo, en que allí los términos están contrapuestos por casua-

---

142   Sobre Alejandro, ver Isócrates. *Elogio de Helena*. P16.

143   Baiter Sauppe, N XXXII, fr. 3,11,247.

144   Se trata de un discípulo de Isócrates, autor de un tratado de retórica.

lidad, mientras que aquí son contrarios. Como aquella sacerdotisa que no dejaba a su hijo arengar al pueblo: "Porque si hablas con justicia -le dijo- te odiarán los hombres; y si con injusticia, los dioses". Conviene, pues, según esto, arengar al pueblo, puesto que, si hablas con justicia, te amarán los dioses y si con injusticia, los hombres. Esto es lo mismo que el dicho: comprar el charco y la sal. Y en esto consiste la blaísosis: "cuando a cada uno de dos contrarios sigue un bien y un mal, conviene contraponer cada uno de los contrarios a cada uno de los otros."

12. Puesto que no se elogian las mismas cosas en público que en privado -ya que en público se elogian, sobre todo, las que son justas y bellas, mientras que en privado se prefieren las que más convienen-, otro lugar común consiste en, partiendo de una de estas afirmaciones, procurar deducir la otra. De los lugares propios de las paradojas, este es ciertamente, el de mayor firmeza.

13. Otro lugar se obtiene de unir al caso en cuestión uno análogo. Ifícrates, por ejemplo, cuando trataron de obligar a su hijo, que era muy joven pero de mucha estatura, a que desempeñase una liturgia, dijo que si consideraban hombres a los niños altos, deberían decretar entonces que los hombres bajos fuesen niños. Y Teodectes dice en La Ley: "Si a mercenarios como Estrábax y Caridemo, porque son honrados, los hacéis ciudadanos, ¿no deberéis hacer exiliados a los que, en su condición de mercenarios, han cometido crímenes irreparables?"[145].

14. Otro lugar se obtiene de que si sucede lo mismo, entonces es que también es lo mismo aquello a partir de lo cual

---

145   Baiter Sauppe, N XXXII, fr. 2, p.247.

sucede. Así, por ejemplo, Jenófanes[146] decía que igualmente cometen impiedad los que afirman que los dioses nacen como los que aseguran que mueren; porque, en efecto: la consecuencia es, en ambos casos, que hay un tiempo en el que no existen los dioses. En general, por otra parte, hay que admitir que lo que sucede como consecuencia de cada uno de los términos es siempre lo mismo. Por ejemplo: "Vais, pues, a juzgar, no ya en relación con Isócrates, sino en relación con su manera de vivir, si es útil filosofar".

Asimismo: "dar la tierra y el agua" es ser esclavo; y "participar de la paz común" significa cumplir las órdenes. Por lo demás, entre dos términos opuestos hay que tomar el que sea más útil.

15. Otro lugar procede de que "no siempre se elige lo mismo después y antes, sino en sentido inverso". Como en este entimema: "si exiliados hemos combatido para regresar, una vez vueltos, ¿deberemos exiliarnos para no combatir?"[147]. Porque, en un caso, se había elegido permanecer a cambio de combatir y en el otro, no combatir al precio de no quedarse.

16. Otro lugar común consiste en afirmar que aquello por cuya causa podría ser o acontecer es efectivamente la causa de que sea o acontezca. Tal es el caso, por ejemplo, de que alguien diera a otro alguna cosa, con el fin de causarle pena quitándosela después. De donde se ha dicho: A muchos la divinidad, no por benevolencia les concede grandes venturas, sino para que las desgracias que reciban sean más manifiestas.

---

146   Gentilli Prato, DK, fr. 46.

147   "Pues si cuando nos exiliamos, luchamos contra los lacedemonios para volver, sería terrible que ahora que hemos vuelto nos auxiliáramos para no luchar." *Lisias*, p 34.11

Y, lo mismo, lo que se dice en el Meleagro de Antifonte[148]: No para matar al monstruo, más porque testigos fuesen de la virtud de Meleagro para con Grecia.

Y también lo que se lee en el Ayante de Teodectes sobre que Diomedes eligió a Odiseo, no para honrarle, sino para que su acompañante fuera inferior; pues es posible que lo hubiera hecho por esta causa.

17. Otro lugar, que es común a los que litigan en un pleito y a los que intervienen en los discursos deliberativos, consiste en examinar cuáles son las razones que aconsejan y disuaden y por cuya causa se emprenden y se evitan los actos. Porque estas razones son tales que, si son pertinentes, conviene actuar y si no son pertinentes, no actuar; por ejemplo: si algo es posible y fácil, y si es provechoso para uno mismo o para los amigos de uno o perjudicial para los enemigos, si puede provocar un castigo y si el castigo va a ser menor que el negocio: ésta es la clase de razones partiendo de las cuales se aconseja, así como, partiendo de sus contrarios, se disuade. Y es también la clase de razones con las que se defiende y se acusa: con las que disuaden, se elaboran las defensas y con las que aconsejan, las acusaciones. Por lo demás a este lugar común se reduce todo el Arte de Pánfilo y Calipo.

18. Otro lugar se obtiene de lo que está admitido que existe, aunque sea increíble, supuesto que no se admitiría si no existiese o no lo tuviéramos cerca. ¡Y aun con más motivo ha de admitirse! Nosotros, en efecto, aceptamos lo que es real o lo que resulta probable. Por consiguiente, si es increíble e improbable, entonces será verdad, puesto que no es por ser probable y convincente por lo que está admitido así. Este es el caso, por ejemplo, de lo que dijo Androcles

---

148   Snell, p. 55 fr. 2.

el Piteo[149] cuando, censurando él la ley, interrumpieron su discurso con gran griterío: "Las leyes necesitan una ley que las subsane, como también los peces necesitan sal, por más que no sea probable ni convincente que necesiten sal quienes se han criado en agua salada; y como las tortas de oliva necesitan aceite, aunque también sea increíble que lo que esté hecho de aceite necesite aceite"[150].

19. Otro lugar, apto para la refutación, consiste en examinar los términos contradictorios por si se encerrase alguna contradicción entre los lugares comunes, los tiempos, las acciones y las palabras, dirigiéndose entonces separadamente, en un caso, al oponente, como, por ejemplo: "dice que os ama, pero tomó parte en la conjuración de los Treinta"; en otro caso, a uno mismo, como en: "dice que yo soy un buscapleitos, pero no puede demostrar que haya yo provocado ni un solo proceso"; y en otro caso, en fin, a uno mismo y al oponente, como en: "jamás éste ha hecho ningún préstamo y yo, en cambio, a muchos de vosotros os he pagado el rescate".

20. Otro lugar, en relación ahora con los hombres y las acciones que están bajo sospecha o en entredicho, consiste en declarar la causa del malentendido, supuesto que hay un motivo de que aparezca así. Por ejemplo: una mujer que se había caído encima de su hijo a causa de los abrazos que le daba, pareció que estaba haciendo el amor con el muchacho; no obstante, una vez declarada la causa, se deshizo la sospecha.

E igualmente, en el Ayante de Teodectes[151] Odiseo formula contra Ayante el motivo de por qué siendo él más valiente que Ayante, no lo parecía.

---

149   Baiter Sauppe. N IV, p. 153.

150   Baiter Sauppe, *Androcles*, N IV, p. 153.

151   Snell, 72 F 1.142.

21. Otro lugar común procede de la causa: si se predica pertinentemente, se dice que algo es y, si no, que no es. Porque la causa y aquello de que es causa se dan juntos; y sin causa, nada existe. Así, por ejemplo, Leodamante, cuando se defendió de Trasíbulo, que lo acusaba de que había sido públicamente infamado en una inscripción de la Acrópolis, pero que después había borrado su nombre durante el período de los treinta, afirmó que ello no era posible, puesto que los Treinta habrían confiado más en él si hubiera permanecido escrita en la inscripción su enemistad con el pueblo.

22. Otro lugar consiste en examinar si de otra manera cabía o cabe algo mejor que lo que se aconseja o se hace o se ha hecho, dado que, en caso contrario, es obvio que no se habría actuado así, puesto que nadie hace voluntariamente y a sabiendas una mala elección. Este lugar es, con todo, engañoso, porque, respecto de cómo era mejor actuar, muchas veces acontece que después es claro lo que antes era oscuro.

23. Otro lugar consiste en, cuando se va a hacer algo contrario a lo que ya se ha hecho, examinar ambas cosas conjuntamente. Por ejemplo, cuando los de Elea preguntaron a Jenófanes[152] si debían o no hacer sacrificios y entonar trenos a Leucótea, él les aconsejó que, si la consideraban diosa, no le entonasen trenos, y si mujer, no le hicieran sacrificios.

24. Otro lugar común consiste en acusar o defenderse a partir de los errores. Así, en la Medea de Carcino[153], sus acusadores le acusan de haber matado a sus hijos, supuesto que, en

152   Poeta y filósofo Jenófanes de Colofón. Gentilli Prato. Fr. 46.

153   Snell. Fr. 70.

todo caso, éstos no aparecían Medea, en efecto, había cometido el error de despedirse de sus hijos; pero ella se defendió argumentando que, no a sus hijos, sino a Jasón habría dado muerte, dado que habría sido un error no obrar así, si es que pensaba hacer una de estas dos cosas. Este es, por otra parte, el lugar común y la especie de entimema a que se reduce todo el primer Arte de Teodoro.

25. Otro lugar se obtiene del nombre. Como aquello que dice Sófocles: "Sabiamente lleva el nombre del hierro"[154].

Y como lo que se acostumbra a decir en los elogios de los dioses o como Conón llamó a Trasibulo "el de audaz resolución" y Heródico le dijo a Trasímaco: "siempre eres un luchador temerario" y a Polo: "tú siempre eres un potro". También de Dracón, el legislador, se decía que sus leyes no eran propias de un hombre, sino de un dragón porque eran duras. Asimismo, Hécuba, en la obra de Eurípides dice refiriéndose a Afrodita: "Rectamente el nombre de la insensatez da comienzo al nombre de la diosa"[155]. Y Queremón escribe: "Penteo, epónimo de su futura desgracia"[156].

Entre los entimemas gozan de más reputación los refutativos que los demostrativos, por cuanto el entimema refutativo logra la aproximación de contrarios en un espacio reducido y porque, por otra parte, las cosas se hacen más claras al oyente cuando se le presentan una enfrente de otra. A su vez, entre todos los silogismos refutativos y demostrativos, los que obtienen mayor aplauso son los que están de tal manera hechos que, sin ser superficiales,

154   Fragmento de la tragedia Tiro, fr. 658.

155   Eurípides, *Troyanas*, p. 990.

156   Snell, 72, fr4.

nada más comenzar se prevé su conclusión pues los oyentes se sienten entonces muy satisfechos consigo mismos por haberlos previsto. Y, después, aquellos otros que sólo tardan en comprenderse el tiempo que transcurre en su enunciado.

Capítulo XVII
Lugares de los entimemas aparentes

1. Puesto que cabe que haya un silogismo y otro que, sin ser tal, lo parezca, forzosamente habrá también un entimema y otro que, sin ser tal, lo parezca, dado que el entimema es una clase de silogismo. Por su parte, los lugares comunes de los entimemas aparentes son: que se le llama "común Hermes". O decir que lo más virtuoso es la palabra, porque los hombres buenos se hacen dignos, no de dinero, sino de mención. Pues el ser digno de mención no se dice, en efecto, unívocamente.

2. Otro lugar común consiste en decir en síntesis lo que estaba dividido o en dividir lo que era compuesto. Porque como parece que es lo mismo lo que muchas veces no lo es, ello permite hacer la que más útil sea de las dos cosas. Tal es el argumento de Eutidemo: saber, por ejemplo, que hay una trirreme en el Pireo, porque cada uno de estos términos es conocido. Asimismo, saber las letras, porque se conoce la palabra, dado que la palabra es lo mismo que las letras.

Y también afirmar que, puesto que la dosis doble es dañina para la salud, la simple no puede ser saludable. Estaría, en efecto, fuera de lugar que, si dos veces una cosa es buena, una sola sea mala: así empleado, el entimema es pues, refutativo. Pero se convierte en demostrativo de este otro modo: no es posible que una cosa sea, una vez, buena y, dos veces, mala. Sin embargo, todo este lugar común es paralogístico. Como lo es, a su vez, lo que Polícrates dijo, refiriéndose a Trasibulo, sobre que había eliminado a treinta tiranos, pues ello es así por síntesis. O lo que Polícrates dijo, refiriéndose a Trasibulo: "Justo es que si una mata a su esposo…", muera ella también y que el hijo vengue a su padre. Sin duda, éstos son los hechos que se han cometido; pero agrupados en síntesis, tal vez no sean ya, en efecto, una cosa justa. Por lo demás, también podría haber aquí un paralogismo de omisión, ya que se omite por obra de quién.

3. Otro lugar común consiste en *inclinar hacia la aceptación o rechazo de un argumento por medio de la exageración*. Por su parte, esto ocurre cuando, sin probar que se hizo ni que no se hizo, el orador amplifica el hecho; porque esto permite mostrar, o bien que no se ha hecho, cuando quien amplifica es el que está siendo objeto de la causa, o bien que se ha hecho, cuando es el acusador el que amplifica. Pero, en realidad, no hay aquí entimema, puesto que el oyente comete paralogismo al juzgar que se hizo o que no se hizo sin que ello esté demostrado.

4. Otro lugar procede del *signo*, porque tampoco éste se concluye de un silogismo. Es como si alguien dijese: a las ciudades les convienen los enamorados, porque el amor de Harmodio y Aristogitón derrocó al tirano Hiparcon. O si se afirma que Dionisio es ladrón, porque es malvado. Esto, ciertamente, no se concluye de un silogismo, pues no todo malvado es ladrón, sino que todo ladrón es malvado.

5. Otro lugar se debe al *accidente*, como aquello que dice Polícrates sobre los ratones que cooperan comiéndose las cuerdas del arco. O también si alguien sostiene que el ser convidado a un banquete es el mayor honor, por el hecho de que, por no serlo, se irritó Aquiles contra los aqueos en Ténedos. No obstante, él se irritó al sentirse despreciado, si bien aconteció tal cosa por no haberle invitado.

6. Otro lugar procede de la consecuencia. Así, por ejemplo, lo que se dice en *Alejandro* acerca de que éste era magnánimo porque, eludiendo el trato con sus semejantes, vivía solo en el monte Ida; y como los magnánimos son de esta naturaleza, se opinaba que también él era magnánimo.

Y lo mismo, aquello de que, porque uno sea elegante y pasee por la noche, es un adúltero, ya que éstos se comportan así. Por otro lado, esto es parecido a decir que, en los templos, los mendigos cantan y bailan y que a los exiliados les es posible vivir donde les apetezca: puesto que a los que parecen ser felices les son pertinentes estas mismas cosas, se opinará entonces que todos aquellos a quienes tales cosas les sean pertinentes, son también felices. Sin embargo, la diferencia está en el cómo y, por ello, se viene a caer aquí en un paralogismo por omisión.

7. Otro lugar procede de presentar lo que no es causa como causa, por el hecho de que, por ejemplo, haya sucedido juntamente con o después de algo. Con ello, el "después de algo" se interpreta como "a causa suya"; y esto ocurre, sobre todo, en la política. Démades, por ejemplo, decía que el gobierno de Demóstenes era la causa de todos los males, porque después de él sobrevino la guerra.

8. Otro lugar procede de la *omisión del cuándo y el cómo*. Así, por ejemplo, decir que Alejandro raptó legalmente a Helena, dado que por su padre le había sido concedido a ella el derecho de elección. Ahora bien, tal derecho no valía siempre igual, sino sólo la primera vez, porque sólo hasta ese momento tiene autoridad el padre. O decir que golpear a hombres libres es ultraje, pues ello no es así en todas las ocasiones, sino sólo cuando se comienza a golpear sin justicia.

9. Además de éstos, tal como ocurre en la Erística, del hecho de *tomar una cosa absolutamente y, no absoluta, sino relativamente a algo*, resulta también un silogismo aparente. Igual, por ejemplo, que en la dialéctica se afirma que el no ser existe, porque no ser es no ser, y que lo no conocido es objeto de ciencia, porque constituye un conocimiento científico el que lo no conocido es no-conocido, así también, en la retórica, hay un entimema aparente que procede de *lo que es, no absolutamente probable, sino probable en relación a algo*. Esta probabilidad, con todo, no lo es universalmente, como lo señala Agatón[157]: "Tal vez haya que decir que lo único probable es que a los mortales les suceden muchas cosas improbables".

Porque, en efecto: lo que va contra lo probable, sucede, de manera que también es probable lo que va contra lo probable; y, si esto es así, lo improbable será probable, pero no absolutamente, sino que, igual que en la *Erística*, el no añadir en qué medida, en relación a qué y de qué modo hace falaz el argumento, aquí también lo hace el hecho de que lo que va contra lo probable, es probable, no en absoluto, sino relativamente a algo. Sobre este único lugar común, por lo demás, está compuesto todo el Arte de Córax: "si uno no está incurso en una causa, por ejemplo, si uno es débil, puede escapar a una acusación de violencia porque no es probable; pero igualmente puede, si está incurso, por ejemplo, si es fuerte porque no es probable, supuesto que iba a parecer probable". Y lo mismo en los demás casos, ya que

---

157   Trágico del siglo V a.C. Fragmento citado también en la *Poética*.

es forzoso que uno esté incurso o no en una causa: ambas cosas se manifiestan, pues, probables, pero una de ellas es probable, mientras que la otra no lo es absolutamente, sino según se ha dicho. También el convertir el argumento más débil en el de más fuerza consiste en esto mismo.

Y de ahí que con justicia se sintiesen los hombres tan indignados ante la profesión de Protágoras[158]; pues es engaño, y probabilidad no verdadera, sino aparente, y no se da en ningún otro arte, sino en la retórica y en la erística.

---

158   Famoso sofista del siglo V a.C. Testimonio recopilado por Diels y Kranz en 80 A 21.

Capítulo XVIII
Sobre la refutación

Sobre los entimemas, tanto reales como aparentes, hemos hablado ya. Nos queda ahora referirnos a la refutación. Ahora bien, la refutación es posible, o porque se propone una o porque se aduce una.

Por una parte, es desde luego obvio que cabe proponer un contra silogismo a partir de los mismos lugares comunes, porque los silogismos proceden de las opiniones plausibles, pero muchas de estas opiniones son contrarias entre sí. Por otra parte, las objeciones se obtienen, como en los *Tópicos*, de cuatro maneras; a saber: o bien a partir de lo mismo, o bien de lo semejante, o bien de lo contrario, o bien a partir de juicios ya hechos.

Llamo *de lo mismo* a, por ejemplo, si se propone un entimema sobre el amor, calificándolo de virtuoso, aducir la objeción de dos maneras: diciendo, o, universalmente, que toda indigencia es mala, o particularmente, que no se hablaría de "amor caunio", si no hubiese amores perversos.

De lo *contrario* se obtiene una objeción alegando, por ejemplo, si el entimema era que el hombre bueno es benefactor de todos sus amigos, que tampoco el malo hace el mal a todos.

De lo *semejante*, alegando, por ejemplo, si el entimema era que siempre odian los que han padecido males, que tampoco aman siempre los que han recibido beneficios.

Y en cuanto a *los juicios*, los que proceden de hombres famosos; por ejemplo, si el entimema dice que conviene ser indulgente con los borrachos, porque cometen sus faltas sin tener consciencia de ellas, cabe aducir la objeción de que, en ese caso, no sería digno de elogio Pítaco, pues no habría prescrito entonces las mayores penas para quienes cometen sus faltas estando ebrios.

Por lo demás, como los entimemas se enuncian a partir de cuatro lugares y tales cuatro son la *probabilidad*, el *ejemplo*, la *prueba concluyente* y el *signo*; como, por otra parte, los entimemas que se obtienen de lo que la mayoría de las veces es real o parece serlo, son los que proceden de la *probabilidad*; que los que se sacan por inducción, a partir de lo semejante de uno o de muchos casos -cuando, tomando lo general, se concluye luego mediante silogismos lo particular- son los que se basan en el *ejemplo*; que los que se fundan en lo necesario y en lo que es, son los que se basan en la *prueba concluyente*; y que los que se obtienen por generalización de lo que es en particular, sea que ello exista o no, son los que se basan en los *signos*; y como, en fin, lo probable no es lo que sucede siempre sino la mayoría de las veces, resulta así palmario que todos estos entimemas son refutables aduciendo una objeción, pero que se trata de una objeción aparente y no siempre verdadera, puesto que el que la propone no refuta que la cosa de que se trata no sea probable, sino que no es necesaria.

Por esta razón, pues, el que defiende siempre está en situación ventajosa sobre el que acusa en virtud de este paralogismo. Porque, en efecto: como, por una parte, el que acusa ha de hacer sus demostraciones sobre la base de probabilidades, como no es lo mismo refutar que algo no es probable a que algo no es necesario, y como lo que siempre puede ser objeto de objeción es lo que ocurre la mayoría de las veces pues lo probable no podría ser, conjuntamente, lo que se da siempre: lo que se da siempre es también lo necesario; pero además, como, por otra parte, el juez, si la refutación se hace de ese modo, o bien considera que el hecho no es probable, o bien que no le corresponde a él juzgarlo, porque encierra paralogismo, según decíamos pues él no debe juzgar sólo partiendo de lo necesario, sino también de lo probable, ya que en esto consiste el juzgar con el mejor espíritu, por todo esto no basta con refutar que algo no es necesario, sino que se debe refutar también que no es probable. Ahora bien, esto tendrá lugar si la objeción se basa, principalmente, en lo que sucede la mayoría de las veces.

Y cabe que ella sea así de dos maneras: o bien en virtud del *tiempo*, o bien en virtud de los *hechos*. Con todo, la objeción será más firme si se basa en ambos criterios a la vez, porque cuantos más sean los hechos y más veces de un mismo modo, tanto más probable será la cosa en cuestión.

También son susceptibles de refutación los signos y los entimemas que se enuncian sobre la base de signos, incluso si son pertinentes, como ha quedado ya tratado en el libro primero. Que todo signo es impropio para un silogismo es, en efecto, evidente ya para nosotros desde los *Analíticos*[159].

Por su parte, en lo que se refiere a los ejemplos, la refutación es la misma que para las probabilidades. Si se da un solo caso que sea diferente, la refutación queda hecha diciendo que la cosa no es necesaria; y si la mayoría de los casos o de las veces son distintos, así como si la mayoría de los casos o de las veces son iguales a la cosa en cuestión, entonces hay que disputar diciendo que el presente caso no es semejante, o que no lo es de la misma manera o que hay cierta diferencia en él.

---

159   *Primeros Analíticos II*, p 27, 70 a.

En cuanto a los argumentos concluyentes y a los entimemas que se basan en ellos, no pueden desde luego ser refutados por que sean impropios de un silogismo cosa que también tenemos clara por los *Analíticos*, de modo que el único medio que queda es demostrar que el argumento alegado no es pertinente.

Pero si resulta manifiesto que sí es pertinente y que se trata de un argumento concluyente, entonces se hace por completo irrefutable: todo se convierte, en efecto, en una demostración de evidencia.

Capítulo XIX
Consideraciones finales sobre los entimemas

La amplificación y la disminución no son un elemento del entimema.

Y llamo aquí elemento a lo mismo que lugar común, porque elemento y lugar común son nociones en donde quedan comprendidos muchos entimemas. Por el contrario, la amplificación y la disminución son entimemas que sirven para demostrar que algo es grande o pequeño, lo mismo que es bueno o malo, justo o injusto u otras modalidades de esta clase. Ahora bien, éstas son todas las cosas sobre las que pueden proponerse silogismos y entimemas, de modo que si ninguna de ellas es un lugar común del entimema, tampoco lo serán la amplificación y la disminución.

Y tampoco las refutaciones son una especie de entimemas distinta de los ya establecidos, pues es evidente que refuta, o bien quien aporta una demostración, o bien quien aduce una objeción, y por lo tanto, que lo que hace es una contra demostración de lo opuesto. Por ejemplo, si el otro ha mostrado que sucedió algo, éste probará que no ha sucedido; y si el otro que no ha sucedido, éste que sucedió. De modo, pues, que no cabe aquí ninguna diferencia: ambas partes utilizan, en efecto, los mismos procedimientos, puesto que los dos aducen entimemas sobre lo que no es o sobre lo que es. Por lo demás, la objeción tampoco es un entimema, sino que, como ya se dijo en los Tópicos[160], consiste en enunciar una opinión de la que resultará claro que el otro no ha hecho silogismo o bien que ha introducido algún elemento falso.

Así, pues, como son tres las materias que deben tratarse en relación con el discurso y como, a propósito de los ejemplos, las máximas y los entimemas, así como de todo aquello que concierne, en absoluto, a la inteligencia hemos señalado ya de dónde podremos sacar los argumentos y cómo nos será posible refutarlos, réstanos ahora hablar acerca de la expresión y de la composición.

---

160   *Tópicos I,* Cap 10 y 14. Y en *Refutaciones sofísticas,* cap. 9.

Libro III
Capítulo I
Retórica y expresión

Puesto que son tres las materias que deben tratarse acerca del discurso: la primera, de dónde han de sacarse las pruebas por persuasión, la segunda, aquello que concierne a la expresión y, la tercera, cómo resulta útil ordenar las partes del discurso. ·Y puesto que hemos tratado ya, por una parte, a propósito de las pruebas por persuasión, de cuántas fuentes proceden, que son tres, y cuáles son éstas y por qué son sólo ellas, pues los que juzgan se persuaden todos, o bien porque ellos mismos experimentan alguna pasión, o bien porque suponen unas determinadas cualidades en los oradores, o bien porque se les ofrece una demostración. Y asimismo hemos tratado ya, por otra parte, a propósito de los entimemas, de dónde deben obtenerse ya que, de un lado, están las especies de los entimemas y, de otro lado, los lugares comunes, nos queda ahora por hablar acerca de la *expresión*, dado que no basta con saber lo que hay que decir, sino que también es necesario decirlo como se debe, y esto contribuye mucho a que se manifieste de qué clase es el discurso.

Así pues, al principio investigamos lo que es naturalmente primero, a saber, las materias mismas a partir de las cuales se obtiene la convicción. Pero en segundo lugar debemos investigar el modo como estas materias predisponen los ánimos mediante la expresión. Y en tercer lugar, cosa que es potencialmente importantísima y de la que, sin embargo, no nos hemos ocupado todavía, aquello que concierne a la representación. Ésta última se ha desarrollado tarde incluso en la tragedia y en la recitación épica, ya que en un principio, eran los propios poetas quienes representaban las tragedias. Pero es ciertamente claro que también en la retórica se da esto mismo, igual que en la poética, como han tratado ya algunos autores y, entre ellos, Glaucón de Teos.

La representación oratoria estriba en la voz: en cómo debe usarse para cada pasión. O sea, cuándo fuerte y cuándo baja y mesurada; en cómo hay que servirse de las entonaciones, es decir, agudas algunas veces, graves y mesuradas otras; y en qué ritmos conviene emplear para cada caso. Pues tres son, en efecto, las cosas que entran en el examen: el tono, la armonía y el ritmo. Así es, poco más o menos, como los oradores ganan sus premios en los certámenes, e igualmente los actores consiguen ahora más que los poetas, así también ocurre en los debates políticos, debido a los vicios de las formas de gobierno. Sin embargo, sobre esta materia todavía no hay un arte establecido, puesto que también lo concerniente a la expresión se desarrolló tardíamente; aparte de que bien mirado, parece ser éste un asunto fútil. Pero como todas las materias que se refieren a la retórica se relacionan con la opinión, se ha de poner también cuidado en este punto, no por su rectitud, sino por su necesidad. Porque lo justo y nada más que ello es lo que hay que buscar con el discurso, antes que el no disgustar o el regocijar al auditorio, y lo justo es ciertamente debatir acerca de los hechos mismos, de suerte que todo lo que queda fuera de la demostración es superfluo. Con todo, al mismo tiempo es potencialmente importante, como ya hemos dicho, a causa de los vicios del auditorio.

Por lo tanto, lo que concierne a la expresión es también, aunque sea en una pequeña medida, necesario en toda enseñanza, puesto que para las demostraciones hay diferencias en expresarse de un modo u otro. No es desde luego, que la diferencia sea tan grande, sino que todo es cosa de la fantasía y dirigida al oyente; y por eso nadie enseña así la geometría. Pero el caso es que esta representación oratoria tiene, cuando se aplica, los mismos efectos que la representación teatral y que, por otra parte, de ella se han ocupado un poco algunos autores, como, por ejemplo, Trasímaco en sus *Conmiseraciones*. Además, la representación teatral es un don de la naturaleza y bastante poco susceptible de arte, mientras que, en lo que concierne a la expresión, queda dentro del arte.

Y por ello, los que tienen esta habilidad consiguen premios en su turno, así como también algunos oradores por lo que se refiere a la representación. Pues, en efecto, hay discursos escritos que tienen más fuerza por su expresión que por su inteligencia.

Así pues, los que al principio iniciaron este movimiento fueron como es natural, los poetas, puesto que los nombres son imitaciones y, por otra parte, la voz es, de todos nuestros órganos, el más adecuado a la imitación.

Y en razón de esto se constituyeron las artes: la recitación épica y la representación teatral, además de otras. Ahora bien, como los poetas, aun diciendo vacuidades parecían conseguir fama a causa de su expresión, por este motivo la expresión fue en un principio poética, como la de Gorgias y aún hoy la mayoría de los que carecen de ilustración piensan que los que mejor hablan son los que usan esta clase de expresión. Pero esto no es así, sino que la expresión en el discurso es diferente que en la poesía. Y lo prueba lo que luego ha sucedido, dado que ni siquiera los autores de tragedias emplean ya el mismo modo de expresarse, sino que, así como cambiaron del tetrámetro al yambo, por ser éste, entre los metros, más semejante a la prosa que los demás, así también, entre las palabras, abandonaron todas aquellas que están fuera del lenguaje corriente, con las que adornaban sus poemas sus predecesores y aún hoy los que todavía componen hexámetros. Por eso resulta ridículo imitar a los que ya ahora no se sirven de esa manera de expresarse, de modo que está claro que nosotros no tenemos que examinar en rigor todo lo que cabe decir acerca de la expresión, sino sólo lo que cabe decir acerca de la clase de expresión que corresponde a los discursos. Por lo demás, de la otra clase de expresión hemos tratado ya en la *Poética*.

Capítulo II
Las virtudes de la expresión

Demos, pues, por establecidas teóricamente estas cuestiones propias de la *Poética*. Y propongamos por definición que una virtud de la expresión es la *claridad*, porque un signo de esto es que si un discurso no hace hincapié en algo, no cumplirá su función.

Pretenciosa de lo debido, sino la adecuada; la poética, en efecto, no es vulgar, pero tampoco es adecuada para el discurso. Por su parte, de entre los nombres y verbos, producen claridad los espectáculos, mientras que todos los otros nombres que se han tratado en la *Poética* provocan una expresión, no vulgar, pero sí adornada.

Lo que se aparta de los usos ordinarios consigue que la expresión aparezca más solemne, pues lo mismo que les acontece a los hombres con los extranjeros y con sus conciudadanos, eso mismo les ocurre también con la expresión.

Y por ello conviene hacer algo extraño el lenguaje corriente, dado que se admira lo que viene de lejos y todo lo que causa admiración, causa asimismo placer.

Ahora bien, la poesía tiene muchos recursos de esta clase, ya que ella se sitúa en una mayor lejanía respecto de los temas y personas de que trata el discurso; pero, en cambio, en la prosa sencilla estos recursos son mucho más pequeños, porque también es más pequeño el tema de sus proposiciones. E incluso en la poesía, si un esclavo o un jovenzuelo hablan con rebuscamiento, o si esto se hace sobre un asunto insignificante, la cosa resulta muy poco adecuada.

No obstante, también en la prosa lo adecuado se logra mediante concentraciones y amplificaciones y por esta razón debe ocultarse que se hace, a fin de que no parezca que se está hablando artificiosamente, sino con naturalidad porque esto es lo que resulta convincente, dado que ante el que así habla, como si nos estuviese tendiendo una trampa, sentimos la misma prevención que ante los vinos mezclados. Así era el efecto que producía la voz de Teodoro[161] frente a la de los demás actores, pues la suya parecía ser la del mismo que hablaba, mientras que la de los otros resultaba ajena a sus personajes. Y, por lo demás, el artificio queda muy bien disimulado si se compone seleccionando las palabras del lenguaje usual, al modo como lo hace Eurípides, que fue el primero en mostrarlo.

Como el discurso se compone de nombres y de verbos y como hay tantas especies de nombres cuantas hemos establecido teóricamente en los libros sobre la poesía de entre ellos los *desusados*, los *compuestos* y los *neologismos* es preciso usarlos poco y en pocas partes, dónde lo diremos luego. Y en cuanto a por qué, ya lo hemos dicho: porque por su tendencia a la elevación se apartan de lo adecuado; en cambio, los nombres *específicos, los apropiados y las metáforas* son los únicos útiles para la expresión propia de la prosa sencilla. Un signo de esto es que sean únicamente ellos los que usa todo el mundo. Porque en efecto, todos hablan a base de metáforas, nombres apropiados y nombres específicos, de modo que es evidente que, si uno hace bien

---

161   Actor del siglo IV a.C. muy reconocido citado por Demóstenes, y Aristóteles en *Política*.

sus discursos, el resultado será algo extraño, podrá disimular su artificio y tendrá claridad. Y esa era la virtud del discurso retórico[162].

Por lo demás, de entre los nombres, los *homónimos* son útiles para el sofista pues en ellos basa sus fraudes, y los *sinónimos*, para el poeta. Por mi parte, llamo específicos y sinónimos a, por ejemplo, "caminar" y "andar", porque ambos son específicos y sinónimos entre sí. Qué son cada uno de estos términos y cuántas especies hay de metáforas, así como que todo este asunto es de la mayor importancia, tanto en la poesía como en el discurso, son cosas que han sido ya tratadas, como dijimos, en la *Poética*. Pero en el discurso conviene esforzarse tanto más en ellos cuanto que el discurso dispone de muchos menos recursos que la poesía. La claridad, el placer y la extrañeza los proporciona, sobre todo la metáfora, y ésta no puede extraerse de otro.

Hace falta también que los epítetos y las metáforas se digan ajustadamente a sus objetos; y esto se consigue partiendo de la *analogía*. De no ser así, la cosa aparecerá poco adecuada, porque como más se manifiestan los contrarios es enfrentándolos mutuamente. Hay que examinar entonces que, así como un vestido púrpura se ajusta a un joven, no se ajustara a un viejo, pues el mismo vestido no es desde luego adecuado para ambos.

Si lo que se pretende es hacer más hermoso algo, la metáfora habrá de sacarse de lo que hay mejor dentro del mismo género; y si es censurar, de lo que haya peor. Pongamos por ejemplo que, puesto que los contrarios se dan dentro de mismo género, el decir que "el que mendiga suplica" o que "el que suplica mendiga", dado que en ambos casos media una petición, significa hacer lo que he dicho; al modo como Ifícrates llamaba a Calias "men-

---

162   La capacidad de generar una metáfora distingue a un autor de otro, por lo que no se puede tomar metáforas de otro autor.

dicante de la diosa", en vez de "porta-antorcha"[163] a lo que éste replicó que Ifícrates no estaba iniciado en los misterios, pues, de lo contrario, no le habría llamado "mendicante de la diosa", sino "porta-antorcha" . Ambos términos son, en efecto, relativos a la divinidad, pero uno es honorable y, el otro, deshonroso. E igual sucede con los que algunos llaman "bufones de Dionisio", mientras que ellos se llaman a sí mismos "artistas", ambas denominaciones son también metáforas, la una dicha por quienes pretenden desprestigiar y, la otra, al contrario. Como asimismo los piratas se autodenominan ahora "proveedores", razón por la cual es posible decir del que ha cometido un delito, que ha cometido un error, o del que ha errado, que ha delinquido, y también del que roba, que en realidad sustrae y se suministra.

En cambio, lo que dice el *Tdefo* de Eurípides[164]: "reinando sobre el remo y desembarcando en Misia", no es adecuado, supuesto que "reinar" excede en dignidad al objeto en cuestión y eso ciertamente no pasa desapercibido.

Por otra parte, también en las sílabas cabe cometer un error, si ellas no son signos de una voz agradable, como cuando en sus versos elegíacos llama Dionisio Calco a la poesía "grito de Calíope", por ser una y otro voces. Ésta es una metáfora sin valor, hecha sobre voces que no sirven como signos. Además, tampoco conviene tomar las metáforas de cosas que resultan sino de las que son del mismo género y similar especie, nombrando así lo que se deja sin nombrar, lo cual, una vez declarado, se hace evidente que pertenece al mismo género. Por ejemplo, en

---

163   "Portador de la antorcha" es un título sacerdotal del culto de Eleusis, al que sólo se tenía acceso de forma hereditaria, era un círculo cerrado que integraban un grupo muy selecto de familias. Era un título de prestigio, mientras que, por el contrario, mendicantes eran sacerdotes extranjeros que mendigaban en la calle, dependían de la caridad. Ambas son manifestaciones religiosas pero de distintos estratos sociales.

164   Nauck, *Eurípides*, fr. 705.

el famoso enigma: "vi a un hombre que emplastaba con fuego bronce sobre un hombre"[165].

Este padecimiento carece, en efecto, de nombre, pero las dos cosas significan una cierta aplicación de algo; y así llamó "emplasto" a la aplicación de la ventosa. En general, de los enigmas que están bien hechos pueden obtenerse metáforas idóneas, porque las metáforas apuntan a un enigma, de modo que en esto se hace evidente que están bien traídas.

Asimismo, las metáforas deben sacarse de cosas bellas. Y, por su parte, la belleza del nombre, como dice Licimnio[166], reside o en el sonido o en lo significado por él e igualmente, su fealdad. Ahora bien, todavía hay un tercer punto que refuta el argumento sofístico. Y es que, en efecto, no es verdad como decía Brisón[167], que nadie pueda decir palabras obscenas, que toda vez tiene el mismo significado decir una cosa en lugar de otra. Esto es ciertamente falso, porque hay nombres más específicos que otros, y también de mayor semejanza y más apropiados, para que el hecho salte a la vista. Además de que, no estando en una disposición semejante, significan una cosa u otra, de modo que también por esto hay que aceptar que un nombre es más bello o más feo que otro; porque ambos significan, efectivamente, lo bello o lo feo, pero no que la cosa sea bella o fea; o bien significan esto mismo, pero entonces en mayor o menor grado. Las metáforas hay que sacarlas, pues, de ahí: de las cosas que son hermosas o por la voz o por su capacidad o bien porque lo son para la vista o para cualquier otro sentido. En todo caso, hay una diferencia en decir: "aurora, la de rosados dedos" mejor

---

165   En la Antigüedad muchas adivinanzas eran atribuidas a Cleobulina, considerada hija de Cleobulo, uno de los Siete Sabios. García Gual, *Los siete sabios*, p 115.

166   Poeta de la escuela de Gorgias, maestro de Polo, el sofista. Radermacher, *Artium Scriptores*, b XVI 3.

167   Maestro de Pirrón y quizás discípulo de Sócrates.

que "la de purpúreos dedos"; y todavía estaría peor "la de dedos colorados".

También en los epítetos cabe hacer aplicaciones de algo malo o vergonzoso, como es el caso, por ejemplo, de "matricida"; pero asimismo de algo excelente como por ejemplo, "vengador de su padre".

Y Simónides, cuando el vencedor en una carrera de mulas le ofreció un salario pequeño, excusó hacerle un poema, como si le disgustara dedicar un poema a unas mulas; pero cuando le pagó lo suficiente, cantó: "Yo os saludo, hijas de yeguas de huracanados pies" por más que también de asnos eran hijas.

A su vez, cabe igualmente designar algo por medio de diminutivos. No obstante, lo que consigue el diminutivo es hacer más pequeño lo malo y lo bueno, como cuando Aristófanes bromea en los *Babilonios*, diciendo en vez de oro, orito; en lugar de vestido, vestidito; en vez de insulto, insultito; y en lugar de enfermedad, dolencia. En esto, sin embargo, hay que ser cauto y tener en uno y otro caso sentido de la medida.

Capítulo III
La esterilidad en la expresión

La esterilidad en el estilo radica en cuatro causas. Ante todo, en los nombres compuestos. Por ejemplo, los que emplea Licofrón[168]: "cielo multirostroso de la tierra altiencumbrada" y "costa angostifranqueable". O lo que Gorgias llamaba "musimendicanteaduladores, perjuros y bien jurados"[169]. O lo que dice Alcidamente acerca de "el alma llena de cólera y rostrifueguicoloreada"; o sobre que pensaba que el celo de ellos llegaría a ser "finilogrador", o que había alcanzado en sus discursos una persuasión "finilogradora"; y también que la superficie del mar era "rostriazulada". Todos estos términos tienen, en efecto, una apariencia poética a causa de su composición. Ésta es, pues, una primera causa.

Otra causa radica en el uso de palabras inusitadas, como cuando Licofrón llama a Jerjes "hombre monstruo" y a Escirón

---

168   Es un sofista, citado también por Aristóteles en *Política* y *Metafísica*.

169   Untersteiner, D-K fr. 15.

"hombre debelador"; o cuando Alcidamante habla de "juguetes en la poesía", de la "presunción de la naturaleza" y de que "está amolado por una ira no mezclada de inteligencia".

La tercera causa es emplear epítetos largos, inoportunos o repetidos. En la poesía, en efecto, es adecuado decir "blanca leche", pero en el discurso algunos de éstos no son demasiado adecuados y otros, si se prodigan en exceso, terminan por confundir y manifiestan a las claras que se trata de poesía. Aunque en verdad conviene a veces emplearlos pues transforman el uso ordinario y prestan alguna extrañeza a la expresión, con todo se debe acertar con ellos en la medida, puesto que pueden provocar un daño mayor que el hablar a la ligera. Esto último no está ciertamente bien, pero lo primero está mal.

Y ésta es la causa de que la expresión de Alcidamante aparezca tan estéril, porque emplea epítetos tan repetidos, tan exagerados y tan obvios que no sirven ya para sazonar, sino para engordar. Por ejemplo, no dice "sudor", sino "sudor húmedo"; ni "a los juegos del Istmo", sino "a la solemne asamblea del pueblo en los juegos del Istmo"; ni "leyes", sino "soberanas leyes de las ciudades"; ni "a la carrera", sino "con el impulso a correr del alma"; ni tampoco "inspiración de las musas", sino "habiendo recibido de la naturaleza la inspiración de las musas". Además, llama "sombría" a la preocupación del alma; y no dice "artífice del gusto", sino "artífice del gusto y dispensador del placer del auditorio"; y no "se ocultó en el ramaje", sino "en el ramaje del bosque"; ni "envolvía su cuerpo", sino "el decoro de su cuerpo". Y también habla del "deseo contra imitador del alma" lo cual es una palabra compuesta a la vez que un epíteto, por lo que da lugar a un término poético e, igualmente, del "extravagante exceso del vicio".

Por esta razón, los que hacen discursos al modo poético, por no ser esto adecuado, caen en el ridículo y en la esterilidad; así como también en la falta de claridad a causa de su palabrería, porque cuando se amontonan las palabras, el que comprendía ya algo termina por perder la claridad merced al oscurecimiento resultante. Por lo demás, los hombres emplean palabras compuestas cuando hay algo que carece de nombre y cuando el término admite bien la composición, como es el caso de "pasatiempo". Pero si esto se hace con mucha frecuencia, el resultado es completamente poético. Por tal motivo, pues, una expresión a base de palabras compuestas es utilísima a los poetas ditirámbicos ya que éstos son ampulosos, mientras que las palabras inusitadas lo son a los épicos dado que la épica es grave y arrogante y las metáforas a los yámbicos de las que, en efecto, se sirven ahora, como ya hemos dicho.

Todavía hay una cuarta causa de esterilidad que radica en las metáforas. Porque, ciertamente, también hay metáforas que no son adecuadas: unas porque son ridículas dado que también los comediógrafos emplean metáforas y, otras porque son en exceso graves y trágicas.

Por otra parte, las hay que carecen de claridad, si están traídas de muy lejos como ocurre con las de Gorgias: "pálidos y anémicos sucesos"; o "vergonzosamente sembraste, dañina cosecha recolectas". Todo esto es demasiado poético.

O lo que dice Alcidamante sobre que la filosofía es "fortificación de la ley" y que la Odisea es "bello espejo de la humana vida"; y, aun "sin aplicar tal juguete a la poesía". Todos esos procedimientos no son, desde luego, aptos para la persuasión por lo que ya hemos dicho.

Y, por lo demás, lo que Gorgias le dijo a una golondrina que volaba, después que dejó caer sobre él su excremento, entra en el mejor estilo de los trágicos[170:] "Realmente vergonzoso -le dijo-, oh Filomena". Lo que había hecho, en efecto, no era vergonzoso para un pájaro, pero sí lo era para una muchacha: razón tenía pues el reproche dirigiéndolo a lo que ella fue, pero no a lo que es ahora.

---

170   Es una anécdota contada también por Plutarco, Cuestiones del
         banquete VIII, p.727. Se refiere a la fábula de Filomena, que se trans-
         forma en golondrina para escapar del acoso de Tereo.

Capítulo IV
Sobre el uso de la imágenes

La imagen es también una metáfora, pues se distingue poco de ella. Cuando se dice de Aquiles que "se lanzó como un león" se está ante una imagen; en cambio, cuando se dice "se lanzó león", esto es una metáfora; porque por ser ambos valientes, es por lo que, trocando los términos, se le ha llamado león a Aquiles. La imagen es útil en el discurso, pero pocas veces, dado su carácter poético. Y, por otra parte, hay que aplicarlas como las metáforas, puesto que son metáforas y sólo se diferencian en lo que hemos dicho.

Son imágenes, por ejemplo, la que Androción dirigió a Idrieo[171], diciéndole que era semejante a los perrillos que quedan libres de sus ataduras; pues éstos se tiran a morder, e Idrieo, liberado de sus cadenas, se comportaba con ferocidad. Por lo mismo, Teodamante comparó a Arquidamo con un Éuxeno que, analógicamente, no supiera geometría; pues también Éuxeno

---

171   Fue orador y adversario de Demóstenes, quien hizo un discurso en su contra. Idrieo fue príncipe de Caria, visitó Atenas en donde concurrió al círculo de Isócrates. Baite Saupe, fr. 72.

sería un Arquidamo con conocimientos de geometría. Asimismo son imágenes las que se leen en la República de Platón sobre que los que expolian a los cadáveres se parecen a los perrillos, que muerden las piedras sin tocar a los que las tiran la que, refiriéndose al pueblo, dice que es semejante a un marinero fuerte, pero sordo y la que, en relación con los versos de algunos poetas, afirma que son parecidos a los jóvenes que carecen de belleza, pues los unos, cuando pierden la flor de su juventud, y los otros, cuando pierden el ritmo, ya no parecen los mismos.

También son imágenes las que Pericles dedicó a los de Samos acerca de que se asemejaban a los niños, que toman la papilla, pero llorando; y a los beocios, de quienes dijo que eran iguales que los tejos, pues los tejos se descuartizan con su propia madera y los beocios también, combatiéndose mutuamente.

Y, asimismo, la que dijo Demóstenes en relación al pueblo: que es semejante a los que se marean en barco. De igual modo Demócrates comparó a los oradores con las nodrizas, que se toman ellas la papilla y luego se la dan a los niños con su saliva. Y, así también, Antístenes comparó al flaco Cefisodoto con el incienso, pues, al consumirse, da buen olor.

Ahora bien, a todos estos ejemplos se les puede llamar lo mismo imágenes que metáforas, de modo que todos aquellos que son celebrados cuando se los dice como metáforas, es evidente que lo serán también como imágenes; y lo mismo las imágenes, [15] como metáforas con falta de una palabra. Por lo demás, es siempre preciso que la metáfora por analogía pueda convertirse también en dos términos que sean iguales por su género. Por ejemplo, si la copa es "escudo de Dioniso", entonces es ajustado llamar "escudo" a la copa de Ares. Así pues, el discurso se compone de estos elementos.

Capítulo V
La corrección en la expresión

El principio de la expresión es hablar correctamente. Y ello reside en cinco requisitos.

1. En primer lugar, en las conjunciones; o sea, en que se pongan como por su naturaleza les corresponde ir, delante y detrás unas de otras. Tal es el caso de algunas que así lo exigen, como el mén y el egb mén exigen el dé y el ho dé. Por otra parte, deben corresponderse mutuamente mientras se tiene memoria de ellas y no situarlas muy alejadas ni poner ninguna conjunción antes de la conjunción que es necesaria, porque sólo en muy pocas ocasiones es eso ajustado. "Yo, por mi parte, después que me habló pues Cleón llegó suplicándome y pidiéndome, me marché llevándomelos". En este ejemplo, muchas conjunciones están puestas, ciertamente, antes de la conjunción que es requerida; y si hay mucho de por medio antes del "me marché", la frase resulta oscura.

2. El primer requisito radica, pues, en el buen empleo de las conjunciones. En cuanto al segundo, consiste en expresarse con los términos particulares y no con otros que los contienen.

3. El tercer requisito es no usar palabras ambiguas. A no ser que se pretenda precisamente lo contrario, que es lo que se hace cuando no se tiene nada que decir y se finge que se dice algo. Las gentes de esta clase dicen entonces esas palabras en estilo poético, como Empédocles; pues los rodeos embaucan con su abundancia y los oyentes quedan impresionados, como el vulgo ante los adivinos cuando éstos se expresan con ambigüedades, asienten, en efecto, con la cabeza. Por ejemplo, "Creso habiendo pasado el Halis, destruirá un gran reino"[172].

Y como, si se habla en general, los errores son menores, por eso los adivinos se refieren mediante términos genéricos al asunto que tratan. Porque uno puede tener suerte en el juego de pares y nones, si dice pares o nones, mejor que si dice la cantidad fija; y lo mismo si dice que algo sucederá, más bien que cuándo sucederá. Que es la razón por la que los intérpretes de oráculos no concretan nunca el cuándo. Todas estas ambigüedades son, por consiguiente, semejantes, de manera que, si no es por una causa precisa, deben evitarse.

4. El cuarto requisito consiste en distinguir, como Protágoras, los géneros de los nombres: masculino, femenino y neutro; pues también esto debe aplicarse rectamente. Por ejemplo: "una vez llegada ella y cuando ya quedó concluida su conversación, se marchó".

5. Y el quinto requisito radica en nombrar rectamente lo múltiple, lo poco y lo uno. Por ejemplo: "cuando ellos vinieron, me golpearon".

---

172   Referencia al oráculo de Delfos, es una respuesta a la consulta de Creso, rey de Lidia, sobre si debía iniciar la guerra contra los persas. Creso fue a la guerra y cayó prisionero de Ciro, cuando volvió a ver al oráculo le reclamo por su respuesta, pero el oráculo respondió que el error había sido de él al no preguntar cuál era el imperio que caería.

Por otra parte, lo que se escribe debe ser, en general, bien legible y pronunciable, lo que es lo mismo, cosa que no proporcionan ni la abundancia de conjunciones ni los textos que, como los de Heráclito, son difíciles de puntuar. Trabajoso es, ciertamente, puntuar a Heráclito, porque resulta oscuro a cuál de los dos miembros, al de delante o al de detrás, corresponde una palabra. Por ejemplo, en el comienzo mismo de su obra dice: "siendo este el discurso siempre los hombres llegan a ser ignorantes"[173]. Y desde luego es oscuro en relación a cuál de los dos miembros debe puntuarse el "siempre". También produce solecismo el no hacer la atribución adecuada; es decir, si a dos términos no les une el que es ajustado a ambos. Por ejemplo, a "ruido" y "color" no les es común "ver"; les es común "percibir". Por lo demás, también se produce falta de claridad, si uno habla sin poner lo que va primero, pretendiendo intercalar muchas cosas; como, por ejemplo, "iba, después de hablarle, tal cosa y tal otra y de esta manera, a marcharse", en vez de "después de hablarle, iba a marcharse y entonces sucedió tal y tal cosa y de esta manera".

---

173   La palabra "siempre" puede ser entendida de dos maneras, una es que se refiera al modo de existir de la razón, o se refiere a la ignorancia humana con respecto a la razón. Por ser Heráclito el autor podemos suponer que amás interpretación son correctas.

Capítulo VI
La solemnidad en la expresión

A la solemnidad de la expresión contribuyen los siguientes recursos:

1. Emplear una oración en lugar de un nombre. Por ejemplo, no decir "círculo", sino "superficie equidistante desde el centro". Lo contrario es la concisión, o sea poner en lugar de una oración, un nombre, en el caso de que haya algo vergonzoso o no adecuado, entonces si lo feo está en la oración, debe decirse el nombre; y si está en el nombre, la oración.

2. Hacer patentes las cosas por medio de metáforas y epítetos, pero evitando lo poético.

3. Poner en plural lo singular, como hacen los poetas, que siendo un solo puerto, lo mismo dicen: a los "puertos aqueos"[174] o bien de la carta estos "numerosos pliegues"[175].

---

174   Kannicht – Snell. *Fragmentos de autor desconocido*, fr. 83
175   Eurípides. *Ifigenia entre los Tauros*. p. 727.

4. No unir palabras, sino ponerle a cada cosa la suya: "de la mujer, de la nuestra". Pero si se pretende la concisión, o también: al contrario: "de nuestra mujer".

5. Expresarse con conjunciones; y si se pretende la concisión, sin ellas, con tal que la frase no quede sin articular. Por ejemplo: "después de caminar y hablar"; o bien: "después de caminar, hablé".

6. Asimismo, es útil el recurso de Antímaco: hablar de aquello que el objeto no posee. Como lo hace a propósito en "Es una pequeña cumbre batida por los aires", pues así puede amplificarse hasta el infinito. También en relación así a los bienes como a los males es de aplicación este mismo recurso de decir lo que el objeto no posee, utilizándolo en un sentido u otro según sea más útil. Y de aquí sacan nombres los poetas, como "melodía sin cuerdas y sin lira", que, efectivamente, obtienen a partir de las privaciones del objeto. Pues este recurso tiene mucha aceptación cuando se emplea trompeta es la cuna melodía sin lira".

Capítulo VII
La expresión adecuada

La expresión será adecuada siempre que exprese las pasiones y los caracteres y guarde analogía con los hechos establecidos.

Ahora bien, hay *analogía* si no se habla desmañadamente de asuntos que requieren solemnidad, ni gravemente de hechos que son banales, ni se le ponen adornos a una palabra sencilla. En caso contrario, aparece una expresión propia de la comedia. Que es, en efecto, lo que hace Cleofonte[176], pues algunas cosas las formula como si dijese: "augusta higuera"[177].

Por otra parte, la expresión refleja las pasiones, si, tratándose de un ultraje, se muestra llena de ira; si de actos impíos y vergonzosos, cargada de indignación y reverencia religiosa, si de algo que merece elogios, con admiración y si de algo que excita la compasión, con humildad.

---

176   Poeta trágico, también podemos encontrar de él en *Poética*.

177   Snell. *Cleofonte.* p 77.

E igualmente en los demás casos. Además, la expresión apropiada hace convincente el hecho, porque, por paralogismo, el estado de ánimo del que escucha es el de que, quien así le habla, le está diciendo la verdad: en asuntos de esta clase, en efecto, los hombres están dispuestos de tal modo que tienden a creer, incluso si el orador no se halla en esa misma disposición al hablar, que los hechos son como él se los dice; y así, el que escucha comparte siempre con el que habla las mismas pasiones que éste expresa, aunque en realidad no diga nada. Este es el motivo por el que muchos arrebatan al auditorio hablando a voces.

Finalmente, esta misma exposición fundada en signos es también *expresiva del talante*, cuando le acompaña una expresión ajustada a cada género y a cada modo de ser. Llamo aquí *género* al que corresponde por la edad, como por ejemplo el de un niño, el de un hombre maduro y el de un anciano, y por ser mujer u hombre, o de Laconia o Tesalia.

Y *modo de ser* a aquello según lo cual cada uno es de una determinada manera en su vida, pues no a todo modo de ser corresponde que las vidas sean de la clase que son. Por lo tanto, si se dicen las palabras apropiadas al modo de ser, se representará el talante, puesto que desde luego no suelen hablar de la misma manera el rústico y el instruido. A los oyentes, por lo demás, esto les despierta en alguna medida las pasiones; y también las fórmulas de que con tanta insistencia se sirven los logógrafos como: "¿quién no lo sabe?", o "todos los saben". El que escucha, en efecto, asiente avergonzado, a fin de participar en aquello de que todos los demás participan.

El emplear oportuna o inoportunamente estos recursos es común a todas las especies. No obstante, un remedio conocidísimo contra todo exceso es que uno mismo debe tomar la delantera en dirigirse las críticas, porque entonces da la impresión de que está diciendo la verdad, dado que no se le oculta lo que hace. Además, no hay que hacer uso de la analogía en todos los recursos a la vez pues de ese modo el artificio pasa desapercibido al oyente.

Quiero decir que si, por ejemplo las palabras son duras, no es ajustado entonces a la voz y al rostro serlo también, porque de lo contrario se hace patente lo que es cada una de estas cosas. En cambio, si unas veces se procede de una manera y otras no, aun haciendo lo mismo, pasa desapercibido. De todos modos, si se dice con dureza lo que es suave o con suavidad lo que es duro, el resultado no es convincente.

Por otra parte, el uso de los nombres compuestos y la profusión de epítetos y palabras extrañas es ajustando, sobre todo, a los que hablan expresando las pasiones. Porque al que está lleno de ira se le perdona que hable de "un mal grandiceleste" o que diga "monstruoso" y, lo mismo, al que ya ha captado a los oyentes y les ha hecho entusiasmarse, sea con elogios o censuras, sea con ira o amistad, como por ejemplo hace Isócrates al final de su Panegírico, diciendo "nombradía y memoria" y "quienesquiera que osaron"[178]. Tales cosas se prefieren cuando ya se está en pleno entusiasmo, de modo que es claro que los oyentes las aceptan porque también están en esa misma disposición.

Y por eso son igualmente ajustadas a la poesía; porque la poesía nace de una inspiración. Por lo tanto, este es el modo como debe utilizarse este recurso; o bien de una manera irónica, como hablaba Gorgias[179] y como los ejemplos que se ponen en el *Fedro*[180].

---

178   Panegírico, 186 y 96.

179   Se refiere al uso de la ironía por parte de Gorgias, jugando con dobles sentidos, el de demiurgos "artesanos" y nombre de magistrado oligárquico en Larisa y el nombre de un tipo de vaso.

180   Sócrates dice estar arrebatado por las musas, cuando comienza su discurso sobre el amor.

Capítulo VIII
Sobre el ritmo

La forma de la expresión no debe ser ni métrica ni arrítmica. Lo primero, en efecto, no resulta convincente porque da la impresión de artificioso y al mismo tiempo distrae, pues hace que el oyente esté sólo pendiente de cuándo volverá otra vez la cadencia. Ocurre, pues, como con los niños, que a la pregunta de los heraldos "¿a quién escoge el liberto por patrón?" se adelantan a responder "¡A Cleón!"[181]. En cambio, la falta de ritmo comporta lo indeterminado y es preciso que haya determinación, aunque no sea en virtud de la métrica, pues lo indeterminado no es ni placentero ni inteligible. Ahora bien, aquello que determina a todas las cosas es el número.

Y el número propio de la forma de la expresión es el ritmo, del que también los metros son divisiones. Por eso el discurso debe tener ritmo, aunque no tenga metro, pues entonces sería un poema. Tal ritmo no debe ser, con todo, exacto; y ello se conseguirá si sólo lo es hasta cierto punto.

---

181   Cleón, sucesor de Pericles, fue un demagogo ateniense blanco de muchas críticas de los comediantes.

Entre los ritmos, el *heroico* es grave, pero carece de armonía para la lengua hablada. El *yambo*, en cambio, constituye la expresión de la mayoría y, por eso, es de todos los metros el más usado al hablar, pero el discurso...

El *Deán, único adecuado para el discurso* debe ser grave y capaz de conmover. Por su parte, el troqueo está demasiado próximo al *córdax*, lo que manifiestan claramente los tetrámetros, que, en efecto, son un ritmo de carrera.

Queda, pues, el *peán*, que empezó a utilizarse a partir de Trasímaco[182], como en secreto, no sabiéndose entonces decir en qué consistía.

Ahora bien, el peán es una tercera clase de ritmo y sigue a los ya citados, puesto que en él se da una relación de tres por dos, mientras que en aquellos, en el primero, la relación es de uno por *uno* y, *en el segundo, de dos por uno. De semejantes proporciones es el sesquiáltero; y tal es el peán.* Así, pues, el resto de los ritmos hay que dejarlos de lado por las razones dichas y porque son métricos, y en cambio adoptar el peán, porque es el único de los ritmos citados que no tiene metro, de suerte que es también el que pasa más desapercibido.

Se utiliza ahora, de todos modos, un único peán al principio y al final, a pesar de que el final debe distinguirse del principio. Ahora bien, existen dos especies de peán, opuestas mutuamente, de las cuales una es ajustada al principio, como de hecho la emplean.

Y ésta es la que se inicia con una larga y termina con tres breves. Así: "Nacido en Delos, o si Licia ..."[183].

Y también: *"De dorados cabellos, Flechador hijo de Zeus."*

---

182   Untersteiner, *Sofsti III*, fr. 11.

183   Los tres son fragmentos anónimos, Diehl, p. 950.

Pero la otra es al contrario; comienza con tres breves y pone al final la larga: *"tras la tierra y las aguas, la noche ocultó el Océano."*

Y ésta es la que compone el final. La breve, en efecto, como es incompleta, hace que se produzca un corte. En cambio, debe acabarse con la larga y que el final resulte claro, no por obra del copista o del parágrafo[184], sino del ritmo.

Así, pues, queda ya dicho que la expresión debe tener buen ritmo y no ser arrítmica; e, igualmente, cuáles ritmos y dispuestos de qué modo producen un buen ritmo.

---

184   Recurso gráfico que se usa al final de una unidad literaria, se marcaba un signo al margen llamado *parágraphos*, encontrados en los papiros antiguos. Se contraponen aquí los recursos escritos con los recursos orales.

Capítulo IX
Sobre la construcción
de las frases

La expresión es, por fuerza, o *coordinativa* y ligada por medio de una conjunción, como los preludios de los ditirambos, o *correlativa* y semejante a las antístrofas de los poetas arcaicos. Expresión coordinativa es ciertamente la antigua pues antes la empleaban todos, aunque ahora ya no muchos; y por otra parte llamo coordinativa a la que en sí misma no tiene fin, si no es que concluye el asunto de que se habla. Pero esta expresión no produce placer a causa de su indeterminación, ya que todos desean apercibir el final. Y, ello, por la misma razón por la que los corredores se agotan y desfallecen en las curvas; porque mientras ven la meta no se cansan.

En esto consiste, pues, la expresión coordinativa. En cuanto la correlativa, es la que se distribuye en periodos. Llamo período a la expresión que tiene en sí misma un principio y un fin propios, así como una extensión abarcable de una mirada. Y esto es placentero y fácilmente comprensible. Placentero, porque es lo contrario de la indeterminación y porque con ella siempre cree el oyente que tiene a su alcance y se le propone algo determinado, mientras que no prever ni poder completar nada resulta desagradable. Y fácilmente comprensible, porque cabe memorizarlo bien, lo cual sucede en virtud de que la expresión periódica posee número, que es lo más fácil de memorizar por todos. Esta es también la razón de que los metros se recuerden mejor que la prosa, ya que tienen un número con el que se miden. Conviene, no obstante, que el período termine al mismo tiempo que el pensamiento y que no sea cortado en dos, como los yambos de Sófocles: "Calidón es esta tierra, de la región de Pélope".

Porque cabe, en efecto, entender lo contrario de lo que se propone con la división, como ocurre en el verso citado; es decir, que Calidón esté en el Peloponeso.

El período, por su parte, o bien está compuesto de miembros, o bien es simple. El período de miembros constituye una expresión terminada, divisible y fácil de decir sin ahogo, pero no por referencia a sus divisiones tal como el período, sino como un todo del que una de sus partes es el miembro. En cuanto al período simple, llamo así al de un solo miembro. Los miembros y los períodos no deben ser, de todas maneras, ni recortados ni muy largos. Los cortos, en efecto, a menudo hacen tropezar al oyente pues es forzoso que le resulte como un tropezón debido a un obstáculo, cuando, dirigiéndose él hacia adelante, hacia el término de la medida cuyo límite conoce, se tira de él hacia atrás, porque el orador ya ha concluido. En cambio, los muy largos hacen que el oyente se quede retrasado, al modo como los que dan la vuelta demasiado lejos del poste: éstos, desde luego, se quedan atrás de sus compañeros de marcha.

De manera semejante, por lo demás, los, períodos muy largos terminan siendo ellos solos un discurso y se parecen al preludio de un ditirambo, con lo que llega a suceder lo que Demócrito de Quíos satirizaba en Melanípides, por haber compuesto preludios en vez de antístrofas: "Contra sí mismo maquina males este hombre, al maquinarlos contra otro, puesto que un largo preludio es lo peor para un poeta"[185].

Por supuesto, esto mismo es también ajustado decirlo en contra de los miembros largos. Y en cuanto a los excesivamente breves, no forman período y, por lo tanto, aturden al oyente. Es propio de la expresión que se compone de miembros el estar unas veces dividida y, otras veces, equilibrada. Está dividida, por ejemplo: "muchas veces he admirado a los que convocaron las fiestas solemnes y a los que instituyeron los juegos gimnásticos"[186]. En cambio, esta equilibrada librada, cuando cada uno de los miembros, o bien se presentan como contrarios uno de otro, o bien uno de ellos se opone a los demás como contrarios. Por ejemplo: "a todos les fueron provechosos, a los que se quedaron y a los que les acompañaron, pues a los unos les proporcionaron más de lo que poseían en su patria, y a los otros les dejaron en la patria medios de vida [5] suficientes". Aquí son contrarios el "quedarse" y el "acompañar", así como "suficiente" y "más". En: "de modo que para los que necesitan riquezas y para los que pretenden disfrutar...", el disfrute se opone a la posesión. Otros ejemplos son: "a menudo sucede en tales asuntos que los sensatos fracasan y los insensatos triunfan". "En seguida fueron dignos del premio y no mucho después obtuvieron el poderío del mar". "Navegar en tierra firme y caminar sobre el mar después que hubo tendido un puente sobre el Helesponto y hecho un canal en el monte Atow". "A los que eran ciudadanos por naturaleza, por ley les privaron de la ciudadanía". "Pues

---

185   Parodia de Hesíodo, *Trabajos y Días*.

186   Isócrates, *Panegírico*, p. 4. Los ejemplos siguientes son de esta misma fuente.

unos perecieron miserablemente y otros salvaron la vida con oprobio". "En privado emplear a bárbaros como esclavos y oficialmente no preocuparse de que muchos de nuestros aliados están reducidos a esclavitud. O poseerla vivos o dejarla tras de sí después de muertos". Y asimismo lo que uno dijo contra Pitolao y Licofrón[187] en el tribunal: "*éstos, cuando estaban en su país, os vendían y ahora que están en el vuestro, os han comprado*". Todos estos ejemplos cumplen las características dichas. Y, por lo demás, una expresión como ésta resulta placentera, tanto porque los contrarios son muy comprensibles y enfrentados entre sí, más comprensibles todavía, como también porque se asemeja a un silogismo, dado que la refutación consiste efectivamente en una unión de opuestos.

Así es, pues, la antítesis. Por su parte, hay *parísosis* si los miembros son iguales y *paromoíosis*, si cada uno de los dos miembros, tienen semejantes sus extremos. Tal semejanza es preciso que se dé o en el principio o en el fin: en el principio, la tienen siempre los nombres; y en el final, las últimas sílabas, o las desinencias de un mismo nombre, o el propio mismo nombre. En el principio, son de esta clase: "*porque recibió de él un campo infértil*"[188]. "Sensibles eran a los regalos y aplacables por las palabras"[189]. Y en el final: "No hubieras creído que él hubiese engendrado un nifía, sino que el nifío era él mismo". "Con las más grandes preocupaciones y las más pequeñas esperanzas". Tratándose de las desinencias de un mismo nombre: "¿*merece* que se les levante una estatua hecha con *bronce*, a él que ni siquiera es *merecedor* de una moneda *de bronce*?". Tratándose del propio mismo nombre: mientras vivió, hablabas

---

187   Pitolao y Licofrón, fueron cuñados de Alejandro de Feras, a quien mataron para sacarlo del poder político.

188   Fragmento de Aristófanes, Kassel Austin.

189   Homero, *La Ilíada*, p. 9.526.

mal de él, y ahora también lo pones mal por escrito. Y tratándose de las sílabas: "¿Qué sensación terrible habrías *tenido*, si la pereza humana hubieses *percibido*?".

Es también posible que todas estas características se den conjuntamente y que un mismo miembro contenga *antítesis*, *parísosis* y *homoiotéleuton*. En cuanto a los principios de los períodos, están casi todos enumerados en los libros de Teodectes[190]. Y, por lo demás, hay también falsas antítesis, como, por ejemplo, la del verso de Epicarmo[191]: *A veces estaba* yo en casa de *ellos, a veces* junto a *ellos*.

---

190   No se sabe si son obras de Teodectes o comentarios de Aristóteles a las obras de Teodecte. Veáse fragmentos de Rose. Fr. 132.

191   Epicarmo, *Kaibel*, fr. 147.

Capítulo X
La elegancia retórica

Puesto que hemos ya definido las anteriores materias, nos corresponde ahora tratar de las expresiones que son elegantes y tienen una mayor aceptación. El componerlas es propio, ciertamente, de quien posee una buena disposición natural y está ejercitado en ello. Pero también es cosa que puede mostrarse de conformidad con nuestro método. Hablaremos de este asunto y haremos las correspondientes enumeraciones. Pero establezcamos antes que nuestro principio es éste, a saber: que un fácil aprendizaje es por naturaleza, placentero a todos y que, por otra parte, los nombres significan algo, de modo que aquellos nombres que nos proporcionan alguna enseñanza son también los que nos procuran un mayor placer.

Hay, sin duda, palabras que nos son desconocidas, mientras que las específicas las conocemos ya; pero lo que principalmente consigue el resultado dicho es la metáfora. Porque en efecto, cuando se llama a la vejez "paja", se produce una enseñanza y un conocimiento por mediación del género, ya que ambas cosas han perdido la flor. Esto mismo lo consiguen también, a decir verdad, las comparaciones de los poetas, por lo que, si se aplican bien, el resultado es elegante. Pues la comparación es, como antes se dijo, una metáfora que sólo se diferencia por un añadido puesto delante. Mas, por ello mismo, causa menor placer a causa de su mayor extensión y porque además no nombra una cosa como siendo otra. Y no es esto ciertamente lo que el espíritu busca.

En consecuencia, son forzosamente elegantes tanto la expresión como los entimemas que nos dan una rápida enseñanza.

Por eso, ni los entimemas superficiales gozan de reputación, pues llamamos superficiales a los que son por completo evidentes y nada hay que discurrir, ni tampoco los que una vez enunciados, resultan ininteligibles, sino sólo aquellos en los que o bien el conocimiento tiene lugar al mismo tiempo que lo decimos, aunque no se hubiera producido antes, o bien se retrasa poco por su inteligencia. Porque en estos últimos se da como una enseñanza, mientras que en los otros no se da ninguno de los dos resultados dichos. Así pues, atendiendo a la inteligencia de lo que se expresa, tales son los entimemas que tienen mayor aceptación.

Pero atendiendo a la expresión, esto mismo se debe, por una parte, a la forma, si es que se enuncian por medio de oposiciones como por ejemplo en: "considerando que la paz, común para todos los demás, era para sus intereses privados una guerra"[192], donde se oponen 'guerra' y 'paz'. Y por otra parte, a los nombres, si es que contienen una metáfora, con tal que no sea ni extravagante, porque sería difícil de percibir, ni superficial, porque entonces no produce ninguna impresión. Y si ella logra además, que el objeto salte a la vista, ya que conviene que se vea lo que se está haciendo más bien que lo que se tiene intención de hacer.

Por lo tanto, en resumen, tres son las cosas a las que debe tenderse: metáfora, antítesis y nitidez.

---

192   Cita de Isócrates, *Filipo*, p. 73.

De las cuatro clases de metáforas[193] que existen, las mejor consideradas son las que se fundan en la analogía, como la que Pericles pronunció acerca de que la juventud caída en la guerra había sido arrancada de la ciudad igual que si "se arrebatase del año la primavera". También Leptines[194] decía a propósito de los Lacedemonios que no se debía permitir que la Hélade quedase tuerta. Cefisódoto[195], cuando Cares se ocupaba en rendir cuentas de la guerra de Olinto, se indignaba diciendo que con tal rendición de cuentas se *proponía asfixiar al pueblo hasta el ahogo* y otra vez, exhortando a los atenienses a que pasaran a Eubea, afirmó que debían llevarse el decreto de Milcíades[196] como *aprovisionamiento*. Ifícrates, después de la tregua que los atenienses hicieron con Epidauro y la región del litoral, se indignó igualmente, diciendo que ellos mismos se habían privado de los *viáticos* de la guerra. Pitolao[197] llamaba a la nave Paralia, *estaca del pueblo* y a Sesto, *hucha del Pireo*. Como también Pericles ordenó la destrucción de Egina, *legaña del Pireo*[198]. Merocles[199] sostenía que no era él más malo que otro cualquiera, y aquí citaba el

---

193 Especies de metáforas detalladas en *Poética*: de género a especie, de especie a género, de especie a especie y proporcional.

194 Leptines, orador ático del siglo IV a.C. el pasaje citado es un discurso a favor de los lacedemonios, cuando solicitaron ayuda de los atenienses contra Epaminondas y los tebanos.

195 Cefisódoto, orador del siglo IV, a.C.

196 Milcíades entró en guerra contra Jerjes sin ninguna deliberación, lo que convirtió "el decreto de Milcíades" en sinónimo de "sin pensarlo un minuto".

197 Pitolao citado anteriormente, el Páralo era una trirreme ateniense empleada en misiones oficiales importantes. Sesto era un punto importante en el camino que llevaba trigo desde la actual Ucrania hasta Atenas.

198 Dicho atribuido a Demades por Plutarco, en *Preceptos Políticos*.

199 Contemporáneo de Demóstenes.

nombre de algunos hombres honrados, pues éstos se dejaban corromper por un interés de tres a uno y él *sólo por diez a uno*. Asimismo sirve de ejemplo el verso yámbico de Anaxándrides[200] sobre las hijas que tardaban en casarse: *Prescritas ya para el matrimonio las doncellas*. Y también lo que Polieucto[201] dijo con referencia a un tal Espeusipo que estaba aquejado de apoplejía; a saber: que no podía descansar por culpa de su suerte, atado como estaba en un *potro de cinco agujeros*. Cefisódoto llamaba a las trirremes *molinos policromados* y el Cínico, *comidas de camaradas* a las tabernas de Atenas. Por su parte, Esión dijo que la ciudad se *había vaciado* sobre Sicilia, lo cual, al mismo tiempo que una metáfora, hace que el objeto salte a la vista. Y "de manera que *gritó*" la Hiladen, que también es hasta cierto punto una metáfora y pone la cosa ante los ojos igualmente, Cefisódoto ordenó que se guardaran de *formar grupos*; y eso mismo recomendaba Isócrates a los que venían con prisas a las fiestas públicas.

Otro ejemplo es el que se lee en el *Epitafio* que sería justo que sobre la tumba de los que murieron en Salamina rapase su cabeza la Hélade, puesto que con la virtud de aquellos *había sido enterrada* la libertad. Aquí, si se hubiera dicho que era justo llorar por haber sido enterrada la libertad juntamente con la virtud, tendríamos una metáfora y el objeto saltaría a la vista, pero lo de "con la virtud, la libertad" contiene además una cierta antítesis. En cuanto a lo que dijo Ifícrates: "pues *el camino* de mis palabras pasa *por en medio* de los hechos de Cares" es una metáfora fundada sobre una analogía, en la que el "por en medio de" hace que el objeto salte a la vista.

También el dicho de *convocar a los peligros*, refiriéndose a los que prestan su ayuda en las ocasiones de peligro, es una metáfora que pone la cosa ante los ojos. E igualmente lo que Licoleonte

---

200   Anaxándrides, poeta cómico.

201   Orador contemporáneo de Demóstenes.

afirmó en su defensa de Cabrias: "no teniendo respeto a quien suplica, *la imagen de bronce*". Esta es, desde luego, una metáfora apta para el momento, no para siempre, pero que hace que el objeto salte a la vista; porque es cuando él está en peligro, cuando suplica la estatua y, entonces, cobra vida lo inanimado: el memorial de las hazañas de la ciudad. Lo mismo hay que decir de: "por todos los medios se *esfuerzan* en pensar modestamente"[202], pues "esforzarse" constituye una amplificación; de: "la divinidad *encendió* la razón, *luz* en el alma", porque ambos términos ponen algo en evidencia. Y de: "por cierto que no resolvemos las guerras, sino que las aplazamos", ya que ambas cosas se refieren al futuro, tanto el aplazamiento como una paz de esta clase. Igualmente, el decir que "un buen acuerdo es un trofeo mucho más bello que los que se consiguen en las guerras, puesto que estos últimos se obtienen por pequeñas causas y aún por un solo golpe de suerte y, en cambio, los primeros por la guerra entera", ya que ambas cosas son signos de victoria.

Y también decir que "con la censura de las gentes pagan las ciudades grandes cuentas", ya que la rendición de cuentas es una especie de perjuicio, que es conforme a la justicia.

---

202   Isócrates, *Panegrítico*, p. 151.

Capítulo XI
Análisis formal
de la elegancia retórica

Así, pues, que las expresiones elegantes proceden de la metáfora por analogía y de hacer que el objeto salte a la vista, queda ya tratado. Pero ahora tenemos que decir a qué llamamos 'saltar a la vista' y cómo se consigue que esto tenga lugar. Ahora bien, llamo saltar a la vista a que las expresiones sean signos de cosas en acto. Por ejemplo: decir que un hombre bueno es un cuadrado es una metáfora porque ambos implican algo perfecto, pero no significa el acto. En cambio, "disponiendo de un vigor floreciente"[203] comporta un acto. También "a ti, como un animal suelto"[204] comporta un acto. Y en: "desde allá pues, helenos, lanzándoos con vuestros pies", el "lanzándose" es un acto y una metáfora, porque expresa velocidad. Del mismo modo, Homero utiliza también en muchos sitios el recurso de hacer animado lo in-

---

203   Isócrates, Filipo, p. 5, 10.

204   *Ibíd.*, p. 5, 127.

animado por medio de metáforas; pero en todas ellas lo que les da mayor aceptación es que representan un acto. Así, por ejemplo, en: "Una vez más rodaba, desvergonzada, la piedra por la llanura, voló la flecha"[205].

O en:

"deseando ardientemente volar[206].

Clavábanse en la tierra, apeteciendo hartarse de carne[207],

Penetró la punta de la lanza, ansiosa, en el pecho"[208].

En todas estas citas, en efecto, por tratarse de cosas a las que se da animación, aparecen en acto; porque el carecer de vergüenza, el desear ardientemente y las demás expresiones comportan actos. Pero Homero ha podido aplicarlas en virtud de la metáfora por analogía; pues así como es la piedra para Sísifo, así es el desvergonzado para que el sufre su desvergüenza. Por lo demás, este mismo resultado es el que se produce en las aplaudidas imágenes que se refieren a cosas inanimadas:

Curvas que agitan su penacho, unas adelante y otras hacia atrás[209]. El hacer vivir a las olas les infunde, ciertamente, movimiento; y el movimiento es acto.

Las metáforas, como ya se ha dicho antes, hay que obtenerlas de cosas apropiadas, pero no evidentes, igual que en filosofía es propio del sagaz establecer la semejanza de dos cosas, aunque sean muchas sus diferencias. Es como lo que dice Arquitas[210] sobre qué es lo mismo un árbitro y un altar,

---

205   Se refiere a la piedra de Sísifo. Homero, *La Ilíada*, p. 11.598.

206   *Ibíd.*, p. 13.587.

207   *Ibíd.*, p. 4.126. Hace referencia también a una flecha.

208   *Ibíd.*, p. 11.574. Dicho de lanzas que no dan en el blanco previsto.

209   *Ibíd.*, p. 15.542.

210   Ariquitas es un filósofo y matemático de Tarento, siglo IV a. C.

puesto que en ambos se refugia quien [15] ha sufrido injusticia. O como si alguien afirma que un ancla y un gancho son la misma cosa, dado que las dos son iguales, a no ser por la diferencia de que una sostiene desde arriba y la otra, desde abajo. Y también lo de "igualar las ciudades" se aplica lo mismo a cosas que están muy alejadas; a saber, la igualdad en las superficies y en el poder.

Ahora bien, la mayoría de las expresiones elegantes lo son en virtud de la metáfora y en tanto que resultan de conducir a engaño. Porque llega a ser más manifiesto precisamente lo que se aprende estando en una disposición contraria; y entonces el espíritu parece decir: "¡Qué verdad era! ¡Yo estaba equivocado!".

Por otra parte, también entre los apotegmas las expresiones elegantes resultan de que enuncian lo que no dicen, como aquella de Estesícoro sobre que las cigarras les cantarán desde el suelo. Y por esta misma razón causan placer tanto los enigmas bien hechos porque en ellos hay una enseñanza y una metáfora, como lo que Teodoro llamaba decir cosas inesperadas.

Esto último se produce cuando se trata de algo contrario a la opinión común y no conforme, como lo dice este autor, con el parecer que se tenía de antes, al modo de las parodias que se hacen en los chistes cosa que igualmente tienen capacidad de lograr los juegos de palabras, puesto que nos engañan y también en los versos cómicos. La cosa no es, en efecto, como el oyente la suponía: "Caminaba él, teniendo en sus pies... sabañones"[211], cuando se esperaba que iba a decir 'sandalias'. Esto, sin embargo, debe quedar claro al mismo tiempo que se dice. Por su parte, el juego de palabras se propone decir, no lo que dice, sino lo que resulta de cambiar el nombre, como ocurre por ejemplo, en lo que

---

211   Parodia de autor desconocido. Homero. *La Odisea*, p 21.341.

Teodoro dijo contra el citarista Nicón: "te pertubará" lo que ciertamente parece decir: "tracio eres"[212], y logra engañarte, puesto que dice otra cosa. De ahí que sólo al que le procura una enseñanza le causa esto placer, porque, si no se supone que Nicón es tracio, no parecerá que es ésta una expresión elegante. Y lo mismo sucede en "quiere devastarlo" Es preciso, con todo, que los dos sentidos queden expresados satisfactoriamente.

Otro tanto ocurre con las expresiones elegantes del tipo de decir que para los atenienses el *imperio* del mal no es el *principio* de sus males, puesto que se benefician de él. O como lo que dijo Isócrates acerca de que el *imperio* fue para la ciudad el *principio* de sus males. En ambos casos, en efecto, lo que nadie pensaría que se dice, es precisamente lo que se dice y ha de reconocerse que ello es verdad, pues no hay ninguna sabiduría en declarar que "principio" es "principio"; sin embargo, no es de esta manera como se dice, sino de otra, y "principio" no expresa lo mismo que dice, sino en sentidos diferentes. En todos estos casos, por lo demás, sólo si se aplica el nombre de manera satisfactoria a la homonimia y a la metáfora, el resultado es bueno. Por ejemplo, en: Anasqueto no es tolerable hay una homonimia; pero sólo es satisfactoria, si la persona es desagradable. Y lo mismo en: "No podrías tú ser más extranjero que lo que debes ser" porque "extranjero no más que lo que debes" se dice lo mismo que "no conviene que el extranjero sea siempre huésped", cuyo significado es, en efecto, diferente. Igual ocurre en el celebrado verso de Anaxándrides[213]: Bello es morir antes de hacer algo digno de la muerte.

---

212 Juego de palabras no posible de traducción. Según Ross podría traducirse como: thráxei se, "te molestará" y thráx el, "eras un tracio", igualándolo a un bárbaro.

213 Kassel – Austin.

Esto es lo mismo que decir "digno de morir sin haber merecido morir", o "digno de morir no siendo merecedor de la muerte", o "no habiendo hecho cosas que merezcan la muerte".

Así pues, hay una misma especie de estilo en todas estas frases, si bien cuanto más concisamente y más en oposición se dicen, tanto mayor es el aplauso que alcanzan. Y la causa es que la enseñanza es mayor en virtud de las oposiciones y más rápida por obra de la concisión. No obstante, siempre debe atenderse a que la expresión sea rectamente aplicada en relación con aquel de quien se dice y también, a si lo dicho es verdadero y no superficial. Porque cabe, desde luego, que estas cosas se den por separado, como por ejemplo en: "se debe morir sin haber cometido falta" O "con una mujer digna debe casarse el hombre digno"; pero nada de esto es elegante, a no ser que contenga los dos términos a la vez, como en "digno de morir sin ser digno de la muerte". Por lo demás, cuantas más cualidades reúne la expresión, tanto más elegante aparece; o sea, pongamos por caso, si los nombres son metáforas y metáforas de una clase determinada, y además forman antítesis y parisosis y comportan un acto.

Las imágenes, al menos las que tienen buena aceptación, son también, como ya se ha dicho más arriba, hasta cierto punto metáforas, ya que siempre se enuncian partiendo de dos términos, igual que las metáforas por analogía; por ejemplo: "el escudo, decíamos, es la copa de Ares" y "el arco es una lira sin cuerdas". Lo que decimos de este modo no es, ciertamente, simple, mientras que llamar al arco lira y al escudo copa, eso es simple. Ahora bien, es así como se hacen las comparaciones, o sea, llamando a un flautista, "mono"; o a un miope, "candil en día de lluvia", por cuanto uno y otro hacen guiños. Pero además la comparación es buena, cuando incluye una metáfora; porque efectivamente es posible hacer con la copa de Ares la imagen del escudo o con los harapos de una casa la imagen de la ruina; y también decir que Nicérato es un Filoctetes mordido por Pratis, según la comparación que hizo Trasímaco, al ver que Nicérato, después que fue vencido en una recitación épica por Pratis, andaba con la melena larga e incluso sucio. En este punto es donde principalmente fracasan los poetas, si no lo hacen bien, y donde adquieren celebridad, si logran acertar; quiero decir, cuando llevan a cabo una atribución. Tal es el

"Como el perejil, así de torcidas lleva las piernas"[214]

"Como Filemón luchando con su rival, el saco de boxeo"[215].

Todas las de esta clase son, pues, imágenes. Y que las imágenes implican metáforas, lo hemos dicho ya muchas veces.

Por otra parte, los refranes son también metáforas de especie a especie. Por ejemplo, si uno lleva a otro a su casa, persuadido de que va a obtener un bien y luego sale perjudicado, se dice: "como el de Cárpatos con la liebre"[216]. Porque ambos sufrieron lo que acaba de decirse. Por lo que se refiere a de dónde se obtienen las expresiones elegantes y por qué, se ha dado ya razón, poco más o menos, de todo ello. Y en cuanto a las más celebradas hipérboles, son asimismo metáforas, como aquella que dice a propósito de un hombre lleno de cardenales: "pensarías que era un cesto de moras"; porque los cardenales son en efecto, morados, y en la cantidad está la exageración. De otro lado, también la frase "como esto y lo otro" introduce hipérboles, que sólo se diferencian por la expresión. Por ejemplo: "como Filamón luchando con su rival, el saco de boxeo", "como el perejil, así de torcidas lleva las piernas", y "pensarías que no tiene piernas, sino perejiles, de torcidas que están".

---

214   Kock. *Fragmentos cómicos de autor desconocido*, p. 207

215   Filemón era un boxeador famoso. Demóstenes, *Sobre la corona*, p. 319. Y Esquines, *Contra Ctesifonte*, p. 189.

216   Un personaje de Cárpatos introdujo unas liebres en la isla y se generó una plaga de estos animales.

Por lo demás, las hipérboles poseen un aspecto juvenil, por la mucha vehemencia que manifiestan. Y por eso las dicen principalmente los que están dominados por la ira:

"Ni aunque me diese tantos regalos como granos hay de polvo y arena, ni siquiera así tomaría por esposa a la hija del Atrida Agamenón, aunque ella rivalizara en belleza con la dorada Afrodita y en sus trabajos con Atenea"[217]. Esto no es, desde luego, correcto que lo diga un viejo. De este recurso se sirven, sobre todo, los oradores áticos.

---

217   Homero, *La Ilíada*, p. 9.385.

Capítulo XII
La expresión y los géneros oratorios

Conviene no olvidar que a cada género se ajusta una expresión diferente. No es lo mismo, en efecto, la expresión de la prosa escrita que la de los debates, ni la oratoria política que la judicial. Ahora bien, es necesario conocer éstas dos: una es para saber expresarse correctamente y, la otra, para no sentirse obligado a permanecer en silencio, si es que se quiere comunicar algo a los demás, cosa a que se ven reducidos los que no saben escribir. La expresión escrita es mucho más rigurosa, mientras que la propia de los debates se acerca más a la representación teatral y de tal expresión hay dos especies: la que expresa los caracteres y la que expresa las pasiones. Esta es la razón de que los actores anden a la busca de esta clase de dramas, así como los poetas a la busca de esta clase de actores; aunque también están muy difundidos los poetas que son aptos para la lectura, como, por ejemplo, Queremón pues es exacto como un logógrafo o Licimnio, el que compone ditirambos. Y, si se enfrentan, los discursos escritos aparecen cohibidos en los debates, y los de los oradores que hablan bien, vulgares cuando los tenemos entre las manos.

La causa de esto es que en los debates, son ajustadas las maneras propias de la representación teatral, por lo que, si los discursos prescinden de esa representación, como no cumplen su tarea específica, resultan lánguidos. Así por ejemplo, la ausencia de conjunciones y el repetir muchas veces lo mismo son cosas que se rechazan con toda rectitud en el estilo de la prosa escrita, pero no en el de los debates y de hecho los oradores las emplean, puesto que vienen bien para la representación.

Ahora bien, cuando se repite una misma cosa, es necesario realizar alguna variación lo que viene como a abrir el camino a la representación: "éste es el que os ha robado, éste es el que os ha engañado, éste es el que entregaros ha estado maquinando hasta el final". Y lo que también hacía Filemón, el actor, cuando en la Gerontomaquia de Anaxándridas, reiteraba: "Radamantis y Palamedes"; o cuando repetía: "yo", en el prólogo de *Los Piadosos*. Porque, en efecto, si estas cosas no van acompañadas de representación, resulta lo del que lleva la viga.

Con la falta de conjunciones ocurre lo mismo. "Llegué, le encontré, me puse a rogarle", para esto es, desde luego, preciso actuar y no decirlo con un mismo talante y entonación, como si únicamente se tratase de una frase. Además, la falta de conjunciones tiene una propiedad y es que parece que, en un mismo tiempo, se dicen muchas cosas; porque la conjunción hace de muchas cosas una sola, de modo que, si se prescinde de ella, es evidente que resultará lo contrario: una sola cosa será muchas.

Hay aquí por lo tanto una amplificación: "Vine, le hablé, le supliqué, despreció cuanto le dije". Es lo mismo que quiso conseguir también Homero con aquello de: "Nireo de Sime… Nireo, hijo de Aglaya. .. Nireo, el más hermoso"[218].

---

218   Cita breve de lo que en Homero encontramos así: "Nireo de Sime capitaneaba tres naves iguales; Nireo, hijo de Aglaya, y del soberano Cáropo; Nireo, el más hermoso varón que llegó a pie de Ilión; de entre todos los dánaos, después del irreprochable hijo de Peleo".

Porque aquel de quien se dicen muchas cosas, forzoso es que se le nombre muchas veces; y, por lo tanto, si se le nombra muchas veces, ha de parecer que de él se dicen muchas cosas. De este modo, mencionándolo en una sola ocasión, ha enaltecido Homero a Nireo, en virtud de tal paralogismo, y lo ha hecho digno de recuerdo, sin volver después a mencionarlo en ningún otro lugar.

Así, pues, la expresión propia de la oratoria política es enteramente semejante a una pintura en perspectiva, pues cuanto mayor es la muchedumbre, más lejos hay que poner la vista; y por eso, las exactitudes son superfluas y hasta aparecen como defectos en una y otra. En cambio, la expresión propia de la oratoria judicial es más exacta. Y más aún cuando el que juzga es uno solo, porque las posibilidades de la retórica son entonces mínimas, al quedar más aclarado lo que es apropiado a la causa y lo que es ajeno a ella, de modo que el debate sobra y el juicio es más limpio. Por tal razón, los oradores mejor considerados no son los mismos en todos estos géneros, sino que allí donde principalmente hay representación, allí hay menos exactitud. Que es lo que sucede donde se dan voces y, sobre todo, grandes.

En cuanto a la expresión de la oratoria epidíctica, ella es la más propia de la prosa escrita, puesto que su función se cumple en la lectura. Y la segunda en esto es la oratoria judicial.

Prolongar más el análisis de la expresión, diciendo que debe ser placentera y magnificente, resultaría inútil. ¿Por qué iba a ser esto preferible a la moderación, a la liberalidad y a cualquiera de las otras virtudes propias del talante? Por otra parte, lo que ha quedado dicho es obvio que logrará, si se han definido con rectitud las virtudes de la expresión que ésta cause placer; porque, en efecto, ¿cuál es la causa de que deba ser clara, y no vulgar, sino adecuada? Desde luego, si es prolija, no será clara, y tampoco si peca de concisión, sino que es evidente que lo que se ajusta mejor es el término medio. Y así, causarán placer las cualidades estudiadas, si se hace una buena mezcla con todas ellas: con los nombres usuales y los extraños, con el ritmo y con la persuasión que nace de una expresión adecuada.

Con esto, pues, queda ya tratado lo que concierne a la expresión, tanto lo que es común a todos los géneros, como lo que es propio de cada uno de ellos. Resta ahora que nos ocupemos de la disposición de las partes en el discurso.

Capítulo XIII
Las partes del discurso

Dos son las partes del discurso, ya que por fuerza se ha de exponer la materia de que se trata y, además, hay que hacer su demostración. Por ello es imposible hablar sin demostrar o demostrar sin hablar previamente; porque demostrar implica algo que demostrar y decir algo previamente tiene por causa demostrarlo[219]. De estas dos partes, una es la exposición y otra la persuasión, del mismo modo que se distingue entre el problema y la demostración. Pero, en la actualidad se hacen divisiones ridículas. Pues, en efecto: la narración es, a lo más, sólo propia del discurso forense; pero en el epidíctico y el político, ¿cómo va a ser posible que haya una narración como la que dicen? ¿cómo puede haber impugnación de la parte contraria o epílogo en los discursos epidícticos? Por otra parte, el exordio, el cotejo de argumentos y la recapitulación se dan, ciertamente, a veces en los discursos políticos, cuando hay posturas contradictorias; y ello es desde luego así en cuanto que muy a menudo contienen

---

219   Aristóteles traslada la división que hace en la dialéctica entre cuestión y demostración al discurso. Véase *Primeros Analíticos*, 55 a.

acusaciones y defensas, pero no en cuanto a la deliberación. En cambio, el epílogo ni siquiera se da en todos los discursos forenses; por ejemplo, si es pequeño o fácil de recordar, pues sucede que así acortan su longitud.

Por lo tanto, en resumen, las partes necesarias son sólo la exposición y la persuasión. Éstas son, pues, las propias y, a lo máximo, exordio, exposición, persuasión y epílogo Porque la impugnación dé la parte contraria queda dentro de las pruebas por persuasión y el cotejo de argumentos es una amplificación de los argumentos de uno mismo, de manera que también es una parte de las pruebas por persuasión puesto que el que tal hace, lo hace para demostrar algo; lo que no pasa, sin embargo, con el exordio y el epílogo, sino que éstos se ponen para refrescar la memoria. Si alguien, pues, distinguiera todas estas clases de partes, ocurriría lo que entre los discípulos de Teodoro[220], quienes consideraban como cosas distintas la narración, la postnarración y la prenarración; o la refutación y la sobrerrefutación. Por lo demás, sólo si menciona una especie y una diferencia debe ponerse un nombre; en caso contrario, el resultado es huero y cae en la charlatanería, que es lo que hace Licimnio en su *Arte* cuando da nombres como proflación, divagación y ramas.

---

220   Platón también se refiere a Teodoro en *Fedro*, 266b.

Capítulo XIV
El exordio

El exordio es el comienzo del discurso, o sea, lo que en la poesía es el prólogo y en la música de flautas, el preludio: todos éstos son, efectivamente, comienzos y *como* preparación del camino para lo que sigue después.

El preludio es, por cierto, igual que el exordio de los discursos epidícticos. Porque los flautistas, cuando interpretan un preludio que están en disposición de tocar bien, lo enlazan con la nota que da el tono y así es también como el exordio debe escribirse en los discursos epidícticos, puesto que, una vez que se ha dicho abiertamente lo que se quiera a ello hay que darle el tono y saber enlazarlo, que es lo que hacen todos los oradores. Un ejemplo es el exordio de la *Helena* de Isócrates[221], donde nada hay en común que sea pertinente a los argumentos erísticos y a Helena. Y, por lo demás, si a la vez que esto, se hace una digresión, también ello es ajustado, a fin de que no todo el discurso sea de la misma especie.

---

221   Isócrates, *Helena*, p. 1-13. El orador se refiere a la inutilidad de algunos argumentos en ciertos temas.

Ahora bien, lo que se dice en los exordios de los discursos epidícticos se saca de un elogio o de una censura como Gorgias en su *Discurso Olímpico*[222]: "Dignos sois de que os admiren, varones helenos, donde elogia a los que instituyeron las fiestas solemnes"; mientras que Isócrates los censura, porque honraron con recompensas las excelencias del cuerpo y, en cambio, no instauraron ningún premio para los hombres de buen sentido[223].

También puede sacarse el exordio de la deliberación como por ejemplo: que hay que honrar a los buenos y que ésta es la causa de que uno mismo haga el elogio de Arístides; o que hay que honrar a esa clase de hombres que nadie celebra y que, no careciendo de virtud, sino siendo buenos, resultan unos desconocidos, como Alejandro, el hijo de Príamo, el que así habla, está dando ciertamente consejos. Y, además, pueden sacarse también de los exordios forenses, es decir, de aquellos que se dirigen al oyente para el caso de que el discurso vaya a tratar de algo contrario a la opinión común, o de algo muy difícil, o ya muy repetido por muchos, cosas todas por las que se han de pedir disculpas. Como Quérilo: "Ahora, cuando ya está repartido todo...".

Así, pues, los exordios de los discursos epidícticos se obtienen de lo siguiente: del elogio, de la censura, del consejo, de la disuasión y de las disculpas dirigidas al auditorio.

Lo que da el tono al discurso puede serle o bien extraño o bien apropiado. Por lo que se refiere a los exordios de los discursos forenses, hay que admitir la misma potencialidad que los prólogos de los dramas y que los exordios de los poemas épicos pues los de los ditirambos se asemejan, más bien, al exordio de los discursos epidícticos, como en: "por ti y

---

222   Georgias, fr. B7, Diels y Kranz, fr. 7.

223   Isócrates, *Panegírico*, p. 4.

por tus regalos, despojos, en suma, de los enemigos"[224]. En los discursos judiciales y en las recitaciones épicas se da una muestra del discurso, a fin de que por adelantado se conozca sobre qué va a versar el discurso y no quede en suspenso su inteligencia; porque lo indefinido favorece la dispersión. El que pone, pues, el comienzo algo así como en las manos, logra que después se le siga en el desarrollo del discurso. Que es la razón de:

"Canta, oh diosa, la cólera.. .

Del hombre, oh musa, dime ...

Llévame a otro relato, a cómo desde la tierra de Asia llegó a Grecia una inmensa guerra..."[225] ·

Los trágicos aclaran, asimismo, de qué va a tratar el drama y, si no abiertamente, como en los prólogos de Eurípides, lo hacen, al menos, como Sófocles: "Mi padre era Pólibo…"[226]

Y de igual manera la comedia. Por consiguiente, la función más necesaria y propia del exordio es mostrar la finalidad por cuya causa se dice el discurso por eso si el asunto es obvio y de poca monta, el exordio no resulta útil.

En cuanto a las otras especies que se usan, en realidad consisten en remedios y son comunes a todos los géneros. Dichas especies, por su parte, tienen su origen o en el que habla, o en el auditorio, o en el asunto, o en el adversario. Las que conciernen a uno mismo y al adversario son aquéllas que sirven para disolver o para propiciar la sospecha pero no se usan en los dos casos del mismo modo para el defensor, en efecto, es prioritaria la referencia a la sospecha, mientras que

---

224   Timoteo de Mileto, fr. 18.

225   Primeras palabras de *La Ilíada*, *La Odisea* y de *La Pérsicas de Quérilo de Samos*, Bernabé, fr.1.

226   Sófocles, *Edipo Rey*, p 774.

para el acusador constituye un tema del epílogo; y la razón no es oscura, puesto que al que se defiende le es forzoso retirar los obstáculos ya desde el mismo momento en que se presenta ante el tribunal, de suerte que tiene que disolver antes que nada la sospecha; en cambio, al que acusa le es preciso dar pábulo a la sospecha en el epílogo, para que quede más grabada en la memoria. Los remedios que se relacionan con los oyentes nacen o bien de conseguir su benevolencia o bien de provocar su ira, y, algunas veces, de atraer su atención o de lo contrario. Porque, desde luego, no siempre es conveniente llamar su atención, por lo que muchos intentan hacerles reír. Todos estos medios llevan, si uno quiere, a una buena comprensión del discurso. Y lo mismo el presentarse como un hombre honrad porque a los que son tales se les atiende con más interés.

Ahora bien, lo que se pone más interés en atender son los asuntos importantes, los propios, los que despiertan admiración y los que resultan placenteros y, por eso, el discurso debe inspirar la idea de que trata de esta clase de cosas. Por el contrario, si no se quiere que el auditorio atienda, la idea que debe inspirarse es que se trata de algo de poca monta, que nada tiene que ver con ellos y que es molesto. De todos modos, conviene no olvidar que todos estos medios son marginales al discurso y que, en efecto, se dirigen a un oyente de poca valía, que presta audiencia a lo que está fuera del asunto. Porque, si no es así el caso, para nada es preciso el exordio, sino que basta con decir los puntos capitales del asunto, para que éste, a manera de un cuerpo, tenga también cabeza. Pero, además, el llamar la atención es común a todas las partes del discurso, en caso de que haga falta; y, ciertamente, en cualquier sitio se dispersa más la atención que al comenzar el discurso, por lo que es ridículo exigirla al comienzo, cuando más atentos están los oyentes. De modo que allí donde lo requiera la ocasión, allí hay que decir: "Atendedme ahora, porque esto no me concierne a mí más que a vosotros"; y también: "pues voy a deciros algo de tal manera terrible y tan digno de admiración, como nunca habéis oído". Lo cual equivale, como lo decía Pródico[227], cuando se le adormilaba el auditorio, a intercalar lo de los cincuenta dracmas.

Ahora bien, que esto se dirige al oyente no en cuanto que es oyente es cosa clara; porque lo que buscan todos los oradores en sus exordios es o provocar sospechas o refutar la que ellos pueden temer: "Oh soberano, diré que no tanto por la prisa ..."[228].

"O ¿A qué este preámbulo?"[229].

Y esto lo hacen los que tienen mal parado el asunto o así lo parece, porque entonces es mejor entretenerse en todas partes antes que en la cuestión. Lo cual es el motivo de que los esclavos no respondan a lo que se les pregunta sino con circunloquios y exordios de todas clases. En cualquier caso, de dónde hay que obtener los medios que hagan benevolente al auditorio, es cosa que ya hemos tratado, así como también de cada uno de los demás temas de esta naturaleza[230]. Mas, puesto que se ha dicho con razón: "Concédeme entrar al país de los Feacios como amigo y digno de su piedad"[231].

Éstos son, en definitiva, los dos sentimientos a los que hay que tender.

---

227   Pródigo reservaba los conocimientos más importantes a las clases más altas, cobrando esas clases cincuenta dracmas, suma elevada para la época. La anécdota nos llega por Quentillano, Diels y Kranz. *Pródico*, 12.

228   Principio del discurso del guardián de *Antígona* de Sófocles, verso 223: "Soberano, no voy a decir que por la prisa vengo sin aliento tras haber movido ligero mi pie".

229   Eurípides, *Ifigenia entre los Tauros*, p. 1162.

230   Véase, libro II, cap. 1-11.

231   Homero, *La Odisea*, p 6.327.

Por su parte, en los discursos epidícticos conviene hacer pensar al oyente que él queda comprendido en el elogio, bien mencionándolo a él mismo o a su linaje o su profesión, bien de otra manera cualquiera. Porque es verdad lo que Sócrates dice en el epitafio; a saber: que no es difícil elogiar a los atenienses delante de atenienses, sino delante de lacedemonios, ninguna diferencia, de modo que el procedimiento vale universalmente.

Capítulo XV
Sobre la acusación

Un lugar común, con vistas a salir al paso de todos los puntos en litigio, consiste en sostener o que el hecho no existe, o que no es perjudicial, o no para el adversario, o no tanto, o que no es injusto, o no mucho, o que no es vergonzoso o no en grado importante. Porque es sobre puntos de esta clase sobre los que tratan los litigios, como en el caso de Ifícrates contra Nausícrates[232]: él reconoció, en efecto, haber hecho lo que le imputaba y haber causado un perjuicio, pero no que hubiera cometido una injusticia. También cabe sostener que la injusticia cometida lo ha sido en reciprocidad y que si ha sido perjudicial, también fue bella, y que si causó malestar fue provechosa, o cualquier otra cosa de este estilo.

Otro lugar común consiste en decir que ha sido un error, o una desgracia, o algo necesario como cuando Sófocles dijo que temblaba, no, según la sospecha que le dirigía su acusador, para parecer viejo, sino por necesidad, puesto que no voluntariamen-

---

232   Nausícrates era discípulo de Isócrates, Baiter y Sauppe, p. 129.

te tenía ya ochenta años. También cabe poner la causa como réplica, diciendo que no se quiso cometer un perjuicio, sino otra cosa, y que uno no cometió lo que se sospechaba de él, sino que fue una coincidencia que se produjese un daño y que: "ajusto sería que me odiaseis si hubiera obrado con la intención de que sucediese esto".

Otro lugar común resulta de si el que mueve la sospecha ha estado ya implicado en ella, sea ahora o anteriormente, sea él mismo o alguno de los suyos. Otro, si también están implicadas otras personas de las que se reconoce que no están incursas en la sospecha; por ejemplo: si fulano es adúltero porque es aseado, entonces lo será también mengano. Otro, si ya el acusador, o incluso uno mismo, movió sospechas contra otros, o si ya se hicieron suposiciones, sin que hubiera motivo de sospecha, como las que ahora uno mismo hace y luego resultó que esas gentes eran inocentes. Otro más procede de devolver la sospecha a quien la ha movido, supuesto que sería absurdo que, si él no es digno de crédito, lo fueran a ser sus palabras.

Y otro, si ya ha habido juicio; como en el caso de Eurípides contra Higieno, que le acusaba, en un proceso de antídosis[233], de haber cometido impiedad por haber escrito recomendando el perjurio: "la lengua pronunció el juramento, mas no juró la mente"[234].

Eurípides replicó, en efecto, que constituía una injusticia traerá los tribunales reflexiones sacadas de los certámenes de

---

233   Tipo de proceso catacterístico del sistema ateniense para solventar los gastos del Estado. El procedimiento era asignar a ciudadanos privados costear determinados gastos concretos, como construir una nave, un puente, etc., lo que se denominada una liturgia. Si el ciudadano afectado alegaba no poseer recursos para ello y plantaba a otro ciudadano, y éste último consideraba que sus bienes eran menores que los de quien lo había propuesto, respondía solicitando un intercambio de bienes.

234   Eurípides, *Hipólito*, p. 612.

Dioniso, pues ya allí había respondido él de sus palabras, o respondería si querían acusarlo. Otro procede, en fin, de acusar con la propia sospecha, de tan grave como es, y ello porque da lugar a otros juicios distintos y porque no es persuasiva para el asunto.

Un lugar común que sirve a ambos litigantes es expresar indicios de reconocimiento como cuando Odiseo dice, en el Teucro, que éste es pariente de Príamo, puesto que Hesíone[235] es su hermana; a lo que Teucro responde que su padre, Telamón, era enemigo de Príamo y que él no había delatado a los espías.

Otro lugar común apto éste para el que mueve la sospecha, consiste en elogiar largamente lo pequeño, para censurar después en pocas palabras lo importante; o citar previamente muchas bondades y luego censurar la única que beneficia al asunto. Los procedimientos de esta índole son los más hábiles desde el punto de vista del arte y también los más injustos, pues buscan hacer daño valiéndose de los bienes, al mezclarlos con el mal.

Y todavía otro lugar, que sirve en común al que mueve la sospecha y al que la refuta, es que, puesto que una misma cosa puede haberse hecho por muchos motivos, el que la mueve tome a su cargo los peores y el que la refuta, los mejores. Es como cuando Diomedes escogió como compañero a Odiseo, el uno dirá que fue porque consideraba a Odiseo el mejor[236]; y el otro, que no fue por eso, sino porque era el único que no podría ser rival suyo, por carecer de valía.

Queda, pues, tratado lo que concierne a mover a sospecha.

---

235   Hesíone era hija de Laomedonte de Troya y hermana de Príamo, y estaba casada con Teucro, hijo de Telamón. Obra perdida de Sófocles, Radt. Fr. 579 a.

236   Guerra de Troya, Homero, *La Ilíada*, p. 10.242.

Capítulo XVI
La narración

En cuanto a la narración en los discursos epidícticos no es continua, sino por partes, ya que hay que pasar sucesivamente por todos los hechos de que se compone el discurso. Consta, en efecto, el discurso de un componente ajeno al arte dado que el que habla no es para nada causante de los hechos y otro que, en cambio, sí está sujeto al arte, o sea que es posible, o bien demostrarlo si no resulta digno de crédito, o bien establecer que es de tal naturaleza o de tal cantidad, o bien todas estas cosas juntas. Y esta es la razón de que en ocasiones, no convenga hacer una narración toda ella continua, puesto que sería difícil de recordar lo que se demostrase de ese modo. Por lo tanto, se debe decir que de estos hechos se deduce su valor y de estos otros, su sabiduría y su justicia.

Esta clase de discurso es más simple, mientras que aquel es más coloreado, pero no escueto. Por otra parte, a los hechos muy conocidos basta con recordarlos, por lo que muchos discursos no tienen ninguna necesidad de narración. Es como si se quiere hacer el elogio de Aquiles, todos conocen, en efecto, sus acciones y lo que se debe es, más bien, servirse de ellas. En cambio, si se trata de Critias, entonces sí hay que hacer la narración, pues no son muchos los que lo conocen...

Ahora, sin embargo, se dice ridículamente, que la narración debe ser rápida. En verdad que es esto como lo del panadero que preguntaba cómo debía hacer la masa dura o blanda; "¿Cómo? -replicó uno- ¿No es posible en su punto?". Aquí ocurre lo mismo, pues no conviene hacer largas narraciones por la misma razón por la que tampoco deben hacerse exordios ni enunciar pruebas de persuasión que sean de mucha longitud.

Y para esto, el éxito no reside en la rapidez ni en la concisión, sino en la medida justa, o sea, en decir aquello que aclara el asunto o que permite suponer que efectivamente ha sucedido o que con él se ha provocado un daño o cometido un delito, o que la cosa tiene la importancia que se le quiere dar; a lo que el adversario debe oponer las razones contrarias. Por lo demás, también conviene añadir a la narración todo lo que dirija la atención, sea a la virtud propia por ejemplo: "yo le amonestaba, diciéndole siempre que lo justo es no abandonar a los hijos", sea a la maldad del adversario como en: "y él me respondió que, allí donde se encontrara, tendría otros hijos", cosa que, según cuenta Heródoto[237], respondieron los egipcios desertores sea, en fin, a lo que place a los jueces.

Al que se defiende le corresponde, en cambio, una narración más breve. Pues lo que está aquí en litigio es o que no ha sucedido el hecho, o que no es perjudicial, o que no constituye un delito, o que no tiene tanta importancia. De modo

---

237   Heródoto, p.2.30, nos cuenta que durante el reinado de Psamético I, s. VII a.C., un millón de soldados egipcios que no habían sido removidos en tres años de sus puestos en Etiopía, se pusieron al servicio del monarca etíope. El faraón les persiguió y les dijo que estaban abandonando a sus dioses, a sus hijos y mujeres. Pero uno de los etíopes, señalándose las partes, le contestó al faraón que allí donde éstas estuvieran, ellos tendrían hijos y mujeres.

que no se debe perder el tiempo en todo aquello sobre lo que hay acuerdo, a no ser que haya que extenderse en cuestiones como que el hecho se cometió, pero que no era injusto. E incluso conviene referirse así a los hechos del pasado, salvo en aquellos casos en que su actualización mueva a sentimientos de piedad o sobrecogimiento. Un ejemplo es la defensa ante Alcínoo, que Ulises cuenta a Penélope en sesenta hexámetros[238]. Y también lo que Failo[239] hace en el poema cíclico, así como el prólogo del Eneo[240].

Es útil, por otra parte, que la narración exprese el talante, cual se logrará si sabemos qué es lo que infunde carácter. Ahora bien, un medio es hacer evidente la intención: la clase de talante corresponde a la clase de intención y, a su vez, la clase de intención a la finalidad. Por ellos, los discursos matemáticos no expresan los caracteres, porque no implican ninguna intención no se constituyen, en efecto, por ninguna causa, mientras que sí los expresan, en cambio, los diálogos socráticos, puesto que es precisamente de este tipo de cosas de lo que tratan. Otros medios, con todo, de expresar el talante son los que se siguen de cada uno de los caracteres como, por ejemplo, decir que cada vez que hablaba, se ponía a andar, lo cual evidencia, ciertamente, temeridad y rudeza de carácter; y también no hablar como bajo la impronta de la inteligencia, según hacen los actuales oradores, sino como bajo la impronta de la intención como en: "esto era lo que yo deseaba, pues me lo había propuesto, y aun si no me fuese provechoso, era lo mejor"; lo primero es propio de un hombre sensato, lo segundo de un hombre bueno, ya que la sensatez estriba en perseguir lo provechoso, mientras que la bondad, en perseguir lo bello.

---

238   Relato de Odiseo a Penélope en *La Odisea*, p. 23.264.

239   Failo, poeta desconocido, que debió resumir un poema cíclico.

240   Nauck, Eurípides.

Por otra parte, si la intención no resulta creíble, hay entonces que añadir la causa, como hace Sófocles. Un ejemplo son las palabras de Antígona a propósito de que ella se preocupaba más de su hermano que de su marido y de sus hijos, pues éstos podían volver a tenerse, si se perdían, pero "habiendo descendido al Hades madre y padre no cabe ya hermano que pueda germinar jamás"[241].

Mas si no tienes una causa que presentar, al menos debes decir que no ignoras que lo que estás diciendo resulta increíble, pero que así eres tú por naturaleza; porque, en efecto, nadie da crédito a que voluntariamente se haya puesto en práctica algo distinto de la conveniencia propia.

Además, has de hablar de una forma que exprese las pasiones incluyendo en la nación tanto las consecuencias de ellas que todo el mundo conoce, como también las que corresponden, en particular, sea a ti mismo, sea al adversario. Por ejemplo: "se marchó después de mirarme sombríamente". O lo que Esquines[242] cuenta de Crátilo sobre que se puso a silbar, batiendo palmas con las manos.

Todo esto es ciertamente convincente, por cuanto tales cosas que todos conocen, constituyen indicios que permiten el reconocimiento de las que no se conocen. La mayoría de ellas pueden tomarse, por otra parte, de Homero: "Así habló y la anciana cubría su rostro con las manos"[243], pues, en efecto se llevan las manos a los ojos quienes rompen a llorar. En cuanto a ti, preséntate abiertamente de una determinada manera, a fin de que se te vea como tal. Y lo mismo a tu adversario. Pero esto hazlo con disimulo. Que ello es fácil, lo puedes observar, a tu vez, por lo que sucede con los mensaje-

---

241   Sófocles, *Antígona*, p. 909.

242   Esquines el socrático, no el orador. Diels y Kranz, *Crátilo*.

243   Homero, *La Odisea*, p. 19.361.

ros; porque aunque nada sabemos de qué noticias traen, nos hacemos sin embargo, una cierta suposición. Por lo demás, debe haber narración en muchos lugares del discurso, si bien, en ocasiones, no en el comienzo.

En la oratoria política, la narración es menos importante, porque no cabe narrar nada sobre hechos futuros. A pesar de ello, si hay alguna narración, ha de ser de hechos realmente sucedidos, a fin de que, recordándolos, sirvan a una mejor deliberación sobre los que van a suceder, sea que se trate de promover una sospecha o llevar a cabo un elogio. En tales casos, no se cumple, sin embargo, la tarea propia de la deliberación. Y si el hecho narrado no es creíble, hay que prometer también que se va a declarar inmediatamente la causa y que se tomarán las medidas que se deseen.

Es como cuando, en el Edipo de Carcino[244], Yocasta responde siempre con promesas a las preguntas del que busca a su hijo. Y otro ejemplo es Hemón en Sófocles[245].

244   Snell, *Cárcino*, p 70, fr. 1.

245   Probablemente se refiere a Sófocles, *Antígona*, p. 688-704.

Capítulo XVII
Sobre la demostración

Las pruebas por persuasión deben ser demostrativas, pero como los temas sobre los que cabe un litigio son exactamente cuatro[246], es necesario que la demostración se aplique sobre el punto del litigio al que corresponde la prueba. Por ejemplo, si lo que se discute es que el hecho no tuvo lugar, sobre esto es sobre lo que, en el juicio, debe recaer principalmente la demostración; si se trata de que no se causó un daño, entonces sobre esto, o bien sobre que no fue tan grande o que era de justicia; y de igual manera, si el litigio se refiere a que sí sucedió el hecho. No debe olvidarse con todo, que este último litigio es el único en el que necesariamente se ha de presentar al adversario como un malvado, ya que no puede ponerse aquí por causa a la ignorancia, como si se estuviese discutiendo acerca de la justicia. En este asunto, pues, hay que demorarse, pero no en los otros.

---

246   Si bien no se enuncian de forma explícita, los cuatro casos surgen de los ejemplos: que el hecho del cual se acusa no ocurrió; que sucedió pero que no produjo perjuicio; que lo causó, que no hubo intención; y que no fue injusto.

Por lo que atañe a los discursos epidícticos, el mayor hincapié ha de hacerse en la amplificación de que los hechos son bellos y provechosos, dado que tales hechos deben ser de creíbles. Por eso, muy pocas veces requieren demostración, a no ser que, ciertamente, no resulten creíbles o que otro aporte una causa.

Y en cuanto a los discursos políticos, se puede discutir o bien que lo que se exhorta no tendrá lugar, o bien que sí sucederá, pero que no será justo, o no provechoso, o no de la importancia que se le reconoce. En fin, también conviene atender a si, fuera del asunto, se dice algo falso, pues ello resultaría un argumento concluyente de que asimismo es falso todo lo demás.

Los ejemplos son más propios de los discursos políticos y los entimemas, de los forenses. Los primeros, en efecto, versan sobre el futuro, de modo que se hace necesario poner ejemplos tomados del pasado; en cambio, los segundos tratan de cosas que son o no son, en las que, por consiguiente, caben más las demostraciones y los argumentos de necesidad, supuesto que los hechos del pasado son de suyo necesarios. Por otra parte, los entimemas no deben anunciarse de continuo, sino que hay que ir entremezclándolos; de no ser así, se perjudican unos a otros, ya que también en la cantidad hay un límite: "Oh amigo, puesto que has dicho tantas cosas cuantas diría un hombre inteligente"[247]. Tantas, pero "no las que". Tampoco hay que hacer entimemas sobre todos los puntos; en caso contrario, harás lo que hacen algunos filósofos, que obtienen de sus silogismos conclusiones aún más conocidas y convincentes que las premisa con que los enuncian. Asimismo, cuando trates de provocar una pasión, no digas un entimema porque o apagarás la pasión o será baldío el entimema que hayas enunciado, puesto que dos movimientos opuestos y simultáneos se repelen mutuamente y, o bien se neutralizan, o bien se tornan débiles. Y tampoco cuan-

---

247   Homero, *La Odisea*, p. 4204.

do quieras que el discurso exprese el talante debes buscar a la vez un entimema, pues la demostración no incluye ni el talante ni la intención. En cambio, es útil servirse de máximas, tanto en la narración, como en la prueba por persuasión, pues ellas sí que son expresivas del talante. Por ejemplo: "yo también se lo di, aunque sé que no hay que fiarse de nadie". Y lo mismo si es una pasión lo que se quiere expresar: "no es que me importe, aunque sea yo el perjudicado, pues "para él es la ganancia, para mí la justicia".

Hablar ante el pueblo es más difícil que hacerlo en un juicio. Y es natural, por cuanto la oratoria política trata de asuntos futuros, mientras que la forense se ocupa de hechos pasados, que son susceptibles de conocimiento científico hasta para los adivinos, como afirmó Epiménides[248] de Creta. Él, en efecto, no hacía sus adivinaciones sobre lo que iba a ocurrir, sino sobre los hechos pasados que permanecían oscuros; aparte de que la ley es la proposición de base en los discursos forenses, y teniendo un principio, es fácil hallar una demostración. La oratoria política no admite muchas digresiones, como las que cabe hacer por ejemplo, contra un adversario, o para referirse a uno mismo o como medio de expresar una pasión, e incluso es, más bien, la que menos las admite de todos los géneros oratorios, si no es que se quiere desviar la atención. Conviene, en consecuencia, que esto último se ponga en práctica sólo cuando no hay otro camino, como así lo hacen los oradores atenienses y también Isócrates. Éste, en efecto, en el curso de una deliberación se pone a hacer acusaciones, como por ejemplo a los lacedemonios en el *Panegíri-*

---

248   Epiménides fue un famoso adivino de la Antigüedad, se dice que en Atenas fue llamado para purificar la ciudad del asesinato de Cilón y de sus partidarios, Diels y Kranz.

co[249] y a Cares en el *Discurso sobre los aliados*[250]. Por su parte, en el género epidíctico conviene que el discurso introduzca elogios episódicos, como asimismo hace Isócrates, que siempre pone alguno. Y a esto se refiere también lo que Gorgias decía sobre que a él no le fallaba nunca un discurso. Porque si hablaba de Aquiles, se ponía a elogiar a Peleo y después a Éaco y después a la divinidad. Y lo mismo hacía si hablaba del valor, el cual produce tales efectos y tales otros y tiene tal naturaleza.

Así, pues, si se dispone de demostraciones, el discurso ha de ser tal que exprese el talante y resulte demostrativo. Pero si no se tienen entimemas, entonces hay que centrarse en la expresión del talante. En todo caso, se ajusta más al hombre honesto aparecer como bueno que como riguroso en el discurso. Por su parte, entre los entimemas obtienen más aceptación los refutativos que los demostrativos, porque los que refutan ponen más en evidencia que están desarrollando un silogismo, supuesto que lo que mejor permite reconocer a los contrarios es enfrentarlos mutuamente.

La impugnación del adversario no constituye una especie distinta, sino que forma parte de las pruebas por persuasión que refutan ya sea por medio de una objeción, ya sea por medio de un silogismo. Ahora bien, tanto en una deliberación como en un discurso forense, conviene empezar alegando, lo primero de todo, las pruebas propias, para después impugnar las del adversario, refutándolas todas y desacreditándolas. No obstante, si el discurso del adversario es prolijo, entonces hay que impugnar primero los argumentos opuestos, como hizo Calístrato en la asamblea de Mesenia[251], quien, ante todo, respondió a lo que allí

---

249   Isócrates, *Panegírico*, p. 122-128.

250   Isócrates, *Discurso sobre los aliados*, p. 27,61.

251   Calístrato pudo hablar ante los mesenios en embajada, antes de la batalla de Mantinea en 362 a.C. Véase, Baiter y Sauppe, *Calistrato*.

se había dicho y sólo entonces expuso sus razones. En el caso de que toque hablar después del adversario, hay que referirse en primer término a su discurso, refutándolo y proponiendo contra silogismos; y ello, sobre todo, si ha tenido una buena aceptación, porque igual que el espíritu no acoge favorablemente a un hombre que se juzga sospechoso, por la misma razón tampoco un discurso, si se considera que el adversario ha hablado bien. Se debe, en consecuencia, preparar ante el auditorio el terreno para el discurso que va a venir, lo que se logrará si primero se destruyen las razones del adversario.

Y, por eso, sólo cuando se hayan así combatido sea la totalidad de sus argumentos, sea los más importantes, o los más celebrados, o los mejor dichos, las pruebas propias resultarán efectivamente convincentes. Por ejemplo: "De las diosas me haré, ante todo, aliado. Porque yo a Hera…"[252].

En estos versos se ha tocado, en primer lugar, el punto más simple.

Con esto, pues, queda ya tratado lo que concierne a las pruebas por persuasión. En lo que respecta al talante, como decir cosas de uno mismo puede dar lugar a envidia o a prolijidad o a contradicción y, decirlas de otro, a injurias y a asperezas, es útil representar que es otra persona la que habla. Así lo hace Isócrates en el *Filipo* y en la *Antídosis*[253] y éste es también el medio de que se sirve Arquíloco para sus censuras; como en aquel yambo en que, en efecto, hace que sea el padre quien diga de su hija: "En asuntos de dinero, nada hay inesperado ni que se rehú-

---

252   Eurípides, *Troyanas*, p 9609. Cita abreviada de: "Primero voy a ponerme de parte de las diosas, y demostraré que ello no tiene razón en lo que dice. Pues yo a Hera y a la virgen de Palas no las supongo llegadas a tal grado de ignorancia como para que una vendiera Argos a los bárbaros y Palas esclavizara Atenas".

253   Isócrates, *Filipo*, p 4-7, 17-23. Y Antídosis, p. 141-149.

se por un juramento"[254]; y como lo que hace decir al carpintero Caronte, en el yambo que comienza:

"No a mí los dominios de Giges..."[255]

Otro ejemplo es lo que dice Hemón, según Sófocles, a su padre en favor de Antígona, como si fueran otros quienes lo dijesen[256].

Por lo demás, conviene también a veces cambiar los entimemas y hacerlos máximas. Como, por ejemplo: "preciso es que dijesen un ser racional haga la paz cuando la fortuna le es favorable, pues ese es el modo de sacar mayor partido", que en forma de entimema sería: "si es preciso hacer la paz cuando puede ser más provechosa y proporcionar mayor partido, entonces conviene hacerla cuando la fortuna es favorable"[257].

---

254 Adrados, *Arquíloco*.

255 *Ibíd.*

256 Sófocles, *Antígona*, p. 688-700. Hemón trata de convencer a Creonte de que cambie su actitud, diciendo que ha oído que critican su actuación.

257 Isócrates, *Arquidamo*, p. 51.

Capítulo XVIII
Sobre la interrogación en el discurso

La interrogación es muy oportuno formularla, primero y sobre todo, cuando ella es tal que, después que se ha pronunciado una de las dos respuestas posibles, si se pregunta entonces por la otra, se cae en el absurdo.

Pericles, por ejemplo, hizo a Lampón[258] una pregunta sobre las iniciaciones en los misterios de la Salvadora y, como éste le dijo que a un no iniciado no le era posible escucharlo, volvió a preguntarle si él lo sabía; al responder que sí, Pericles dijo: "¿y cómo, si tú no eres un iniciado?". En segundo lugar, cuando, de las dos respuestas, una es evidente y en la otra resulta clara, a juicio del que hace la pregunta, que se le concederá. Porque, desde luego, al que admite una premisa no es ya necesario interrogarle por lo que es evidente, sino decirle la conclusión. Por ejemplo: cuando Meleto dijo que Sócrates no apreciaba a los dioses, como, sin em-

---

258   Lampón, es un adivino contemporáneo de Pericles, a quien le hacían consultas del Estado ante situaciones difíciles. Plutarco, *Vida de Pericles*.

bargo, admitió que Sócrates reconocía a un cierto daimon, éste le hizo la pregunta de si los daimones eran hijos de los dioses o, al menos, algo divino; y, al asentir él, le replicó: "¿Y es posible que alguien crea que existen los hijos de los dioses y no los dioses?"[259]. También es oportuna la interrogación, cuando ella lleva al punto de demostrar que algo es contradictorio o fuera de la opinión común. Y todavía, en cuarto lugar, cuando impide al que tiene que responder que lleve a cabo toda refutación, de no ser a la manera sofista; porque si el adversario responde diciendo que es, pero que no es, o que unas veces sí y otras no, o que por una parte sí, pero no por la otra, el auditorio se alborota ante su falta de salidas.

Ahora bien, en los casos distintos de éstos no debe intentarse la pregunta, ya que, si el adversario logra oponer una objeción parecerá que te ha vencido. No cabe, en efecto, hacer muchas preguntas, a causa de la inconsistencia del auditorio. Que es la misma razón por la que también se deben concentrar lo más posible los entimemas.

Por otra parte, conviene responder a las preguntas ambiguas haciendo distinciones en el discurso y evitando la concisión. A las que parecen encerrar una propuesta contradictoria, hay que responderlas inmediatamente, aportando la refutación antes de que el adversario haga la siguiente pregunta y concluya su silogismo; porque no es difícil, desde luego, prever en qué va a residir su razonamiento, cosa que para nosotros es clara por los *Tópicos*[260], así como también lo que se refiere a las refutaciones.

Y, al concluir, si el adversario hace su pregunta en forma de conclusión, hay que declarar la causa. Por ejemplo, cuando Pisandro[261] preguntó a Sófocles si le había parecido bien, como

---

259   Platón, *Apología*, p 27d.

260   *Tópicos*, VIII, cap. 4

261   Pisandro, aristócrata ateniense cuya intervención favoreció la suspensión de la democracia en Atenas en 411 a.C.

a los demás probulos, que los Cuatrocientos asumiesen el poder, éste respondió afirmativamente. "¿Pues qué? ¿No te parece que ello está mal?"; Él volvió a responder que sí. "¿Luego tú has hecho una mala acción?" "En efecto -concluyó Sófocles-, pero no había otra mejor". También sirve de ejemplo el caso de aquel éforo lacedemonio que rendía cuentas de su gestión. Al preguntarle si le parecía que sus compañeros habían sido justamente ajusticiados, respondió que sí. Le preguntaron de nuevo: "¿Pues no te comportaste tú como ellos?". Volvió a asentir. "¿Luego tú también serías ajusticiado con toda justicia?". Pero él replicó: "De ninguna manera, puesto que ellos actuaron así para obtener dinero y yo no, sino que lo hice con el mejor espíritu".

Ésta es, pues la razón de que ni se deba preguntar después de la conclusión ni hacer la pregunta como conclusión, a no ser que a propósito del ridículo, dado que parece sobresalga mucho la verdad, tener alguna utilidad en los debates y que conviene, como decía Gorgias, que en esto hablaba rectamente, "echar a perder la seriedad de los adversarios por medio de la risa y su risa por medio de la seriedad" se han estudiado ya en la *Poética* cuántas son sus especies, de las cuales unas son ajustadas al hombre libre y otras no, de modo que de ellas podrá tomar el orador las que, a su vez, se le ajusten mejor a él. La ironía es más propia de un hombre libre que la chocarrería, porque el irónico busca reírse él mismo y el chocarrero que se rían los demás.

Capítulo XIX
Sobre el epílogo

El epílogo consiste en cuatro puntos: inclinar al auditorio a nuestro favor y en contra del adversario; amplificar y minimizar; excitar las pasiones en el oyente; y hacer que recuerde. Pues es conforme a la naturaleza el que, después de haber demostrado que uno ha dicho la verdad y que el adversario ha mentido, se pase, en efecto, a hacer un elogio y una censura y, finalmente, se martillee el asunto.

En lo que respecta a lo primero, hay que tender a una de estas dos cosas: o bien a aparecer uno como bueno, sea ante los oyentes, sea en absoluto; o bien a presentar al otro como malo, sea, de nuevo, ante los oyentes o en absoluto, y lugares comunes, a partir de los cuales conviene presentar a los demás como virtuosos o como inmorales[262].

A continuación, corresponde amplificar o minimizar lo que se ha demostrado, de conformidad con su naturaleza. Porque es preciso que haya acuerdo en lo que se refiere a los hechos,

---

262   Véase, *libro I*, cap. 9.

si se va a precisar su magnitud; pues también el crecimiento de los cuerpos procede de elementos suyos preexistentes. En cuanto a partir de qué enunciados se debe amplificar y minimizar, también se han dicho antes los lugares comunes[263].

Después de esto, cuando ya están claras tanto las cualidades como las magnitudes, hay que provocar en el auditorio determinadas pasiones, que son: la compasión, el sobrecogimiento, la ira, el odio, la envidia, la emulación y el deseo de disputa. También se han expuesto antes los lugares comunes sobre estas materias, de modo que ya sólo queda hacer que se recuerde lo que con anterioridad se ha dicho en el discurso[264].

Y esto, en fin, es ajustado hacerlo, así como algunos afirman, no rectamente, que debe hacerse en los exordios. Para que haya un buen aprendizaje, prescriben, en efecto, que haya muchas repeticiones. Ahora bien, en el exordio conviene exponer el asunto, a fin de que no pase desapercibido sobre qué trata lo que hay que enjuiciar; pero en el epílogo basta con los puntos principales sobre los que ha versado la demostración. El comienzo será, pues, decir que se ha cumplido lo que se había prometido, de suerte que hay que exponer lo que se ha tratado y por qué. Y, por otra parte, se ha de hablar comparando los argumentos del adversario: cabe hacer la comparación de cuantas cosas han dicho ambas partes sobre un mismo asunto, sea contraponiéndolas "éste ha dicho tales cosas acerca de tal asunto; pero yo digo, en cambio, tales otras y por tales razones"; sea usando la ironía como, por ejemplo, "pues éste dijo esto, pero yo lo otro, y ¿qué lograría si demostrase tales cosas en vez de tales otras?"; sea mediante una interrogación "¿qué ha demostrado éste?"; o "¿Acaso demostró algo?". Se puede, pues, hacer la comparación de este modo, o también siguiendo el orden natural de los argumentos,

---

263   Véase, *libro I*, cap 9 y 15 y libro II, cap. 19 y 26.

264   Véase, libro II, cap. 1 al 11.

tal como uno mismo los ha dicho, y después, si se quiere, analizar por separado los del discurso contrario.

Por lo demás, como final es ajustada la expresión en asíndeton, con objeto de que sea propiamente epílogo, en vez de discurso: "He dicho, habéis oído, ya sabéis, juzgad"[265].

---

265   Lisias, el discurso final, p 12.

Índice